全国交通运输职业教育技工新能源汽车检测与维修专业规划教材

电动汽车整车控制技术

全国交通运输职业教育教学指导委员会　组织编写
夏建武　许云珍　主　编
李宪义　毕玉顺　副主编

人民交通出版社股份有限公司
China Communications Press Co.,Ltd.

内 容 提 要

《电动汽车整车控制技术》是全国交通运输职业教育技工新能源汽车检测与维修专业规划教材之一。主要内容包括电动汽车网络控制系统、电动汽车整车控制系统、电动汽车能量管理系统、电动汽车辅助控制系统。

本书可作为技工院校新能源汽车检测与维修专业教材，也可供新能源汽车维修人员及相关技术人员参考使用。

图书在版编目(CIP)数据

电动汽车整车控制技术/夏建武，许云珍主编. —北京：人民交通出版社股份有限公司，2018.8
ISBN 978-7-114-14762-3

Ⅰ.①电… Ⅱ.①夏…②许… Ⅲ.①电动汽车—控制系统—教材 Ⅳ.①U469.72

中国版本图书馆 CIP 数据核字(2018)第 118890 号

书　　　名：	电动汽车整车控制技术
著 作 者：	夏建武　许云珍
责任编辑：	郭　跃
责任校对：	张　贺
责任印制：	张　凯
出版发行：	人民交通出版社股份有限公司
地　　　址：	(100011)北京市朝阳区安定门外外馆斜街 3 号
网　　　址：	http://www.ccpress.com.cn
销售电话：	(010)59757973
总 经 销：	人民交通出版社股份有限公司发行部
经　　　销：	各地新华书店
印　　　刷：	北京市密东印刷有限公司
开　　　本：	787×1092　1/16
印　　　张：	18
字　　　数：	420 千
版　　　次：	2018 年 8 月　第 1 版
印　　　次：	2023 年 11 月　第 4 次印刷
书　　　号：	ISBN 978-7-114-14762-3
定　　　价：	43.00 元

(有印刷、装订质量问题的图书由本公司负责调换)

全国交通运输职业教育技工新能源汽车检测与维修专业规划教材

编审委员会

主 任 委 员 王怡民

副主任委员 杨经元　陈文华

委　　　员（按姓氏笔画排序）

　　　　　　　王茂仁　王　征　韦军新　毕玉顺

　　　　　　　刘海峰　刘　影　宇正鑫　宇全旺

　　　　　　　许云珍　李永吉　李宪义　宋修艳

　　　　　　　张小兴　张则雷　陈晓东　孟彦君

　　　　　　　赵昌涛　贺利涛　夏建武　徐　坤

　　　　　　　高庆华　高窦平　郭志勇　韩炯刚

　　　　　　　廖辉湘　穆燕萍

特 邀 专 家 朱　军

前言 PREFACE

近年来,新能源汽车行业迅猛发展,产销量大幅增长。各职业院校根据市场需求,相继开设了新能源汽车检测与维修专业。选择适用的核心课程教材,对于院校专业建设至关重要。全国交通运输职业教育技工新能源汽车检测与维修专业规划教材是在各院校的通力合作下,在行业、企业技术专家的大力协助下编写而成。

本系列教材在编写过程中,采用职业院校大力推广的"基于工作过程的任务教学法"体例,项目规划科学,任务分解合理,利于教学过程中的讲解与实训。本系列教材依据市场主流车型进行编写,实现课堂教学与实训实习无缝对接。

本书是新能源汽车系列教材之一,以比亚迪及北汽的电动汽车工作过程为主设计编写,选取的任务来源于电动汽车维修企业的典型工作过程,本书包括四个项目十二个任务,结合比亚迪和北汽电动汽车整车控制技术特点,采用理实一体化模式介绍电动汽车整车控制技术的控制方法、原理、特点及主要控制部件的检修方法和检修过程。本书结合图文对照,内容深入浅出,实操的目的性强,便于理解与指导操作。通过本书的学习,学员不仅能对电动汽车的整车网络特点、整车能量管理、整车辅助系统控制有较深入的了解,还能掌握电动汽车整车控制系统各主要控制部件的检修方法和检修技能,为今后电动汽车各大控制系统的故障诊断和检修打下坚实的基础。

本书教学大纲由全国交通运输职业教育教学指导委员会审定,由云南交通技师学院夏建武、浙江交通技师学院许云珍担任主编,由云南交通技师学院李宪义、毕玉顺担任副主编,由夏建武负责统稿。其中,教材内容项目一的任务1与任务2,项目二的任务3,项目三的任务6,项目四的任务10、任务11、任务12由云南交通技师学院夏建武完成,项目三的任务4和任务5由浙江交通技师学院的许云珍和云南交通技师学院的夏建武共同完成,项目三的任务7由云南交通技师学院汪润民和夏建武共同完成,项目四的任务8由云南交通技师学院李宪义和夏建武共同完成,项目四的任务9由云南交通技师学院的李宪义和毕玉顺共同完成。

在本系列教材的编写过程中,得到了浙江交通技师学院、山东交通技师学院、广西交通技师学院、江苏汽车技师学院等职业院校的大力支持,在此表示感谢。限于编者水平,书中难免有疏漏和错误之处,恳请广大读者提出宝贵建议,以便进一步修改和完善。

编　者

2018年4月

目 录
CONTENTS

项目一　电动汽车网络控制系统 ·· 1
　　任务 1　一般汽车与电动汽车网络认知 ··· 2
　　任务 2　电动汽车网络检测 ··· 20
项目二　电动汽车整车控制系统 ··· 47
　　任务 3　电动汽车整车控制系统认知 ·· 48
项目三　电动汽车能量管理系统 ··· 75
　　任务 4　电动汽车能量管理系统认知 ·· 76
　　任务 5　电动汽车上电控制及检修 ·· 98
　　任务 6　电动汽车 DC/DC 转换器控制及检修 ································· 126
　　任务 7　电动汽车能量回收控制及检修 ·· 148
项目四　电动汽车辅助控制系统 ·· 169
　　任务 8　电动汽车辅助控制系统认知 ··· 170
　　任务 9　电动汽车转向系统控制及检修 ·· 189
　　任务 10　电动汽车制动系统控制及检修 ······································· 212
　　任务 11　电动汽车空调系统控制及检修 ······································· 232
　　任务 12　电动汽车冷却系统控制及检修 ······································· 259
参考文献 ··· 280

项目一 电动汽车网络控制系统

本项目主要介绍电动汽车网络控制系统的相关知识和检修方法,包含2个任务:

任务1 一般汽车与电动汽车网络认知

任务2 电动汽车网络检测

通过任务1和任务2的学习,你将了解电动汽车网络的结构特点、汽车网络主要部件在实车上的安装布置和电动汽车网络的常见故障及检修方法。

任务1　一般汽车与电动汽车网络认知

学习目标

❖ **知识目标**
1. 能描述汽车网络功能、类型；
2. 能描述汽车网络术语的含义；
3. 能描述汽车控制器局域网络(CAN)结构原理；
4. 能描述电动汽车网络结构特点。

❖ **能力目标**
1. 能识别电动汽车网络中网线、网关、诊断接口等关键部件的安装布置；
2. 能识别电动汽车网络结构中各控制单元的安装布置。

建议课时

8课时。

任务描述

某一客户反映，自己的一款电动汽车曾出现不能上电故障，经4S店维修人员修复后告知该故障是因为网关不能正常工作所致，更换网关后故障消除。如果你现在是该电动汽车的维修工作人员，你能找到网关在哪里吗？

一、理论知识准备

(一)汽车网络应用及发展

1.汽车网络概念

汽车网络是通过某种通信协议(如CAN协议)，将汽车内部的各个电子控制单元(ECU)节点、传感器、执行器连接起来，从而形成的汽车内部的局域网络。节点根据自身的传感器信息及总线上的信息，完成预定的控制功能和动作，如灯光的开闭、电动机启停等，节点之间的通信通过总线来实现。每个节点一般由微控制器(MCU、各种单片机的统称)或DSP(高端的MCU)、接口电路、总线控制器、总线驱动器等构成。

2.汽车网络应用及发展

随着汽车工业日新月异的发展，对车辆控制要求的不断提高，现代汽车上使用了大量的电子控制装置，许多中高档轿车上采用了几十个甚至上百个电控单元，而每一个电控单元都需要与相关的多个传感器和执行器发生通信，并且各控制单元间也需要进行信息交换，如果每一项信息都通过各自独立的数据线进行传输，这样会导致电控单元针脚数增加，整个电控系统的线束和插接件也会增加。据统计，一辆采用传统布线方法的高档汽车中，其导线长度可达2000

多米,电气节点达1500多个,而且,该数字大约每十年增长1倍,从而加剧了粗大的线束与汽车有限的可用空间之间的矛盾。汽车传统通信、汽车传统线束布置见图1-1,图1-2 所示。

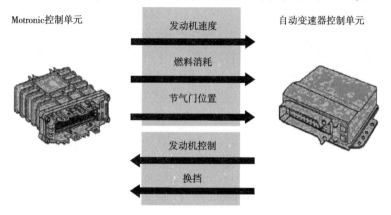

图1-1 汽车传统通信

为了简化线路,减少汽车线束的数量和质量,降低线束的造价,提高各电控单元之间的通信速度,降低故障频率,现代汽车普遍采用网络控制技术。通过汽车网络技术通信将各电子控制装置连接起来,使汽车真正成为系统控制的整体对象,既改进和完善了汽车动力性、经济性、排放性、操纵性、安全性,又改善了汽车系统设计和配置的灵活性。汽车网络通信、汽车网络线束布置见图1-3、图1-4。

图1-2 汽车传统线束布置

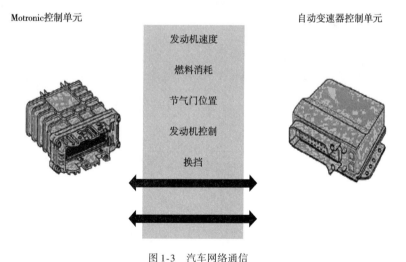

图1-3 汽车网络通信

(二)汽车网络类型

1.汽车网络类型

(1)根据SAE(美国汽车工程师协会)分类,车用网络总线分为A、B、C、D四类,面向传感器或执行器管理的低速网络,它的位传输速率通常小于20Mb/s,如表1-1所示。

(2)车载网络按照应用加以划分,大致可以分为4个系统(不包含新能源网络):车身系统、动力传动系统、安全系统、信息系统。

2. 汽车网络应用特点

目前,汽车上应用较为广泛的汽车网络主要有 LIN 网、CAN 网和正在发展中的汽车总线技术、高速容错网络协议 FlexRay 网,以及应用于汽车多媒体和导航协议的 MOST 网和与计算机网络兼容的蓝牙、无线局域网等无线网络技术。

(1)LIN 网划归于 A 类总线,主要用于车内分布式电控系统,如车灯、门锁、电动座椅等控制系统,尤其是面向智能传感器或执行器的数字化通信

图 1-4 汽车网络线束布置

场合,属于低速汽车网络系统,成本较低。

汽车总线类型 表 1-1

类别	总线名称	通信速度	应用范围
A	LIN	10~125kb/s(车身)	前照灯、灯光、门锁、电动座椅等
B	CAN	125kb~1Mb/s	汽车空调、电子指示、故障检测等
C	FlexRay	1Mb~10Mb/s	发动机控制、ABS、悬架控制、线控转向等
D	MOST/1394	10Mb/s 以上	汽车导航系统、多媒体娱乐等

(2)CAN 网划归于 B 类网络总线和 C 类网络总线,CAN 中速主要应用于车身电子的舒适型模块和显示仪表等设备中,如汽车空调、电子指示、故障检测等控制系统;CAN 高速主要应用于动力传递系统,如发动机、ABS 等控制系统。CAN 包含低、中、高速汽车网络系统,应用较为广泛,使用几乎可涵盖汽车所有网络控制系统,如图 1-5 所示。CAN 网络成本、可靠性相对较低。

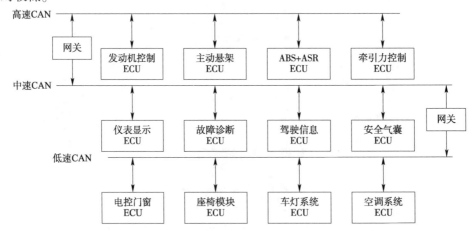

图 1-5 CAN 网络电控图

(3)FlexRay 网划归于 C 类网络总线,主要用于汽车对通信的实时性要求比较高的线性控制系统(X-by-Wire 系统),属于高速汽车网络系统。可靠性较高,成本也较高。

(4)MOST 网划归于 D 类网络总线,主要用于汽车导航和多媒体娱乐系统,是近期才被

纳入SAE对总线的分类范畴之中,其带宽范畴相当大,属于高速汽车网络系统。可靠性高,但成本也较高。

各类网络的成本与可靠性之间的关系见图1-6所示。

(三)汽车网络基本术语

汽车网络一般由多路传输技术、网络模块、数据总线、网络、架构、网关及通信协议组成,如图1-7所示。

1. 多路传输

多路传输就是在同一通道或线路上同时

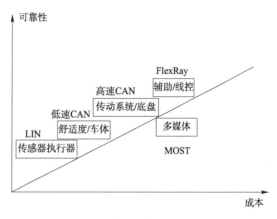

图1-6 网络成本与可靠性关系

传输多条信息,汽车上多采用双线制分时多路传输。分时多路传输,即是分时复用,多路复用技术的实质,就是将一个区域的多个用户数据通过发送多路复用器进行汇集,然后将汇集后的数据通过一个物理线路进行传送,接收多路复用器再对数据进行分离,分发到多个用户。CAN-BUS也可以同时传输不同的数据流,通过调制调节频率、幅值或其他方法即可以实现数据的多路传输控制。

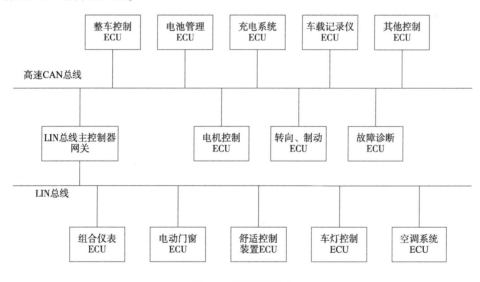

图1-7 汽车网络组成

2. 模块

模块是一种装置,也称节点,如ECM。出现故障更换模块即可,维修较为方便。

3. 数据总线

数据总线是模块间运行数据的通道,即信息高速公路。双向数据总线可实现模块间发送和接收数据,双线制数据总线其中一条总线不是用作额外的通道,它的作用像公路的"路肩",上面立有交通标志、信号灯,一旦数据通道出了故障,这些"路肩"被用来承载"交通",或令数据换向,通过另一数据总线来发出故障部分的数据。为了抗电磁干扰,采用双绞线,数据总线分为CAN-H数据线和CAN-L数据线。

4. 网络

为了实现信息共享而把多条数据总线连接在一起,或把数据总线和模块当作一个系统即构成网络。比亚迪 e6 汽车 CAN-BUS 总线上就有多个行车电脑相互交换信息的模块(节点),形成局域网。

5. 架构

架构信息是高速公路的配置,其输入和输出端规定了什么信息能进和能出,如指挥交通需要"警察"(一种特殊功能的芯片),那么就要有"警局",也就是模块的输入、输出端。架构就是双绞数据总线,传输数据基于两线的电压差,其中每一线传输数据时,与搭铁线都有电压差,CAN-H 为 3.5V,CAN-L 为 1.5V。

6. 网关

因为车上有总线和网络,因此需要采用一种方法达到信息共享和不产生协议间的冲突。为使采用不同协议及速度的数据总线间实现无差错数据传输,需要特制的计算机来控制,即网关。

网关就像门卫,在通信前核实数据的身份是否合法,是否应邀前来,或通知模块有数据拜访。网关的具体作用如下:

(1)将 CAN 的数据变成可识别的 OBD Ⅱ 诊断数据语言,方便诊断。

(2)因为速率不一,易错乱,低速 CAN 和高速 CAN 需要做到数据共享,需要网关交换数据。

(3)负责接收和发送信息。

(4)激活和监控 CAN 网络工作状态。

(5)实现车辆数据的同步性。

7. 通信协议

1)定义

通信协议:数据传输的"交通规则",含交通标志和优先权。如当 ECM 检测到发动机已接近过热时,相对于其他不太重要的信息(如模块 B 发送最新的大气压力变化的数据)有优先权。通信协议的标准蕴含唤醒访问和握手。唤醒访问就是给一个模块唤醒的信号,因模块为了省电而处于休眠状态;握手就是模块间的相互确认、兼容并处于工作状态。

2)通信协议的作用

(1)定义主从方式(主模块,从属模块)、仲裁方式、各取所需方式、优先级,它决定哪个从属模块发送数据和何时发送数据。

(2)在同一通信协议上所有的模块中任一模块有了有用的信息,就发送到 CAN-BUS 上,其他模块需要即可取用。

(3)通信协议中有仲裁系统,按照每条信息的数字拼法为数据传输设定优先规则,如以 1 结尾的数字信息要比以 0 结尾的有优先权。

(四)CAN 网络结构原理

1. CAN-BUS 原理

CAN,全称为"Controller Area Network",即控制器局域网,由 CAN 总线、传感器、控制器、执行器组成。CAN 数据总线又称为 CAN-BUS 总线,它具有信息共享、导线数量少、配线束的质量轻、控制单元和控制单元插脚最小化、可靠性和可维修性高等优点。CAN-BUS 数据总线可比作一辆公共汽车,公共汽车运送大量乘客,而数据总线则运送大量数据,每个控制单元相当于公共汽车站,在每个站点可任意上下乘客,即进行数据交换,从而实现相应的功能控制。其原理如图 1-8 所示,其工作采用单片机作为直接控制单元,用于对传感器和执行部件的直接控制,每个单片机都是控制网络上的一个节点,网络上不管有多少块电控单元,不管信息容量有多大,每块电控单元都只需引出两条导线共同接在节点上,各种信息数据在总线上进行传播,每块电控单元根据需求进行数据交换,实现相应的控制功能。

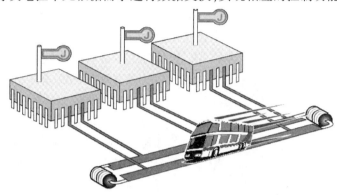

图 1-8　CAN-BUS 原理

2. CAN 网络结构

CAN 网络由含有 CAN 控制器和 CAN 收发器的控制单元、2 个终端电阻、2 条传输数据线(CAN-H、CAN-L)组成,如图 1-9 所示其中部分豪华车则有 3 条传输数据线(用于 GPS 卫星导航与智能通信系统)。

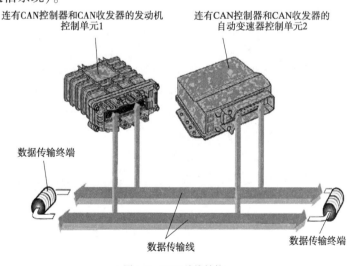

图 1-9　CAN 总线结构

1) CAN 控制器作用

CAN 控制器用来接收微处理器传来的信息,对这些信息进行处理并传给 CAN 收发器,同时 CAN 控制器也接收来自 CAN 收发器传来的数据,对这些数据进行处理,并传给控制单元的微处理器。

2)CAN 收发器作用

CAN 收发器接收 CAN 控制器送来的数据,并将其发送到 CAN 数据传输总线上,同时 CAN 收发器也接收 CAN 数据总线上的数据,并将其传给 CAN 控制器。

3)终端电阻作用

终端电阻的作用是防止数据在到达线路终端后像回声一样返回,并因此干扰原始数据,从而保证了数据的正确传送,终端电阻通常安装在控制单元内。

4)传输数据线作用

传输数据线是两条双向数据线,分为高位(CAN-H)和低位(CAN-L)数据线,主要作用是进行网络数据传输。为了防止外界电磁波干扰和向外辐射,两条数据线缠绕在一起,要求至少每 2.5cm 就要扭绞一次,两条线上的电位是相反的,电压的和总等于常值。

3. CAN 网络通信原理

CAN 在发送数据时就像开电话会议,每个节点都能接收,所有节点处于相同的信息状态。一个电话用户(控制单元)将数据"讲(输)"入网络中,其他用户通过网络"听(接收)"这个数据,对这个数据感兴趣的用户就会利用数据,对这个数据不感兴趣的用户则选择忽略,如图 1-10 所示。

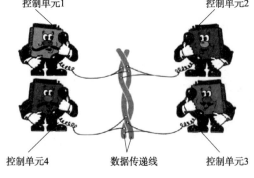

图 1-10　CAN 网络通信

4. CAN 网络工作原理

如图 1-11 所示,CAN 总线以广播的方式从一个节点向另一个节点发送数据,当一个节点发送数据时,该节点的 CPU 把将要发送的数据和标识符发送给本节点的 CAN 芯片,并使其进入准备状态;一旦该 CAN 芯片收到总线分配,就变为发送报文状态,该 CAN 芯片将要发送的数据组成规定的报文格式发出。此时,网络中其他的节点都处于接收状态,所有节点都要先对其进行接收,通过检测来判断该报文是否是发给自己的。数据监测通过并认可后,CAN 控制单元 CPU 分析、处理此信号,并据此信号发出控制指令,从而实现相应的功能控制。

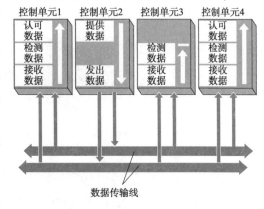

图 1-11　CAN 网络工作原理

(五)电动汽车网络结构特点

1. 北汽 EV160 电动汽车网络

北汽 EV160 电动汽车网络结构如图 1-12 所示,该网络结构由 4 套 CAN 网络系统组成。4 套 CAN 网络系统分别为:

(1)原车 CAN 网络,即传统汽车 CAN 网络结构,主要进行车身和底盘控制。该网络主要包括 ABS、ICM、BCM 和 VCM 等网络。

(2)新能源 CAN 网络,即对电动汽车动力输出进行调节和控制的网络。

(3)动力电池 CAN 网络,即对动力电池电量进行管理和控制的网络。

(4)充电系统 CAN 网络,即对动力电池进行补充充电控制的网络。

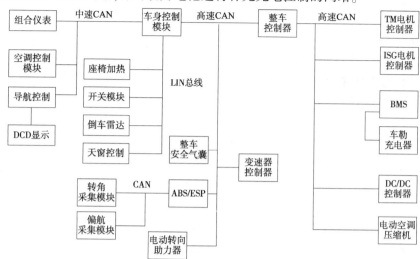

图 1-12　北汽 EV160 电动汽车网络结构

此外,在北汽 EV160 电动汽车 CAN 网络系统中还包含有 LIN 网络结构,该网络采用单线传输,主从协议,主要在座椅加热、电动车窗、倒车雷达、天窗控制中应用。

2. 比亚迪先行者 e6 电动汽车网络

比亚迪先行者 e6 电动汽车网络总线拓扑结构如图 1-13 所示,该网络结构包括原车网 ESC 网、车载终端网络、舒适网络、启动网络和新能源汽车动力系统 Powertrain 网络,各网络和传统汽车网络一样,通过 CAN 总线和网关连接在一起。每个网络都由 CAN 总线、控制器、收发器、2 个终端电阻、2 条与总线连接的传输数据线组成。数据总线分为 CAN-H 数据线和 CAN-L 数据线,其传递终端是一个避免数据传输终了反射回来的电阻器,防止信号产生的反射波使数据遭到破坏,其终端电阻阻值单个为 120Ω,从 DLC(诊断接口)处测量则为 60Ω,此时测量的是总线上两个并联终端电阻的阻值。

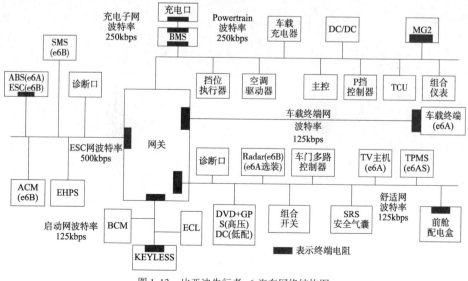

图 1-13　比亚迪先行者 e6 汽车网络结构图

二、任务实施

(一)准备工作

(1)防护用品:机舱防护三件套。

(2)车辆:比亚迪 e6 或其他纯电动汽车。

(3)台架及总成:纯电动汽车台架。

(4)检测设备:无。

(5)拆装工具:无。

(二)技术要求与注意事项

(1)分析比亚迪 e6 汽车网络控制图,明确需要识别部件英文字母,查找资料书(附件),明确需要识别部件安装位置描述。

(2)做好实训安全操作准备,如做好举升、安全防护、安全提示、高压维修开关断开、工具设备准备等工作。

(3)在整车实训时,需先拆除前后排座椅,便于查找识别。

(4)结束后恢复实训场地,如解除车辆举升状态,收拾清洁工具和设备,清洁清扫场地。

(三)操作步骤

本操作任务主要是对电动汽车(以比亚迪 e6 为例)的汽车网络的部分主要部件安装布置进行认识,为后续操作打好基础。

1. 识别电动汽车网络中的网线、网关、诊断接口

(1)认识电动汽车网络的主要部件及安装情况,如图 1-14 所示。

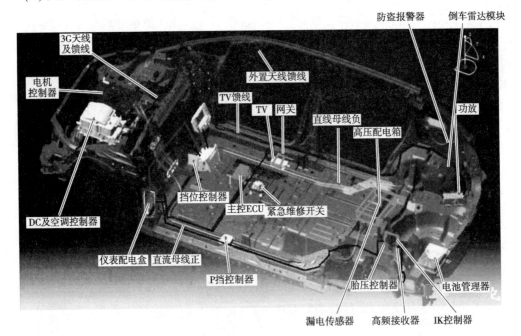

图 1-14 比亚迪 e6 网络部件安装布置示意图

(2)在右前面座椅下找到网关,如图 1-15 所示。

图 1-15　比亚迪 e6 网关外观结构图

（3）在网关处识别连接各网络的双绞型总线，如图 1-16 所示，针脚 3 和 4 为连接 ESC 网络的 CAN-H 和 CAN-L；针脚 5 和 6 为连接车载终端总线的 CAN-H 和 CAN-L；针脚 8 和 9 为连接动力网的 CAN-H 和 CAN-L；针脚 15 和 16 为连接启动网的 CAN-H 和 CAN-L；针脚 17 和 18 为连接舒适网的 CAN-H 和 CAN-L。

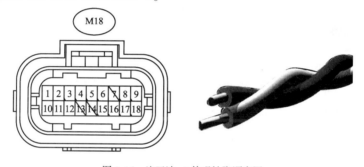

图 1-16　比亚迪 e6 外观针脚顺序图

（4）在驾驶员侧仪表台下找到诊断接口，如图 1-17 所示。

（5）在诊断接口处识别诊断接口针脚数，诊断接口为标准的 OBD Ⅱ 接口，有 16 个针脚，如图 1-18 所示。

图 1-17　比亚迪 e6 诊断接口位置图　　　　图 1-18　诊断接口针脚顺序

2．识别电动汽车新能源网络控制单元

（1）安装汽车机舱防护三件套。

①打开机舱盖。

②按要求安装汽车机舱防护三件套。

（2）认识电动汽车比亚迪 e6 新能源网络控制单元，如图 1-19 所示。比亚迪 e6 新能源网络控制单元有充电口、BMS、车载充电器、DC/DC、MG2、组合仪表、TCU、P 挡控制器、主控 ECU、空调控制器、空调驱动器和挡位执行器。

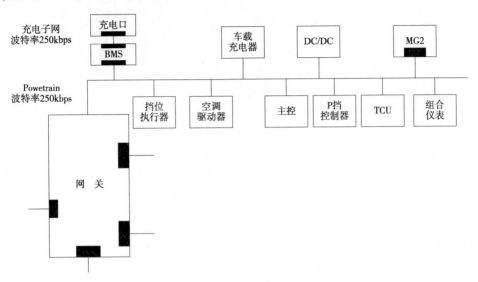

图 1-19　比亚迪 e6 新能源网络控制图

（3）认识电动汽车比亚迪 e6（带 VTOG）新能源网络控制单元安装布置情况，各控制单元具体安装布置位置如图 1-20 所示。

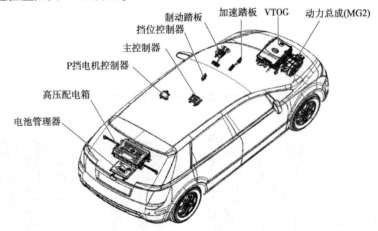

图 1-20　比亚迪 e6 新能源网络控制器位置示意图

（4）识别充电口。

①在后侧外围板上找到充电口，如图 1-21 所示。

②打开充电口外盖和护盖。

③识别充电口类型，9 针脚的为直流充电口，7 针脚的为交流充电口。

④识别充电口网络信号线，如图 1-22 和图 1-23 所示。交流充电口识别 CC 和 CP 针脚，直流充电口识别 CC1、CC2、S + 和 S − 针脚。

⑤识别完成后盖好充电口护盖和外盖。

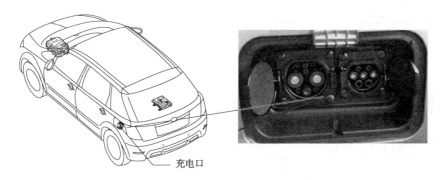

图 1-21　比亚迪 e6 充电口位置示意图

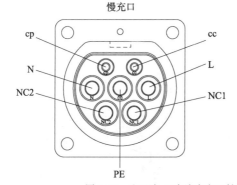

图 1-22　比亚迪 e6 交流充电口针脚含义

慢充口
CP：控制确认线
CC：充电连接确认
N：(交流电源)
L：(交流电源)
PE：车身搭铁
NC1：B相
NC2：C相

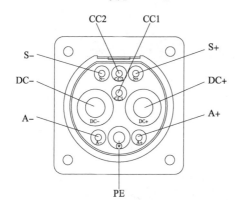

图 1-23　比亚迪 e6 直流充电口针脚含义

快充口定义
DC-：直流电源负
DC+：直流电源正
PE：车身搭铁
A-：低压辅助电源负极
A+：低压辅助电源正极
CC1：充电连接确认
CC2：充电连接确认
S+：充电通信CAN-H
S-：充电通信CAN-L

(5) 识别电池管理器 BMS。
① 打开行李舱。
② 取出行李舱底板。
③ 在行李舱右后侧找到 BMS 控制单元，如图 1-24 所示。
④ 拔下电池管理器 BMS 三个插头。
⑤ 识别电池管理器 BMS 插头，如图 1-25 所示，BMS 插头有 K64（34 针脚）、K65（26 针脚）和 BMC03（26 针脚）三个，识别各插头网线。

图 1-24　比亚迪电池管理器外观结构图

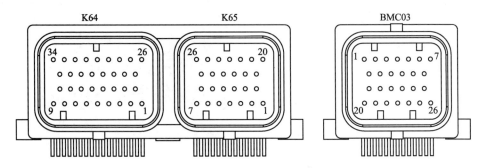

图1-25 比亚迪e6电池管理器插孔及针脚示意图

⑥电池管理器BMS插头识别完成后插好插头。

⑦装复行李舱底板。

⑧关闭行李舱。

(6) 识别车载充电器。

①在机舱电机控制器处找到车载充电器,如图1-26所示,车载充电器与电机控制器合而为一。

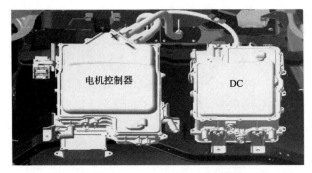

图1-26 比亚迪e6电机及DC控制器位置图

②识别车载充电器电源线。车载充电器接有4根线,N为零线,L1、L2和L3为三相电,充电正为充电机变压后的电源线,位置如图1-27所示。

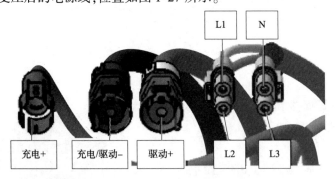

图1-27 比亚迪e6电机控制器高压线连接图

(7) 识别电机控制器(MG2)。

①在机舱找到电机控制器,如图1-26所示。

②在电机控制器上找到低压插接器,如图1-28所示。

③拔下电机控制器低压插接器,识别插头针脚顺序及网线,如图1-29所示。

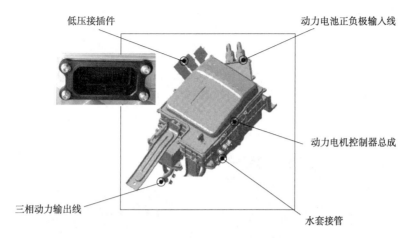

图 1-28　比亚迪 e6 电机控制器电压控制端子位置图

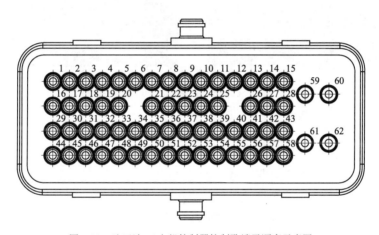

图 1-29　比亚迪 e6 电机控制器控制孔端子顺序示意图

④电机控制器低压插接器的插头针脚顺序识别完成后,插好插头。
(8)识别 DC/DC 控制器。
①在机舱正对右侧找到 DC/DC 控制器,如图 1-26 所示。
②在 DC/DC 控制器上找到低压控制插接器(CAN 通信插接器),如图 1-30 所示。

图 1-30　比亚迪 e6DC 控制器线路连接图

③拔下 DC/DC 的 CAN 通信插接器,识别插头针脚顺序及网线。
④识别 DC1 和 DC2 输出端子,如图 1-30 所示。
⑤DC/DC 控制器 CAN 通信插接器的插头针脚顺序识别完成后,插好插头。
(9) 识别空调控制器。
①根据图 1-14,找到空调控制器,空调控制器与 DC/DC 控制器合而为一。
②识别空调控制器高压输出端子,如图 1-31 所示。

 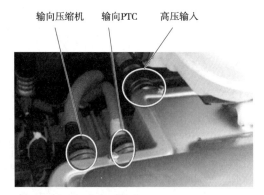

图 1-31　比亚迪 e6 空调控制器高压端子连接图

③识别空调控制器低压控制端子,如图 1-28 所示。
(10) 识别空调驱动器。
①在正对机舱左后侧找到空调压缩机,如图 1-32 所示。
②在空调压缩机上找到空调驱动器。
③识别空调驱动器低压控制端子位置。
④识别空调压缩机和 PTC 高压线束,如图 1-32 所示。

 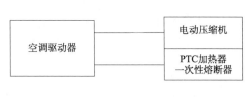

图 1-32　比亚迪 e6 空调压缩机和驱动器位置图

(11) 识别主控 ECU。
①根据图 1-14 或图 1-20 在车上找到主控 ECU,如图 1-33 所示。
②拔下主控 ECU 插头。
③识别主控 ECU 插头针脚顺序及网线。

④插好主控 ECU 插头。

(12) 识别 P 挡控制器。

①根据图 1-14 或图 1-20 在车上找到 P 挡控制器,如图 1-34 所示。

②拔下 P 挡电机控制器插头。

③识别 P 挡电机控制器插头针脚顺序和网线,如图 1-35 所示。

④插好 P 挡电机控制器插头。

(13) 识别挡位控制器。

①根据图 1-14 或图 1-20 在车上找到挡位控制器,如图 1-36 所示。

②拔下挡位控制器插头。

③识别挡位控制器插头针脚顺序和网线,如图 1-37 所示。

④插好挡位控制器插头。

图 1-33　主控 ECU 外观结构图

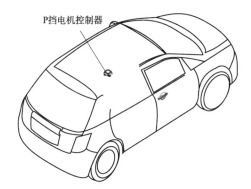

图 1-34　P 挡控制器位置示意图

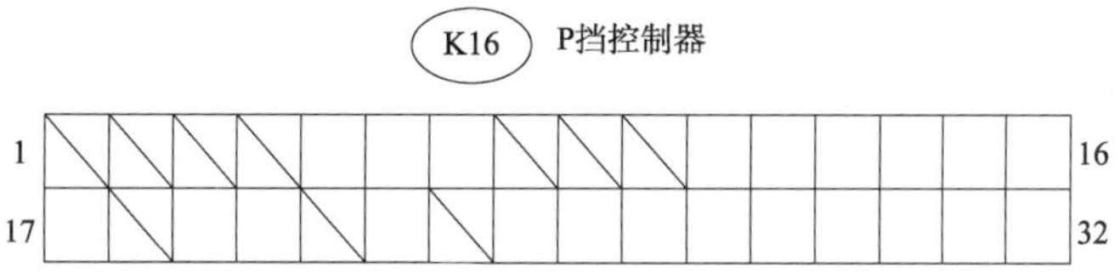

图 1-35　P 挡电机控制器针脚顺序示意图

图 1-36　比亚迪 e6 挡位控制器

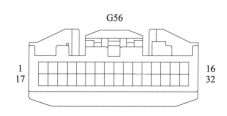

图 1-37　比亚迪 e6 挡位控制器针脚顺序

三、技能考核标准

电动汽车网络认知考核评分标准如表1-2所示。

电动汽车网络认知内容及评分标准　　　　　　　表1-2

序号	项目	操作内容	规定分	评分标准	得分
1	汽车网络主要部件识别	查找识别网关	10分	能正确找到和识别网关、网线	
2		查找识别网线	4分	能正确找到并识别网络总线特点	
3		查找识别诊断接口	10分	能正确找到并识别诊断接口特点	
4	比亚迪e6汽车新能源网络识别	查找识别充电口	5分	能正确找到并识别交、直流充电口	
5		查找识别电池管理器BMS	10分	能正确找到并识别BMS插头、针脚特点	
6		查找识别车载充电器	8分	能正确找到并识别车载充电器位置及高压连线特点	
7		查找识别电机控制器	8分	能正确找到并识别电机控制器高、低压端子连线特点	
8		查找识别DC/DC控制器	8分	能正确找到并识别DC/DC控制器高、低压端子连线特点	
9		查找识别空调控制器	8分	能正确找到并识别空调控制器高、低压端子连线特点	
10		查找识别空调驱动器	5分	能正确找到并识别空调驱动器高、低压端子连线特点	
11		查找识别主控ECU	8分	能正确找到并识别主控ECU位置及连线特点	
12		查找识别P挡控制器	8分	能正确找到并识别P挡控制器位置及连线特点	
13		查找识别挡位控制器	8分	能正确找到并识别挡位控制器位置及连线特点	
		总分	100分		

四、思考与练习

(一)填空题

1. 汽车网络是通过某种通信协议(如 CAN 协议),将汽车内部的各个_____节点、_____、_____连接起来,从而形成一个_____的局域网络。
2. 车载网络按照应用加以划分,大致可以分为 4 个系统(不包含新能源网络):_____、_____、_____、_____。
3. _____网划归于 A 类总线,_____网划归于 B 类网络总线和 C 类网络总线,_____网划归于 C 类网络总线,_____网划归于 D 类网络总线。
4. CAN 网络由_____、_____、_____、_____组成。
5. _____用来接收微处理器传来的信息,_____接收 CAN 控制器送来的数据,_____的作用是防止数据在到达线路终端后像回声一样返回,CAN _____主要作用是进行网络数据传输。
6. 比亚迪先行者 e6 新能源汽车网络由_____、_____、_____、_____、_____等组成。

(二)选择题

1. 运用于汽车动力系统的主要网络类型是(   )。
   A. A 类网络　　　　B. B 类网络　　　　C. C 类网络　　　　D. D 类网络
2. 运行成本最低的汽车网络类型是(   )。
   A. LIN 网络　　　　B. 低速 CAN　　　　C. 高速 CAN　　　　D. MOST 网络
3. 汽车网络中实现不同网络间无差错数据传输的主要部件是(   )。
   A. ECM　　　　　　B. 网关　　　　　　C. 总线　　　　　　D. 诊断接口
4. 北汽 EV160 电动汽车网络由(   )CAN 网络系统组成。
   A. 3 套　　　　　　B. 4 套　　　　　　C. 5 套　　　　　　D. 6 套
5. 比亚迪 e6 每个网络都由 CAN 总线、控制器、收发器、(   )终端电阻、2 条与总线连接的传输数据线组成。
   A. 2 个　　　　　　B. 3 个　　　　　　C. 4 个　　　　　　D. 5 个

(三)判断题

1. 汽车网络是将汽车内部的各个 ECU 节点、传感器、执行器联结起来形成的汽车内部局域网络。(   )
2. 随着汽车上大量电子控制装置的使用,汽车网络的广泛应用已成一种趋势。(   )
3. 不同类型的网络结构其成本和可靠性不一样。(   )
4. 网关具有激活和监控 CAN 网络工作状态的功能。(   )
5. 北汽 EV160 具有整车控制器 VCU,比亚迪 e6 无整车控制器 VCU。(   )

(四)简答题

1. 如何理解 CAN 网络信息交换原理?
2. 简述 CAN 网络工作原理。
3. 简述北汽 EV160 和比亚迪 e6 的汽车网络异同。

任务 2　电动汽车网络检测

学习目标

❖ **知识目标**

1. 能描述电动汽车网络常见故障及诊断方法；
2. 能描述电动汽车网络终端电阻检测方法；
3. 能描述电动汽车网络总线电压检测方法。

❖ **能力目标**

1. 能使用诊断仪读取汽车网络故障码、数据流；
2. 能在实车上测量汽车网络终端电阻、高低 CAN 总线电压波形。

建议课时

10 课时。

任务描述

某 4S 店的维修人员反映，一辆比亚迪先行者 e6 出现不上电故障，经初步检查发现是 BMS 未收到上电信号，未对上电进行控制，最后检查确定是 BMS 终端电阻损坏所致。如果你是这辆车的维修人员，遇到这种故障应该任何处理呢？

一、理论知识准备

(一) 汽车网络常见故障

1. CAN 网络总线常见故障形式

(1) CAN-H 和 CAN-L 之间短路。

(2) CAN-H 对正极短路。

(3) CAN-L 对正极短路。

(4) CAN-H 搭铁短路。

(5) CAN-L 搭铁短路。

(6) CAN-H 断路。

(7) CAN-L 断路。

2. CAN 网络常见故障

CAN 网络常见故障类型有网络内部错误故障、网络失去通信故障和网络信号错误故障几种，故障具体描述如表 2-1 所示。

CAN 总线故障描述 表 2-1

内部错误 DTC	各 ECU 执行内部检查,如果其中一个发现内部 ECU 问题,则它会提出一个内部错误 DTC,指示该 ECU 需要更换
失去通信 DTC	失去通信 DTC(和总线关闭 DTC)是在 ECU 之间的通信出现问题时提出的,问题可能出在连接、导线或 ECU 本身
信号错误 DTC	各 ECU 对某些输入回路执行诊断测试,以确定此回路功能是否正常(无断路或短路)。如果一个回路未通过诊断测试,则会相应设置一个 DTC(注意:并非所有输入都检测是否有错误)

(二)汽车网络常见故障检测诊断

1. 汽车网络终端电阻检测

CAN 线是否正常,一般可以通过诊断口测量 CAN-H 和 CAN-L 的电阻来判断。如果电阻值在 60 ~ 70Ω,则 CAN 线可以正常通信。如果电阻值无限大,表明断路;无限小,表明短路。

2. 汽车网络电压检测

测量 CAN-H 和 CAN-L 的电压。正常工作情况下,CAN-H 的电压在 2.5 ~ 3.5V 之间,CAN-L 的电压在 1.5 ~ 2.5V 之间。

3. 汽车网络电压波形检测

通过检测 CAN 网络电压波形也可以确定网络正常与否。使用示波器可以同时测量 CAN-H 和 CAN-L 的波形,示波器的两个通道,分别接入 CAN-H 和 CAN-L 线路,这样在同一界面下同时显示 CAN-H 和 CAN-L 的同步波形,根据检测波形能很直观地分析网络系统出现的问题。

4. 检测部位

汽车网络监测部位因车而异,以比亚迪 e6 车型为例。CAN 网络总线检测可通过各模块和诊断接口进行 CAN 线诊断,汽车网络模块通信线如图 2-1 所示,诊断接口插脚如图 2-2 所示,诊断接口的 6 和 14 脚分别为高速 ESC 网的 CAN-H 和 CAN-L,3 和 11 脚分别为车载低速网的 CAN-H 和 CAN-L。

图 2-1 汽车网络模块通信线

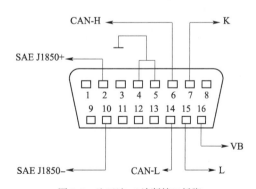

图 2-2 比亚迪 e6 诊断接口插脚

CAN 网络总线检测也可通过网关进行检测。网关接口如图 2-3 所示,网关的 3 和 4 脚分别为 ESC 网的 CAN-H 和 CAN-L,5 和 6 脚分别为车载终端网的 CAN-H 和 CAN-L,8 和 9

脚分别为动力网的 CAN-H 和 CAN-L,15 和 16 脚分别为启动网的 CAN-H 和 CAN-L, 17 和 18 脚分别为舒适网的 CAN-H 和 CAN-L。

5.检测说明

(1)各模块都记录有与 CAN 通信相关的故障码,用于判断 CAN 通信是否正常。通过诊断仪读出通信异常时,先检查 CAN 线是否有故障,如果 CAN 正常,再检查模块。

(2)当某网络数据总线失效时,在 CAN-L 或 CAN-H 导线上可能存在短路或断路故障,或者某个控制单元已损坏,为了查找故障原因,可进行下列工作步骤:

①将总线用户从 CAN 总线上依次拔下,直至找到故障原因,依次检查通往各控制单元的导线是否短路或断路。

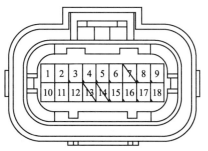

图 2-3 比亚迪 e6 网关接口插脚

②如有可能,可检测控制单元是否正常。如果某个控制单元至 CAN 总线的分支线短路,仅执行该工作步骤故障就可能排除了。

③如果 CAN 总线中的一条导线自身短路,则必须检查电线束。为了避免信号反射,在 2 个 CAN 总线用户上分别连接一个 120Ω 的终端电阻,这两个终端电阻并联,并构成一个 60Ω 的等效电阻,关闭供电电压后可以在数据线之间测量这个等效电阻。此外,单个电阻可以各自分开测量。

(3)通过对汽车网络 CAN-H 和 CAN-L 间终端电阻、与搭铁线间电压的检查,可基本确定汽车总线是内部短路、搭铁、对电源短路、断路。如果检查配合诊断仪、示波器辅助和对模块的检测,故障原因及故障点的确定将更容易进行。

(三)CAN 网络总线终端电阻的测量原理

1. CAN 网络总线终端电阻连接特点

以比亚迪 e6 为例,如图 2-4 所示。由于带有终端电阻的两个控制单元是相连的,所以两个终端电阻是并联的。当测量的结果为每一个终端电阻大约为 120Ω,而总值为 60Ω 时,可以判断连接电阻是正常的。但是终端电阻不一定就是 120Ω,其相应的阻值依赖于总线的结构。从诊断接口上可以检测到的终端电阻只有 4 个,其余 6 个需要在各个子网检测。

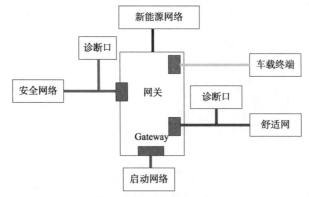

图 2-4 诊断口检测网络终端电阻

2. CAN 网络总线终端电阻检测原理

如图 2-4 所示,在各控制模块处可检测模块所在网络的终端总阻值或单个控制模块终端阻值,在网关处可检测各网络的终端总阻值或单个控制模块终端阻值,在诊断接口处可检测部分网络终端总阻值或单个控制模块终端阻值。

在各检测处检测终端阻值过程中,如果在总的阻值测量后,将一个带有终端电阻的控制单元插头拔下,显示阻值发生变化,这测量的是一个控制单元的终端电阻阻值。如果在一个带有终端电阻的控制单元插头拔下后测量的阻值没有发生变化,则说明系统中存在问题,可能是被拔下的控制单元终端电阻损坏或是 CAN-BUS 出现断路。如果在拔下控制单元后显示的阻值变化无穷大,则可能是连接中的控制单元终端电阻损坏,或是到该控制单元的 CAN-BUS 出现故障。

(四)汽车网络总线电压检测原理

1. 电压检测原理

汽车网络 CAN-H 和 CAN-L 有一定的电压值,在汽车网络工作或激活时,正常情况 CAN-H 的电压在 2.5~3.5V 之间,CAN-L 的电压在 1.5~2.5V 之间。如果汽车网络处于休眠状态时,正常情况 CAN-H 的电压和 CAN-L 的电压为固定值,其大小因车而异。对于大众车系进入休眠模式时,数据总线的电压低位线为 12V,高位线为 0V。对于宝马车系进入休眠模式时,唤醒总线的电压应当是蓄电池电压,CAN-H 和 CAN-L 的电压分别为 2.6V 和 2.4V。

2. 检测部位

汽车网络总线电压可通过检测各模块 CAN-H 和 CAN-L 的电压或电压波形,也可通过检测诊断接口和网关对应网络的 CAN-H 和 CAN-L 的电压或电压波形。比亚迪 e6 新能源汽车诊断口的 6 和 14 脚分别为高速 ESC 网的 CAN-H 和 CAN-L,3 和 11 脚分别为车载低速网的 CAN-H 和 CAN-L。

3. 检测条件

汽车网络总线电压必须在汽车网络激活的状态下进行,汽车网络要激活须至少满足以下条件之一:

(1)按下遥控器解锁按钮。

(2)打开点火开关 ON,激活待测网络中某一控制功能,如 ESC 网转动转向盘,娱乐网打开 CD、空调等功能。

(3)起动或运行车辆,激活待测网络中某一控制功能,激活方式同上所述。

(4)按下低功耗唤醒按钮。

(五)用万用表检测总线电压

如表 2-2 所示,通过诊断接口对应的网络可检测 CAN-H 和 CAN-L 的电压,电压正常时高低电压差 1~2V。通过对 CAN-H 和 CAN-L 电压检测的不同可确定网络总线是短路还是断路。如果 CAN-H 或 CAN-L 在 0V 左右表明搭铁短路,如果大于正常值,则可能对电源短路。

CAN 网络总线电压检测 表 2-2

连接端子(诊断接口)	线 色	测试条件	正 常 值
CAN-H(6)—车身搭铁	P	始终	2.5~3.5V
CAN-L(14)—车身搭铁	V	始终	1.5~2.5V

1. 诊断方法

(1) 整车处于 ON 挡，把万用表打到电压挡，然后把万用表一端接到诊断口 CAN 总线网络上 CAN-L 和 CAN-H 引脚上，万用表的另一端接到车身，如图 2-5 所示。

(2) 用万用表读取 CAN 总线网络 CAN-L 和 CAN-H 的隐性电平为 0V、12V 或者其他较大偏离 2.5V 的数值，表明 CAN 总线网络是有故障的。一般来说，如果 ECU 上的总线收发器的 CAN-L 和 CAN-H 引脚搭铁或者与电源短路，就会造成整个 CAN 总线网络的隐性电平为 0V 或者 12V。

图 2-5 万用表检测网络电压

2. 排除方法

逐个检查整个 CAN 总线网络上的 ECU 内的收发器 CAN-L 和 CAN-H 引脚，看是否有 ECU 的收发器 CAN-L 和 CAN-H 引脚搭铁或者与电源短路。

(六) 示波器检测

1. 测试方法

(1) 将 CAN 网络中的 CAN-H 端接到示波器测试通道探头的正极，将 CAN 网络中的 GND(接地) 连接到示波器测试通道探头的负极。

(2) 将 CAN 网络中的 CAN-L 端接到示波器测试通道探头的正极，将 CAN 网络中的 GND 接入到示波器测试通道探头的负极。

(3) 对示波器测试通道进行相应的设置。

2. 测试显示

用示波器测量各网络总线 CAN-H 和 CAN-L 的电压，示波器将显示符合各个汽车网络总线电压极限范围内的类矩形波信号，具体波形形状如图 2-6 所示。

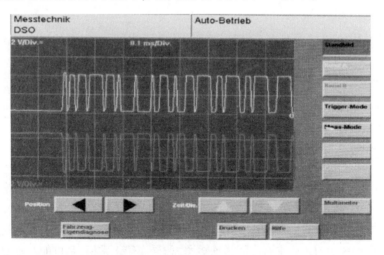

图 2-6 汽车网络总线电压波形图

(1) K-CAN(车身 CAN 网络)信号特点。

① CAN-L：$U_{min}=1V, U_{max}=5V$；

② CAN-H：$U_{min}=0V, U_{max}=4V$。

(2) PT-CAN(传动系 CAN 网络)和 F-CAN(底盘 CAN 网络)信号特点。
①CAN-L-: $U_{min} = 1.5V$, $U_{max} = 2.5V$;
②CAN-H-: $U_{min} = 2.5V$, $U_{max} = 3.5V$。

3. CAN 总线失效处理

当 K-CAN 或 PT-CAN 数据总线失效时,在 CAN-L 或 CAN-H 导线上可能存在短路或断路、或者某个控制单元已损坏,为了查明故障原因所在,建议进行下列工作步骤:

(1) 将总线用户从 CAN 总线上依次拔下,直至找到故障原因。
(2) 检查通往怀疑控制单元的导线是否短路或断路。
(3) 如有可能,检测待查控制单元。
(4) 如果某个控制单元至 CAN 总线的分支线短路,仅执行该工作步骤故障就可能排除了。如果 CAN 总线中的一条导线自身短路,则必须检查电线束。

二、任务实施

(一) 准备工作

(1) 防护用品:机舱防护三件套,室内五件套。
(2) 车辆:比亚迪 e6 或其他纯电动汽车。
(3) 台架及总成:比亚迪 e6 或其他纯电动汽车台架。
(4) 检测设备:解码器 VDS2000,示波器,数字万用表,专用跨接线。
(5) 拆装工具:无。

(二) 技术要求与注意事项

(1) 解码器 VDS2000 和示波器在使用前需认真听课和查阅使用说明书,保证能独立操作使用。
(2) 做好实训安全操作准备,如做好举升、安全防护、安全提示、高压维修开关断开、检测设备和工具准备等工作。
(3) 在整车实训时需先拆除网关旁边的附件,便于检测操作。
(4) 结束后恢复实训场地,如解除车辆举升状态,收拾清洁检测工具和设备,清洁清扫场地。

(三) 操作步骤

本操作任务主要是对电动汽车(以比亚迪 e6 为例)的汽车网络信号、终端电阻故障码和数据流的读取操作,为后续的故障诊断和排除操作做好准备。

1. 读取汽车新能源网络各控制器故障码和数据流

在读取故障码和数据流之前测量电池电压正常,关闭附属设备如空调、音响等系统,插好无线诊断接口,上 ON 挡电,打开 VDS1000 或 VDS2000,连接好诊断仪和车辆之间的通信,选择比亚迪 e6 车型,进入整车模块扫描。

(1) 读取 BMS 故障码和数据流,操作流程如下。
①选择 BMS 模块,进入 BMS 系统。
②选择 BMS 模块信息功能,运行读取 BMS 模块信息,如图 2-7 所示。
③选择 BMS 系统故障检测功能,运行读取 BMS 故障码。
④清除故障码,并再次读取故障码。

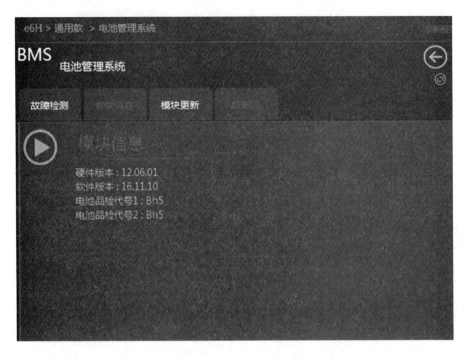

图 2-7　比亚迪 e6 BMS 模块信息

⑤停止运行故障检测功能。

⑥选择 BMS 系统数据流功能，运行读取 BMS 数据流，如图 2-8 所示。

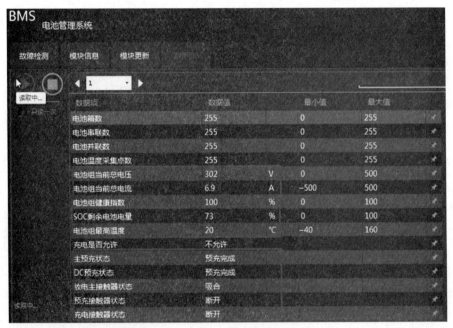

图 2-8　比亚迪 e6 BMS 数据流

⑦点击下一页读取其他数据流，如图 2-9 所示。

⑧停止运行数据流读取功能，退出并返回功能模块选择界面。

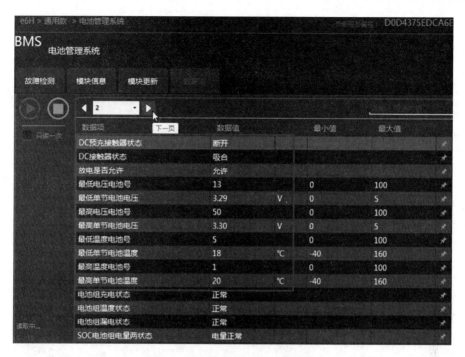

图 2-9　比亚迪 e6 BMS 第 2 页数据流

（2）读取 DC1 故障码和数据流，操作流程如下。

① 选择 DC1 模块，进入 DC1 系统。
② 选择 DC1 模块信息功能，运行读取 DC1 模块信息。
③ 选择 DC1 系统故障检测功能，运行读取 DC1 故障码。
④ 清除 DC1 故障码，并再次读取 DC1 故障码。
⑤ 停止运行 DC1 故障检测功能。
⑥ 选择 DC1 系统数据流功能，运行读取 DC1 数据流，如图 2-10 所示。

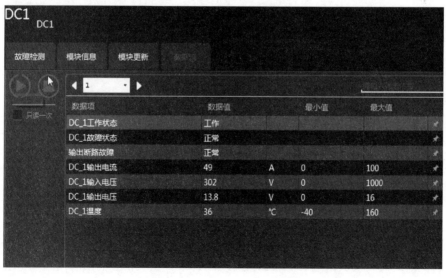

图 2-10　比亚迪 e6 DC1 数据流

⑦停止退出 DC1 数据流读取。
(3)读取 DC2 故障码和数据流,操作流程如下。
①选择 DC2 模块,进入 DC2 系统。
②选择 DC2 模块信息功能,运行读取 DC2 模块信息。
③选择 DC2 系统故障检测功能,运行读取 DC2 故障码。
④清除 DC2 故障码,并再次读取 DC2 故障码。
⑤停止运行 DC2 故障检测功能。
⑥运行读取 DC2 数据流,如图 2-11 所示。

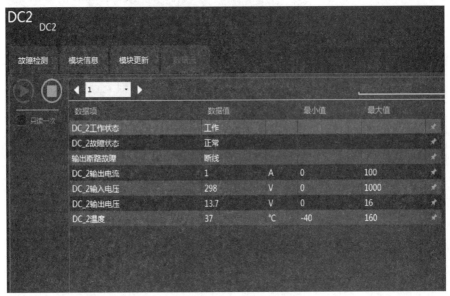

图 2-11　比亚迪 e6 DC2 数据流

⑦停止退出 DC2 数据流读取,退出返回功能模块选择界面。
(4)读取电机控制器(VTOG)故障码和数据流,操作流程如下。
①选择 VTOG 控制模块,进入 VTOG 控制系统。
②选择 VTOG 控制器模块信息功能,运行读取 VTOG 控制器模块信息,如图 2-12 所示。
③选择 VTOG 控制器模块故障检测功能,运行读取 VTOG 控制器模块故障码。
④清除 VTOG 控制器模块故障码,并再次读取 VTOG 控制器模块故障码。
⑤停止运行 VTOG 控制器模块故障检测功能。
⑥选择 VTOG 控制器模块数据流功能,运行读取 VTOG 控制器模块数据流,如图 2-13 所示。
⑦点击下一页读取其他数据流,如图 2-14 所示。
⑧停止运行 VTOG 控制器模块数据流读取功能,退出返回功能模块选择界面。
(5)读取主控 ECU 故障码和数据流,操作流程如下。
①选择主控 ECU 模块,进入主控 ECU 系统。
②选择主控 ECU 模块信息功能,运行读取主控 ECU 模块信息。
③选择主控 ECU 系统故障检测功能,运行读取主控 ECU 故障码。

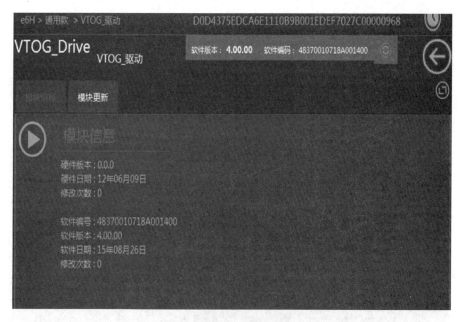

图 2-12 比亚迪 e6 电机控制器模块信息

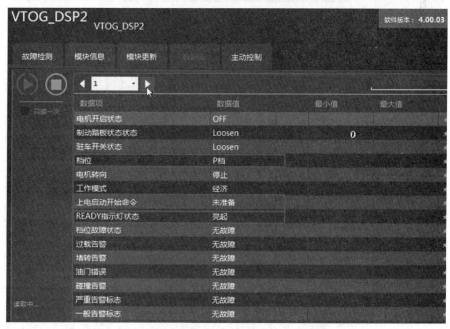

图 2-13 比亚迪 e6 电机控制器模块数据流

④清除故障码,并再次读取故障码。
⑤停止运行故障检测功能。
⑥选择主控 ECU 系统数据流功能,运行读取主控 ECU 数据流,如图 2-15 所示。
⑦停止运行主控 ECU 数据流读取功能,退出返回功能模块选择界面。
(6)读取 1 号空调控制器(ACB)故障码和数据流,操作流程如下。
①选择 1 号空调控制器模块,进入 1 号空调控制器系统。

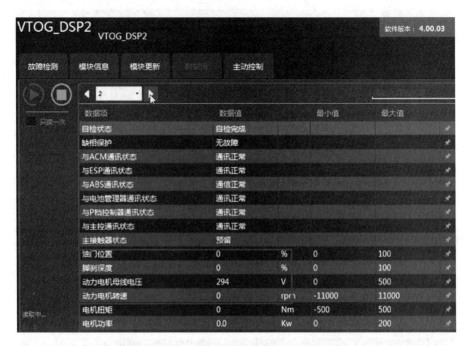

图 2-14 比亚迪 e6 电动机控制器模块第 2 页数据流

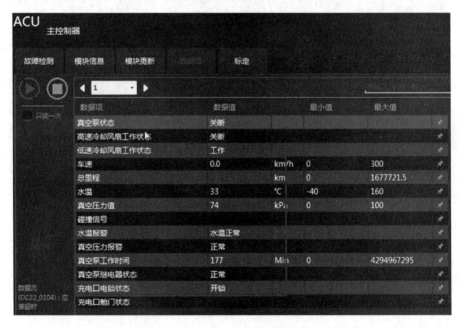

图 2-15 比亚迪 e6 主控 ECU 数据流

②选择 1 号空调控制器模块信息功能,运行读取 1 号空调控制器模块信息。
③选择 1 号空调控制器系统故障检测功能,运行读取 1 号空调控制器故障码。
④清除故障码,并再次读取故障码。
⑤停止运行 1 号空调控制器系统故障检测功能。
⑥选择 1 号空调控制器系统数据流功能,运行读取 1 号空调控制器数据流,如图 2-16 所示。

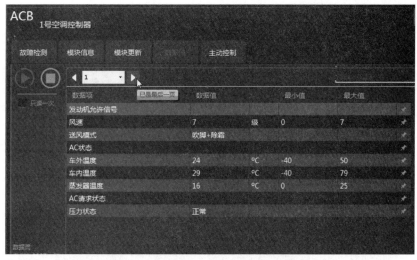

图 2-16　比亚迪 e6 1 号空调控制器数据流

⑦停止运行 1 号空调控制器数据流读取功能，退出返回功能模块选择界面。

(7) 读取 2 号空调控制器 (ACB) 故障码和数据流，操作流程如下。

①选择 2 号空调控制器模块，进入 2 号空调控制器系统。

②选择 2 号空调控制器模块信息功能，运行读取 2 号空调控制器模块信息。

③选择 2 号空调控制器系统故障检测功能，运行读取 2 号空调控制器故障码。

④清除故障码，并再次读取故障码。

⑤停止运行 2 号空调控制器系统故障检测功能。

⑥选择 2 号空调控制器系统数据流功能，运行读取 2 号空调控制器数据流，如图 2-17 所示。

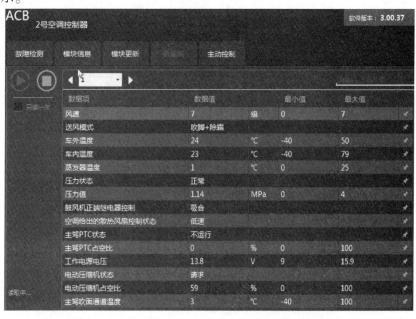

图 2-17　比亚迪 e6 2 号空调控制器数据流

⑦点击下一页读取其他数据流,如图2-18所示。

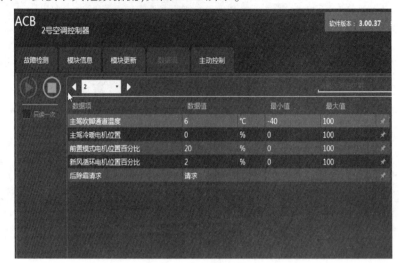

图2-18　比亚迪e6 2号空调控制器第2页数据流

⑧停止运行2号空调控制器数据流读取功能,退出返回功能模块选择界面。
(8)读取空调压缩机(ACC)故障码和数据流,操作流程如下。
①选择空调压缩机模块,进入空调压缩机驱动系统。
②选择空调压缩机驱动模块信息功能,运行读取空调压缩机驱动器模块信息。
③选择空调压缩机驱动器系统故障检测功能,运行读取空调压缩机驱动器故障码。
④清除故障码,并再次读取故障码。
⑤停止运行故障检测功能。
⑥选择空调压缩机驱动器系统数据流功能,运行读取空调驱动器数据流,如图2-19所示。

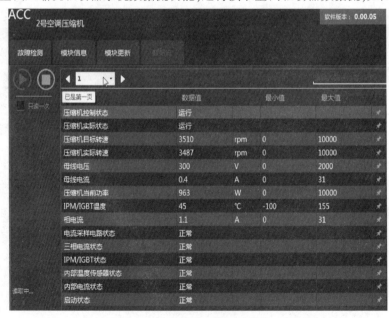

图2-19　比亚迪e6 2号空调压缩机驱动器数据流

⑦点击下一页读取其他数据流,如图 2-20 所示。

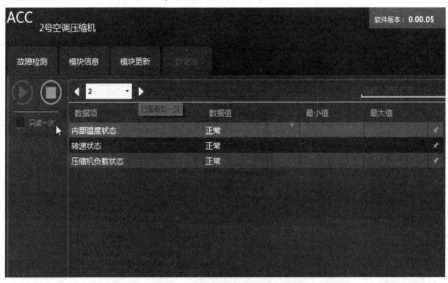

图 2-20　比亚迪 e6 2 号空调压缩机驱动器第 2 页数据流

⑧停止运行空调压缩机驱动器数据流读取功能,退出返回功能模块选择界面。

(9)读取 P 挡位控制器故障码和数据流,操作流程如下。

①选择 P 挡位控制器模块,进入 P 挡位控制器系统。

②选择 P 挡位控制器模块信息功能,运行读取 P 挡位控制器模块信息。

③选择 P 挡位控制器系统故障检测功能,运行读取 P 挡位控制器故障码。

④清除故障码,并再次读取故障码。

⑤停止运行故障检测功能。

⑥选择 P 挡位控制器系统数据流功能,运行读取 P 挡位控制器数据流,如图 2-21 所示。

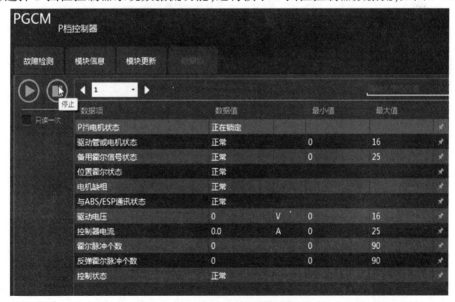

图 2-21　比亚迪 e6P 挡控制器数据流

⑦停止运行 P 挡位控制器数据流读取功能,退出返回功能模块选择界面。
(10)读取 PTC 故障码和数据流,操作流程如下。
①选择 PTC 模块,进入 PTC 控制系统。
②选择 PTC 模块信息功能,运行读取 PTC 控制模块信息。
③选择 PTC 系统故障检测功能,运行读取 PTC 控制器故障码。
④清除故障码,并再次读取故障码。
⑤停止运行 PTC 控制模块故障检测功能。
⑥选择 PTC 模块数据流功能,运行读取 PTC 模块数据流,如图 2-22 所示。

图 2-22　比亚迪 e6 PTC 控制器数据流

⑦停止运行 PTC 模块数据流读取功能,退出返回功能模块选择界面。
(11)5S 管理,操作流程如下。
①退出诊断设备 VDS1000 或 VDS2000 故障码和数据流读取操作。
②关闭诊断设备电源。
③关闭车辆 ON 挡电。
④拔下有线或无线诊断插接器。
⑤诊断设备和车辆归位。
⑥清洁场地。

2. 新能源汽车网络终端电阻检测

(1)并联电阻检测,操作流程如下。
①拆下蓄电池的电源线。
②等待约 5min,直到所有的电容器充分放电。
③连接万用表至 DLC(诊断座)接口测量电阻值(DLC6 号针脚-P 粉红色,14 号针脚-V 紫色),此时检测的是 ESC 网络终端并联电阻,阻值标准为 60Ω,如图 2-23 所示。

（2）串联电阻检测，操作流程如下。

①保持拆下蓄电池电源线状态。

②将 ABS 控制单元上的 CAN 网络插头拔下，如图 2-24 所示。

图 2-23 ESC 网络终端并联电阻检测

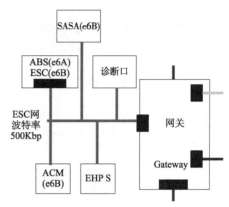

图 2-24 比亚迪 e6 ESC 网络终端串联阻值检测

③检测 ESC 网络总的阻值变化情况，此时检测的是网关 CAN 模块终端串联电阻，阻值标准为 120Ω，ABS 控制单元网络连接如图 2-25 所示。

④把 ABS 控制单元 CAN 插头插好，再将驱动电机控制器（或其他控制单元）CAN 插头拔下，检测 ESC 网络总的阻值为 120Ω 不发生变化为正常。

（3）5S 管理，操作流程如下。

①万用表整理和归位。

②车辆归位。

③清洁场地。

3.新能源汽车网络信号电压检测

（1）万用表检测，操作流程如下。

①按下低功耗按钮或上 ON 挡电，唤醒汽车网络。

②找到诊断接口的 4 号脚或 5 号脚（搭铁端子），6 号（CAN-H）和 14 号（CAN-L）针脚，如图 2-26 所示。

图 2-25 网关 CAN 模块终端串联电阻检测

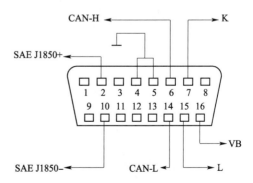

图 2-26 诊断接口针脚顺序

③在诊断接口 4 脚或 5 脚处,6 号和 14 号针脚处引出诊断线。
④用万用表检测 CAN-H 引出诊断线和 4 脚或 5 脚之间的电压,如图 2-27 所示。
⑤用万用表检测 CAN-L 引出诊断线和 4 脚或 5 脚之间的电压,如图 2-28 所示。

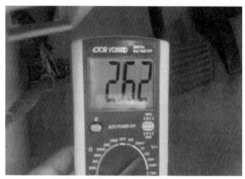

图 2-27　CAN-H 正常电压值　　　　　　图 2-28　CAN-L 正常电压值

(2)示波器检测,操作流程如下。
①按下低功耗按钮或上 ON 挡电,唤醒汽车网络。
②找到诊断接口 4 脚或 5 脚,6 号和 14 号针脚,如图 2-26 所示。
③在诊断接口 4 脚或 5 脚,6 号和 14 号针脚处引出诊断线。
④用示波器检测 CAN-H 引出诊断线和 4 脚或 5 脚之间的电压波形,如图 2-29 所示。
⑤用示波器检测 CAN-L 引出诊断线和 4 脚或 5 脚之间的电压波形,如图 2-29 所示。

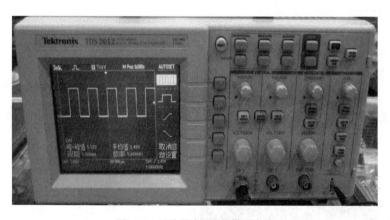

图 2-29　示波器检测网络信号波形

(3)5S 管理,操作流程如下。
①万用表、示波器整理和归位。
②车辆归位。
③清洁场地。

三、技能考核标准

技能考核标准如表 2-3 所示。

实操技能考核标准　　　　　　　　　　　　　　表 2-3

序号	项目	操作内容	规定分	评分标准	得分
1	汽车新能源网络各控制模块故障码和数据流读取	读取 BMS 故障码和数据流	5 分	不能正确使用诊断设备不得分；未按要求顺序操作错一次扣 1 分	
2		读取 DC1 和 DC2 故障码和数据流	5 分	不能正确使用诊断设备不得分；未按要求顺序操作错一次扣 1 分	
3		读取电机控制器（VTOG）故障码和数据流	5 分	不能正确使用诊断设备不得分；未按要求顺序操作错一次扣 1 分	
4		读取主控 ECU 故障码和数据流	5 分	不能正确使用诊断设备不得分；未按要求顺序操作错一次扣 1 分	
5		读取 1 号空调控制器故障码和数据流	5 分	不能正确使用诊断设备不得分；未按要求顺序操作错一次扣 1 分	
6		读取 2 号空调控制器故障码和数据流	5 分	不能正确使用诊断设备不得分；未按要求顺序操作错一次扣 1 分	
7		读取空调压缩机（ACC）故障码和数据流	5 分	不能正确使用诊断设备不得分；未按要求顺序操作错一次扣 1 分	
8		读取 P 挡位控制器故障码和数据流	5 分	不能正确使用诊断设备不得分；未按要求顺序操作错一次扣 1 分	
9		读取 PTC 故障码和数据流	5 分	不能正确使用诊断设备不得分；未按要求顺序操作错一次扣 1 分	
10	汽车网络电阻检测	并联电阻检测	10 分	不能正确使用万用表不得分；未按要求顺序操作错一次扣 2 分	
11		串联电阻检测	10 分	不能正确使用万用表不得分；未按要求顺序操作错一次扣 2 分	

续上表

序号	项目	操作内容	规定分	评分标准	得分
12	汽车网络电压检测	万用表检测	10分	不能正确使用万用表不得分；未按要求顺序操作错一次扣2分	
13		示波器检测	10分	不能正确使用示波器不得分；未按要求顺序操作错一次扣2分	
14	5S管理	车辆管理	5分	操作完成后车辆未恢复每次扣2分	
15		检测设备管理	5分	操作完成后检测设备未整理归位每次扣2分	
16		实训场地管理	5分	操作完成后实训场地未整理清洁每次扣2分	
	总分		100分		

四、学习拓展

（一）VDS2000汽车解码器简介

1. 设备型号 VDS2000

诊断设备 VDS2000 是比亚迪汽车有限公司原厂诊断系统，是针对比亚迪汽车有限公司发布的所有车系专门研制的辅助维修设备。它能对比亚迪汽车有限公司现有所有车型进行随车故障诊断，也能方便地进行维修资料升级，以支持对比亚迪汽车有限公司后续新车型新系统的维修诊断。产品配备大容量的存储空间，可以容纳比亚迪汽车有限公司现阶段上市车型的诊断程序，是比亚迪公司旗下4S店专用诊断设备，具有便捷式功能，后部设有便捷卡槽，可以直接对车辆诊断与数据读取。

2. 功能特点

VDS2000 诊断设备如图 2-30 所示，该设备操作简单，每一个显示页面都会有相应的操作指示。VDS2000 支持对比亚迪汽车有限公司现有上市新能源车型各系统进行故障诊断。主要车型有：比亚迪 e5、比亚迪 e6、比亚迪秦 EV300、比亚迪秦、比亚迪唐、比亚迪宋、F3、F3DM、G3、G5、G6、K8、K9、S6、S7、S8、L3、M6 等，通过软件升级可兼容比亚迪汽车有限公司后续上市车型的诊断维修。

VDS2000 诊断系统是围绕诊断相关的一套实车诊断、诊断数据管理、诊断故障指导、整车程序烧写、信息统计分析、实时诊断交流等功能于一体的集成诊断设备，系统主要由诊断电脑(承载 VDS2000 诊断系统软件)、VDCI 诊断设备、以及其他外围诊断设备构成。该诊断设备具有无线和有线车辆诊断、自动整车故障扫描、故障码智能关联(关联维修手册、互联网案例库)、可视化波形整车数据监测、诊断过程回放重现、诊断维修的统计和查询、智能判断整车程序更新、以及故障码、维修手册、维修案例的查询、统计分析等强大功能。

图 2-30　VDS2000 诊断仪

3. 汽车故障诊断仪使用注意事项

(1)测试前应正确选择检测适配接头,这是因为各车型的检查连接器所提供的电源形式不同,有的需要接外接电源,有的不需要接外接电源(如 OBDⅡ),因此要避免因选择接头不当而烧坏仪器。

(2)测试前应先将测试卡插入仪器主机的测试卡接口,然后再接通电源。

(3)仪器的额定电压为 12V,检测时蓄电池的电压应在 11～14V 之间。

(4)关闭汽车上所有的附属电器设备(如空调、前照灯、音响等)。

(5)发动机的节气门应处于关闭状态。

(6)接通电源,仪器屏幕会闪烁。若程序未运行或出现乱码现象,可拔下仪器的数据线并重新连接一次,即可继续操作。

(7)测试接头和诊断插座应接触良好,以保证信号传输不会中断。

(8)测试结束后,应先切断电源,再从主机上拆下数据线和测试卡。

(二)示波器的使用

1. 示波器型号

示波器可以分为模拟示波器和数字示波器,对于大多数的电子应用,无论模拟示波器还是数字示波器都是可以胜任的,只是对于一些特定的应用,由于模拟示波器和数字示波器所具备的不同特性,才会有所差异。

1)模拟示波器

模拟示波器的工作方式是直接测量信号电压,并且通过从左到右穿过示波器屏幕的电子束在垂直方向描绘电压。

2)数字示波器

数字示波器的工作方式是通过模拟转换器(ADC)把被测电压转换为数字信息。数字示波器捕获的是波形的一系列样值,并对样值进行存储,存储限度是判断累计的样值是否能描绘出波形为止,随后,数字示波器重构波形。数字示波器可以分为数字存储示波器(DSO)、数字荧光示波器(DPO)和采样示波器。

2. 示波器的结构与功能

以 MSO1000Z/DS1000Z 系列数字示波器为例介绍示波器的结构与功能。

1)示波器前面板结构与功能

示波器的前部面板功能结构如图 2-31 所示,其功能描述如表 2-4 所示。

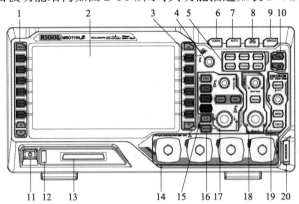

图 2-31　示波器前面板功能结构图

前面板功能描述　　　　　　　　　表 2-4

编号	说明	编号	说明
1	测量菜单操作键	11	电源键
2	LCD	12	USB Host 接口
3	功能菜单操作键	13	数字通道输入
4	多功能旋钮	14	模拟通道输入
5	常用操作键	15	逻辑分析仪操作
6	全部清除键	16	信号源操作键
7	波形自动显示	17	垂直控制
8	运行/停止控制键	18	水平控制
9	单次触发控制键	19	触发控制
10	内置帮助/打印键	20	探头补偿信号输出端/接地端

2)示波器后面板结构与功能

示波器后面板功能结构如图 2-32 所示。

图 2-32　后面板功能结构图

（1）手柄。垂直拉起该手柄，可方便提携示波器。不需要时，向下轻按手柄即可。

（2）LAN。通过该接口将示波器连接到网络中，对其进行远程控制。本示波器符合 LXI CORE 2011 DEVICE 类仪器标准，可快速搭建测试系统。

（3）USB Device。通过该接口可将示波器连接至计算机或 PictBridge 打印机。连接计算机时，用户可通过上位机软件发送 SCPI 命令或自定义编程控制示波器。连接打印机时，用户通过打印机打印屏幕显示的波形。

（4）触发输出与通过/失败，操作说明如下。

①触发输出。示波器产生一次触发时，可通过该接口输出一个反映示波器当前捕获率的信号，将该信号连接至波形显示设备，测量该信号的频率，测量结果与当前捕获率相同。

②通过/失败。在通过/失败测试中，当示波器监测到一次失败时，将通过该连接器输出一个负脉冲，未监测到失败时，通过该连接器持续输出低电平。

（5）信号源输出。示波器内置的 2 个信号源通道的输出端。当示波器中对应的源 1 输出或源 2 输出打开时，后面板 Source 1 或 Source 2 连接器根据当前设置输出信号。

（6）锁孔。可以使用安全锁（请用户自行购买），通过该锁孔将示波器锁定在固定位置。

（7）熔断丝。如需更换熔断丝，请使用符合规格的熔断丝。本示波器的熔断丝规格为 250V，2A。操作方法如下：

①关闭仪器，断开电源，拔出电源线。

②使用小一字螺丝刀插入电源插口处的凹槽，轻轻撬出熔断丝座。

③取出熔断丝，更换指定规格的熔断丝，然后将熔断丝座安装回原处。

（8）AC 电源插孔。AC 电源输入端。本示波器的供电要求为 100～240V，45～440Hz。请使用附件提供的电源线将示波器连接到 AC 电源中，按下前面板电源键即可开机。

3. 示波器的使用及操作注意事项

1）垂直控制

垂直控制功能结构如图 2-33 所示。

（1）CH1、CH2、CH3、CH4：模拟通道设置键。4 个通道标签用不同颜色标识，并且屏幕中的波形和通道输入连接器的颜色也与之对应。按下任一按键打开相应通道菜单，再次按下关闭通道。

（2）MATH：按下 MATH 可打开 A + B、A- B、A × B、A/B、FFT、A&&B、A||B、A^B、! A、Intg、Diff、Sqrt、Lg、Ln、Exp、Abs 和 Filter 运算。按下 MATH 还可以打开解码菜单，设置解码选项。

（3）REF：按下该键打开参考波形功能，可将实测波形与参考波形进行比较。

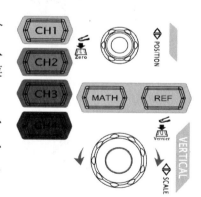

图 2-33　垂直控制功能键

（4）垂直 POSITION：修改当前通道波形的垂直位移。顺时针转动增大位移，逆时针转动减小位移。修改过程中波形会上下移动，同时屏幕左下角弹出的位移信息（如 POS:216.0mV）实时变化。按下该旋钮可快速将垂直位移归零。

(5)垂直 SCALE:修改当前通道的垂直挡位。顺时针转动减小挡位,逆时针转动增大挡位。修改过程中波形显示幅度会增大或减小,同时屏幕下方的挡位信息(如 1 = 200mV)实时变化。按下该旋钮可快速切换垂直挡位调节方式为"粗调"或"微调"。

(6)操作注意事项。如何设置各通道的垂直挡位和垂直位移?MSO1000Z/DS1000Z 系列数字示波器的 4 个通道复用同一组垂直 POSITION 和垂直 SCALE 旋钮。如需设置某一通道的垂直挡位和垂直位移,首先按 CH1、CH2、CH3 或 CH4 键选中该通道,然后旋转垂直 POSITION 和垂直 SCALE 旋钮进行设置。

2)逻辑分析仪

逻辑分析仪按钮如图 2-34 所示,按下该键打开逻辑分析仪控制菜单,可以打开或关闭任意通道或通道组,更改数字通道的显示大小,更改数字通道的逻辑阈值,对 16 个数字通道分组等,还可以为每一个数字通道设置标签。

操作注意事项:该功能仅适用于 MSO1000Z 和带有 MSO 升级选件的 DS1000Z Plus。

按 LA→D7-D0,选择"打开"时,CH4 功能自动禁用;选择"关闭"时,CH4 功能自动恢复。按 LA→D15-D8,选择"打开"时,CH3 功能自动禁用;选择"关闭"时,CH3 功能自动恢复。

3)信号源

信号源按钮如图 2-35 所示,按下该键进入信号源设置界面。可打开或关闭后面板 Source 1 和 Source 2 连接器的输出、设置信号源输出信号的波形及参数、打开或关闭当前信号的状态显示。

操作注意事项:该功能仅适用于带有信号源通道的数字示波器。

4)水平控制

水平控制功能按钮如图 2-36 所示。

图 2-34 逻辑分析仪按钮

图 2-35 信号源按钮

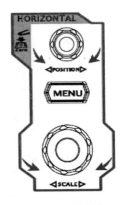

图 2-36 水平控制按钮

(1)水平 POSITION:修改水平位移。转动旋钮时触发点相对屏幕中心左右移动。修改过程中,所有通道的波形左右移动,同时屏幕右上角的水平位移信息(如 D - 200.000000ns)实时变化。按下该旋钮可快速复位水平位移(或延迟扫描位移)。

(2)MENU:按下该键打开水平控制菜单。可打开或关闭延迟扫描功能,切换不同的时基模式。

(3)水平 SCALE:修改水平时基。顺时针转动减小时基,逆时针转动增大时基。修改过程中,所有通道的波形被扩展或压缩显示,同时屏幕上方的时基信息(如 H = 500ns)实时变化。按下该旋钮可快速切换至延迟扫描状态。

5)触发控制

触发控制按钮如图 2-37 所示。

(1) MODE :按下该键切换触发方式为 Auto、Normal 或 Single,当前触发方式对应的状态背光灯会变亮。

(2)触发 LEVEL:修改触发电平。顺时针转动增大电平,逆时针转动减小电平。修改过程中,触发电平线上下移动,同时屏幕左下角的触发电平消息框(如 Trig Level : 428mV)中的值实时变化。按下该旋钮可快速将触发电平恢复至零点。

(3) MENU :按下该键打开触发操作菜单。本示波器提供丰富的触发类型,请参考"触发示波器"中的详细介绍。

(4) FORCE :按下该键将强制产生一个触发信号。

6)全部清除(图 2-38)

按下该键清除屏幕上所有的波形。如果示波器处于"RUN"状态,则继续显示新波形。

7)波形自动显示(图 2-39)

按下该键启用波形自动设置功能。示波器将根据输入信号自动调整垂直挡位、水平时基以及触发方式,使波形显示达到最佳状态。

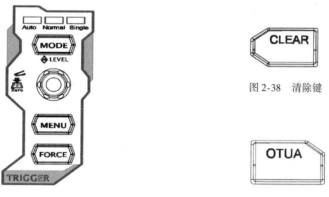

图 2-38 清除键

图 2-37 触发控制按钮　　图 2-39 波形自动显示键

操作注意事项:应用波形自动设置功能时,若被测信号为正弦波,要求其频率不小于 41Hz;若被测信号为方波,则要求其占空比大于 1% 且幅度不小于 20mVpp。如果不满足此参数条件,则波形自动设置功能可能无效,且菜单显示的快速参数测量功能不可用。

8)运行控制(图 2-40)

按下该键"运行"或"停止"波形采样。运行(RUN)状态下,该键黄色背光灯点亮;停止(STOP)状态下,该键红色背光灯点亮。

9)单次触发(图 2-41)

按下该键将示波器的触发方式设置为"Single"。单次触发方式下,按 FORCE 键立即产生一个触发信号。

10) 多功能旋钮(图 2-42)

调节波形亮度:非菜单操作时,转动该旋钮可调整波形显示的亮度。亮度可调节范围为 0~100%。顺时针转动增大波形亮度,逆时针转动减小波形亮度。按下旋钮将波形亮度恢复至 60%。也可按 Display → 波形亮度,使用该旋钮调节波形亮度。

图 2-40　运行控制键　　　图 2-41　单次触发键　　　图 2-42　多功能旋钮

多功能:菜单操作时,该旋钮背光灯变亮,按下某个菜单软键后,转动该旋钮可选择该菜单下的子菜单,然后按下旋钮可选中当前选择的子菜单。该旋钮还可以用于修改参数(请参考"参数设置方法"一节的详细介绍)、输入文件名等。

11) 功能菜单

功能菜单如图 2-43 所示。

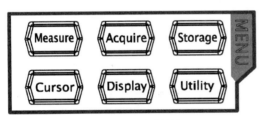

图 2-43　功能菜单

(1) Measure:按下该键进入测量设置菜单。可设置测量信源、打开或关闭频率计、全部测量、统计功能等。按下屏幕左侧的 MENU,可打开 37 种波形参数测量菜单,然后按下相应的菜单软键快速实现"一键"测量,测量结果将出现在屏幕底部。

(2) Acquire:按下该键进入采样设置菜单。可设置示波器的获取方式、Sin(x)/x 和存储深度。

(3) Storage:按下该键进入文件存储和调用界面。可存储的文件类型包括:图像、轨迹、波形、设置、CSV 和参数等。支持内、外部存储和磁盘管理。

(4) Cursor:按下该键进入光标测量菜单。示波器提供手动、追踪、自动和 XY 四种光标模式。其中,XY 模式仅在时基模式为"XY"时有效。

(5) Display:按下该键进入显示设置菜单。设置波形显示类型、余辉时间、波形亮度、屏幕网格和网格亮度。

(6) Utility:按下该键进入系统功能设置菜单。设置系统相关功能或参数,例如接口、声音、语言等。此外,还支持一些高级功能,例如通过/失败测试、波形录制等。

12) 打印(图 2-44)

(1) 按下该键,打印屏幕显示内容或将屏幕显示内容保存到 U 盘中。

(2) 若当前已连接 PictBridge 打印机,并且打印机处于闲置状态,按下该键将执行打印功能。

图 2-44　打印键

(3)若当前未连接打印机,但连接 U 盘,按下该键则将屏幕图形以指定格式保存到 U 盘中,具体请参考"存储类型"中的介绍。

(4)同时连接打印机和 U 盘时,打印机优先级较高。

(5)操作注意事项:MSO1000Z/DS1000Z 仅支持 FAT32 格式的 Flash 型 U 盘。

五、思考与练习

(一)填空题

1. 当检测网络电压时,如果 CAN-H 或 CAN-L 在 0V 左右,表明_____,如果大于正常值,则可能_____。

2. 用示波器检测网络波形时,需先将 CAN 网络中的_____端接入到示波器测试通道探头的正极,将 CAN 网络中的_____连接到示波器测试通道探头的负极。

3. 汽车网络常见故障诊断方法有:_____、_____、_____。

(二)选择题

1. 在诊断接口处检测汽车网络诊断电阻且不断开带有终端电阻的控制单元插头时,正常阻值应为( )。

  A. 50Ω   B. 60Ω   C. 100Ω   D. 120Ω

2. 在诊断接口处检测汽车网络诊断电阻且断开带有终端电阻的控制单元插头时,正常阻值应为( )。

  A. 50Ω   B. 60Ω   C. 100Ω   D. 120Ω

3. 检测汽车网络的 CAN-H 和 CAN-L 电压,高低电压差正常值应为( )。

  A. 0~1V   B. 0~2V   C. 1~2V   D. 1~3V

4. 如果汽车网络的 CAN-H 或 CAN-L 电压为( )左右,表明搭铁短路。

  A. 0V   B. 0.5V   C. 10V   D. 1.5V

5. 如果汽车网络的 CAN-H 或 CAN-L 电压大于正常值,则可能( )。

  A. 断路   B. 搭铁短路

  C. 对电压断路   D. 对电源短路

(三)判断题

1. 汽车所有网络的终端电阻都可以在网关处检测。( )

2. 对于比亚迪 e6、比亚迪秦而言,汽车所有网络终端电阻都可在诊断接口处检测。( )

3. 汽车网络正常时,CAN-H 电压比 CAN-L 电压高 1~2V。( )

4. 检测汽车网络电压或波形时,需先激活汽车网络控制功能。( )

5. 汽车网络正常与否可通过检测该网络终端电阻来确定。( )

6. 检测汽车网络的终端电阻时需先激活网络控制功能。( )

7. 对于比亚迪 e6 而言,各网络终端正常时为 60Ω,主要原因是各网络中并联有 2 个以上的 120Ω 电阻。( )

8. 比亚迪 e6 的 ABS 控制单元上有一个 120Ω 的终端电阻。( )

9. 示波器检测汽车网络波形一般是检测 CAN-H 和 CAN-L 之间的电压波形。( )

(四) 简答题

1. 汽车网络总线的常见故障有哪些？
2. 描述 CAN 网络总线终端电阻检测原理。
3. 描述如何检查比亚迪 e6 的 ESC 网络终端电阻。
4. 描述如何用万用表检查比亚迪 e6 ESC 网络 CAN-H 和 CAN-L 电压。

项目二
电动汽车整车控制系统

本项目主要介绍电动汽车整车控制系统的组成功能及整车控制器结构、原理,包含 1 个任务:

任务 3　电动汽车整车控制系统认知

通过任务 3 的学习,你将了解电动汽车整车控制系统的组成功能及整车控制器的结构、原理和其在实车上的安装布置特点。

任务3 电动汽车整车控制系统认知

学习目标

◆ 知识目标

1. 能描述电动汽车整车控制系统功能；
2. 能描述电动汽车整车控制系统组成；
3. 能描述电动汽车整车控制系统基本工作原理。

◆ 能力目标

1. 能在实车上识别整车控制器的安装布置；
2. 能在实车上更换整车控制器；
3. 能读取整车控制器的故障码和数据流。

建议课时

10课时。

任务描述

某一4S店反映，一辆北汽EV200汽车的车主在进行车辆维护时，询问维修人员加速信号是如何传递到电机处的？如果你是该车维护保养人员该如何解答该客户的问题？

一、理论知识准备

(一) 电动汽车整车控制系统组成及功能

1. 基本组成

如图3-1所示，电动汽车的整车控制系统通常由低压电器控制系统、高压电器控制系统和整车网络化控制系统三部分组成。整车控制系统是电动汽车的神经，承担着能量与信息传递的功能，对电动汽车的动力性、经济性、安全性和舒适性等有很大的影响，是电动汽车的重要组成部分。

低压电器控制系统主要由辅助蓄电池和若干低压电器设备组成，低压电器控制系统采用直流12V或24V电源，一方面为灯光、刮水器等车辆的常规低压电器供电，另一方面为整车控制器、高压电器设备的控制电路和辅助部件供电。燃油汽车与纯电动汽车的低压电器控制系统的主要区别在于：燃油汽车的辅助蓄电池由与发动机相连的发电机来充电，而纯电动汽车的辅助蓄电池由动力电池通过DC/DC转换器来充电。

高压电器系统主要由动力电池、驱动电机和功率转换器等大功率、高压电器设备组成，根据车辆行驶的功率需求完成从动力电池到驱动电机的能量变换与传输过程。

整车网络化控制系统主要包括整车控制器、电机控制器、BMS、车身控制管理系统、信息显示系统和通信系统等。整车控制器是整车控制系统的核心,承担了数据交换与管理、故障诊断、安全监控、驾驶人意图解析等功能。各子系统之间的信息传递通过网络通信系统实现,目前常用的通信协议是 CAN 协议,具有较好的可靠性、实时性和灵活性。

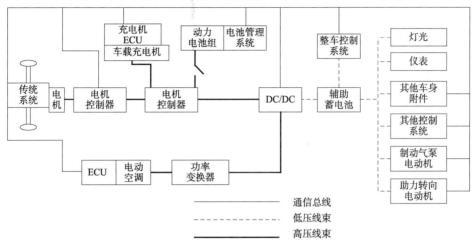

图 3-1　整车控制系统

2. 主要功能

整车控制系统的主要功能是系统根据驾驶人的驾驶意图如加速、制动等信号和各个汽车控制单元的当前状态对电动汽车的动力输出、能量管理、转向、制动、空调、冷却等控制做出最优协调控制,保障电动汽车的动力性、经济性、安全性和舒适性,如图 3-2 所示。

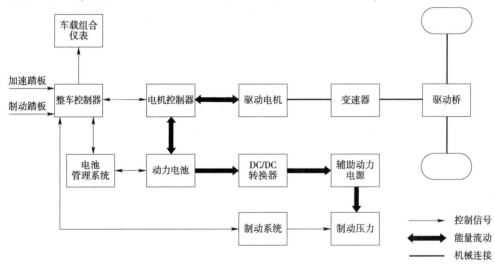

图 3-2　整车控制系统功能结构框图

(二)整车控制器功能

1. 整车控制器系统配置

整车控制器与整车其他电气系统连接如图 3-3 所示,整车控制器通过 CAN 总线与电池 ECU、电机驱动 ECU、电源分配 ECU、ABS 系统、中控门锁、仪表显示系统连接。与其余的电气系统通过 I/O 端口连接(也可使用 CAN 通信)。

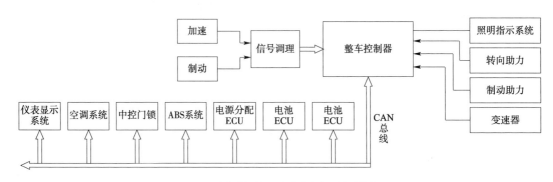

图 3-3 整车控制器与整车其他电气系统连接框图

(1)动力系统提供整车的动力输出,其核心是驱动电机和电机驱动 ECU。电机驱动 ECU 通过 CAN 总线与整车综合控制器通信,能提供电机转速、转矩、功率、电压、电流、水温、工作模式等参数,并能接受整车控制器发来的控制命令。

(2)能源系统包括电池、电池管理单元和电源分配系统。与整车控制器通信的有电池管理 ECU 和电源分配 ECU。电池管理 ECU 对电池进行充放电管理及保护。它能提供电池组总电压、电流、单体电池电压、温度、剩余电量、电池健康状态、故障类型等信息。电源分配 ECU 能提供各个子电源的电压、电流和工作温度以及故障类型等信息。

(3)ABS 系统应能提供各个车轮的转速、液压系统状态、各个制动阀的状态以及自身的工作状态等信息。

(4)中控门锁,应提供各车门状态等信息。

(5)仪表显示系统,向整车控制系统提供所显示信息的全部内容。

(6)照明指示系统,可以通过 CAN 总线来控制,也可以通过 I/O 来指示照明指示系统的运行状态。

(7)转向助力、制动助力、变速器需提供挡位位置、液压压力、工作状态等信息可以是简单的开关量也可以用 CAN 总线通信。

(8)驾驶人的加速踏板和制动踏板位置信号经处理后接入整车控制器内。

2. 整车控制器功能

电动汽车的整车控制器的主要功能包括整车控制模式判断和驱动控制、整车能量优化管理、整车通信网络管理、制动能量回馈控制、故障诊断和处理、车辆状态监测与显示等,整车控制器功能框图如图 3-4 所示。整车控制器通过 CAN 总线和 I/O 端口来获得如加速踏板开度、电池 SOC、车速等信息,并根据这些信息输出不同的控制动作。

1)整车控制模式判断和驱动控制

整车控制器通过各种状态信息(起动钥匙、充电信号、加速/制动踏板位置、当前车速和整车是否有故障信息等)来判断当前需要的整车工作模式(充电模式和行驶模式),然后根据当前的参数和状态及前一段时间的参数及状态,算出当前车辆的转矩能力,按当前车辆需要的转矩,计算出合理的最终实际输出的转矩。例如,当驾驶人踩下加速踏板时,整车控制器向电机控制单元发送电机输出转矩信号,电机控制系统控制电机按照驾驶人的意图输出转矩。

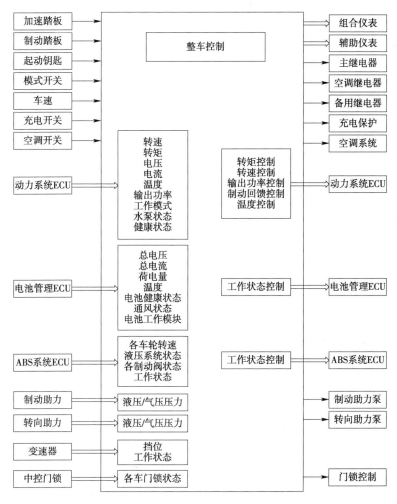

图 3-4 整车控制器功能框图

2) 整车能量优化管理

纯电动汽车有很多用电设备,包括电机、空调、制动、转向和冷却等设备。整车控制器可以对能量进行合理优化控制来提高纯电动汽车的续航里程。当动力电池组电量较低时,整车控制器发送控制指令关闭部分起辅助作用的电器设备功能,如音响、空调等功能,将电能优先供给车辆行驶并保证车辆的安全。

3) 整车通信网络管理

在整车的网络管理中,整车控制器是信息控制的中心,负责信息的组织与传输、网络状态的监控、网络节点的管理、信息优先权的动态分配以及网络故障的诊断与处理等功能。通过 CAN 总线协调 BMS、电机控制器、空调系统、转向系统、制动系统和冷却系统等模块间的相互通信,如图 3-5 所示。

4) 制动能量回馈控制

(1) 控制过程。电动汽车的电机可以工作在再生制动状态,对制动能量进行回收利用是电动汽车和传统能源汽车的重要区别。整车控制器根据行驶速度、驾驶人制动意图和动力电池组状态(如电池余电状态 SOC 值)进行综合判断后,对制动能量回馈进行控制。如果达到回收制动能量的条件,整车控制器向电机控制器发送控制指令,使电机工作在发电状态,将部分制动能量储存在动力电池组中,提高车辆能量利用效率。

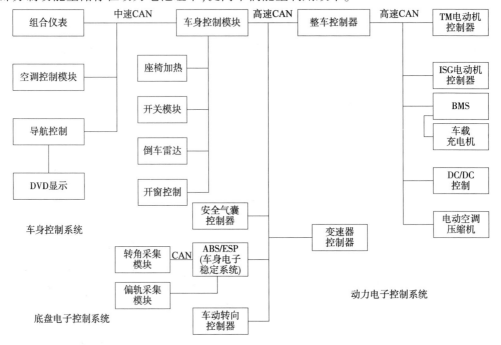

图 3-5　整车网络管理系统

(2)制动能量回馈的原则:
①制动能量回收不应该干预 ABS 的工作。
②当 ABS 进行制动力调解时,制动能量回收不应该工作。
③当 ABS 报警时,制动能量回收不应该工作。
④驱动系统具有故障时,制动能量回收不应该工作。

5)故障诊断和处理

整车控制器能连续监控整车电控系统,进行故障诊断,并及时进行相应安全保护处理。此外,整车控制器根据传感器的输入及其他通过 CAN 总线通信得到的电机、电池、充电机等的信息,对各种故障进行判断、等级分类、报警显示,储存故障码供维修时查看,故障指示灯指示出故障类型和部分故障码。对于不太严重的故障,能做到"跛行回家"。

6)车辆状态监测和显示

整车控制器能够对车辆的状态进行实时检测,并且将各个子系统的信息发送给车载信息显示系统,其过程是通过传感器和 CAN 总线,检测车辆状态,将状态信息和故障诊断信息通过数字仪表显示出来,显示内容包括:车速、里程、电机的转速、温度、电池的电量、电压、电流和故障信息等。

(三)电动汽车整车控制器结构原理

1. 整车控制器结构

整车控制器的硬件结构如图 3-6 所示,其结构主要包括微控制器模块、电源管理模块、电源保护模块、CAN 收发器模块、功率驱动模块、信号采集模块。

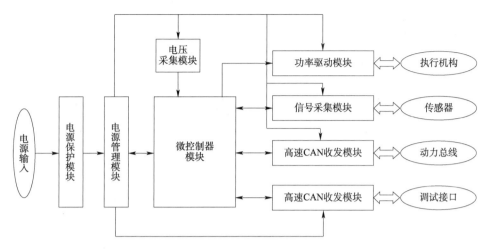

图 3-6　整车控制器硬件结构图

（1）微控制器是整车控制单元的核心部分，主要负责外部输入信号的数据采集、处理和控制指令的输出。该模块包含微控制器、复位电路、晶振电路和程序开发接口。

（2）电源管理模块提供电压转换功能，将车载电池的电压转换成的 5V 电压，提供给微控制器和 CAN 驱动器及需要整车控制器提供电源的传感器。

（3）电源保护模块用于电源输入时保护整个电路，抑制电源电压扰动对整个电路的影响，主要包括防反接电路和瞬态抑制电路，因此在每个芯片的电源输入管脚都加上了电源保护模块。

（4）信号采集模块用于对输入的信号进行滤波、限流、分压，保障经过处理的信号电压、电流符合微控制器的 I/O 管脚的正常输入范围。

（5）整车控制器中有高速 CAN 收发电路，用来与动力 CAN 总线、车载组合仪表相连，负责整车控制器与整车网络的高速 CAN 信息的发送与接收。对于高速 CAN 收发模块，当它作为总线的终端节点时，为了匹配总线阻抗应添加 120Ω 的终端匹配电阻，否则 CAN 总线的通信抗干扰能力和可靠性会大大降低，容易出现通信丢帧甚至是无法通信的情况。为了改善高速 CAN 总线系统的电磁兼容性，特将终端匹配电阻分裂成两个等值电阻，中心抽头通过电容搭铁。图 3-7 所示为整车控制器实物图。

图 3-7　整车控制器实物图

（6）功率驱动模块主要用于执行元件的控制电路中，作用是放大整车控制器发出的动作控制指令，达到驱动电子执行元件动作的目的。功率驱动模块在各控制系统中均属于执行控制元件。

2. 整车控制器工作原理

1）整车控制器驱动控制结构

整车控制器驱动控制结构框图如图 3-8 所示。纯电动车的整个驱动控制策略可以分为 4 个部分，分别是加速踏板信号采集、驾驶意图解析、车身驱动控制和修正输出转矩。其中起动模式控制、正常驱动模式控制和加速驱动控制包含在车身驱动控制模块中。

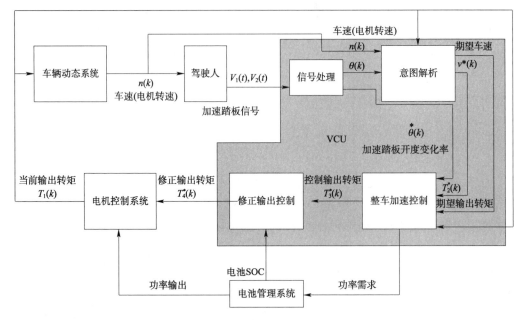

图 3-8 整车控制器驱动控制结构框图

2) 整车控制器控制逻辑

整车控制器对各主要控制对象(充电机、动力电池组内的正负极继电器和预充继电器、空调压缩机、电机等)进行分级控制,整车控制器控制分级如图 3-9 所示。各子系统都具有各自独立的控制能力和控制条件,从而实现对子系统实施独自管理的目的。

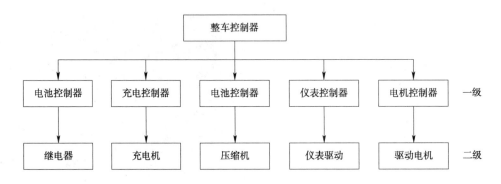

图 3-9 整车控制器控制分级

3) 整车控制器工作原理

整车控制器根据采集的钥匙信号、加速踏板信号、制动踏板信号、驾驶人意图、变速器信号、车速信号、电池 SOC 信号和控制面板信号等,计算出电机的输出功率或者力矩值,并将对应的指令发往各个 ECU,控制下层的各部件控制器的动作,各控制 ECU 针对车型的不同配置,根据整车控制器指令,进行相应的能量管理,实现整车驱动控制、能量优化控制、制动回馈控制和网络管理等功能。

二、任务实施

(一)准备工作

(1)防护用品:机舱防护三件套、室内五件套。
(2)车辆:北汽 EV200 或其他纯电动汽车。
(3)台架及总成:纯电动汽车台架。
(4)检测设备:北汽新能源汽车专用诊断仪 BDS 或其他。
(5)拆装工具:常用拆装套装工具。

(二)技术要求与注意事项

(1)解码器 BDS 在使用前需认真听课和查阅使用说明书,保证能独立操作使用。
(2)做好实训安全操作准备,如做好举升、安全防护、安全提示、高压维修开关断开、检测设备和拆装工具准备等工作。
(3)在整车实训时需先拆除整车控制器旁边的附件,便于拆卸更换。
(4)结束后恢复实训场地,如解除车辆举升状态,收拾清洁检测和拆装工具设备,清洁清扫场地。

(三)操作步骤

本操作任务主要对电动汽车(以北汽 E150EV、EV160 或 EV200 为例)整车控制器 VCU 的故障码读取、数据流读取操作及整车控制器 VCU 的更换操作,从而了解整车控制系统的功能、整车控制器的安装布置和更换方法。

1.读取整车控制器 VCU 故障码和数据流操作

(1)连接专用故障诊断仪后进入诊断界面,如图 3-10 所示。

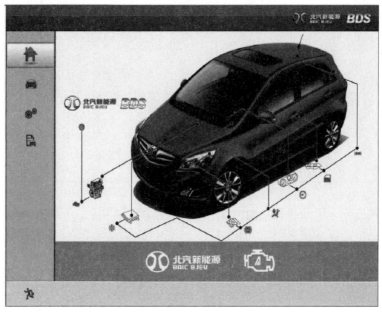

图 3-10　BDS 故障诊断界面

(2)选择北汽新能源,如图 3-11 所示。

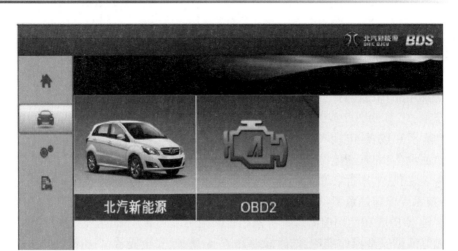

图 3-11　车型选择

（3）选择诊断程序的版本号，如图 3-12 和图 3-13 所示。

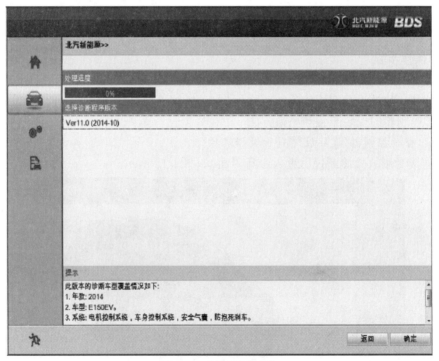

图 3-12　选择程序版本号

（4）选择被诊断车辆品牌和车型，如图 3-14 所示。

（5）进行系统选择或快速测试，如图 3-15、图 3-16 所示。

（6）根据测试结果浏览整车控制器故障码，如图 3-17 所示。

（7）读取整车控制器电脑版本号。

（8）读取数据流，如图 3-18 所示。

（9）读取数据冻结帧。

（10）退出诊断仪相关操作及连接。

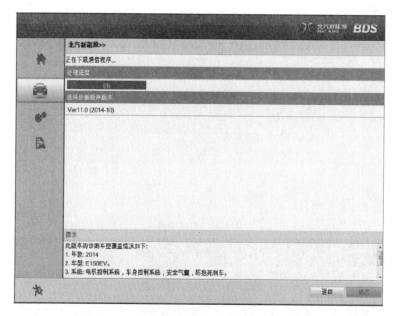

图 3-13 选择程序版本号确定

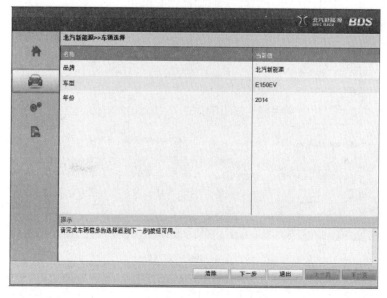

图 3-14 车辆车型选择

(11) 5S 管理。

2. 更换整车控制器 VCU 操作

(1) 将启动开关置于 OFF 挡位置。
(2) 安装机舱三件套。
(3) 准备好常用拆装套装工具。
(4) 断开蓄电池附件电缆。
(5) 在汽车机舱正对左侧找到整车控制器 VCU, 如图 3-19 所示。
(6) 按照 A 插头位置及要求拔下整车控制器插接器 A, 如图 3-20 所示。

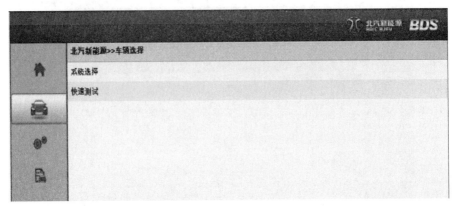

图 3-15 快速测试

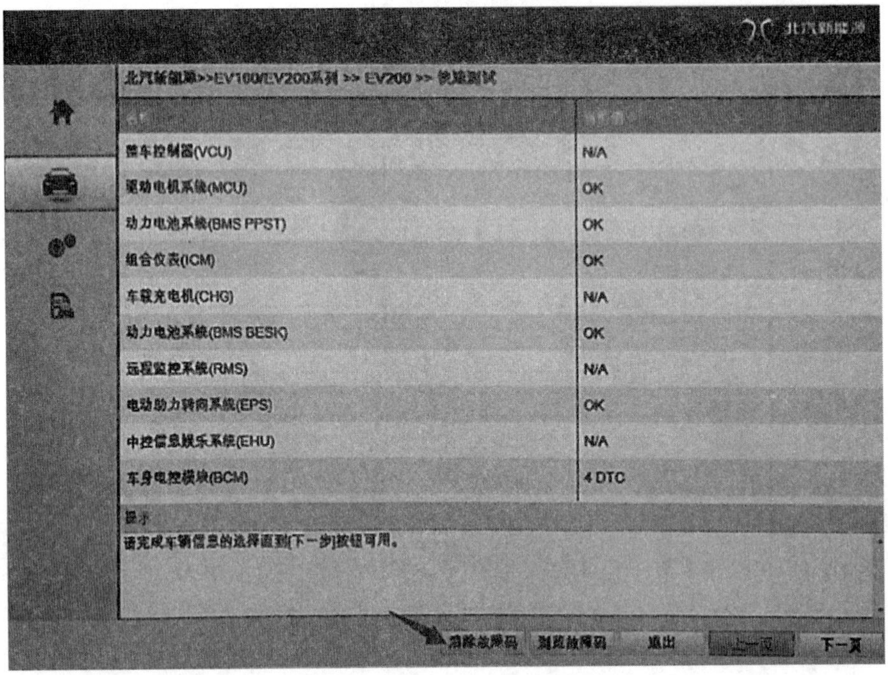

图 3-16 快速诊断结果

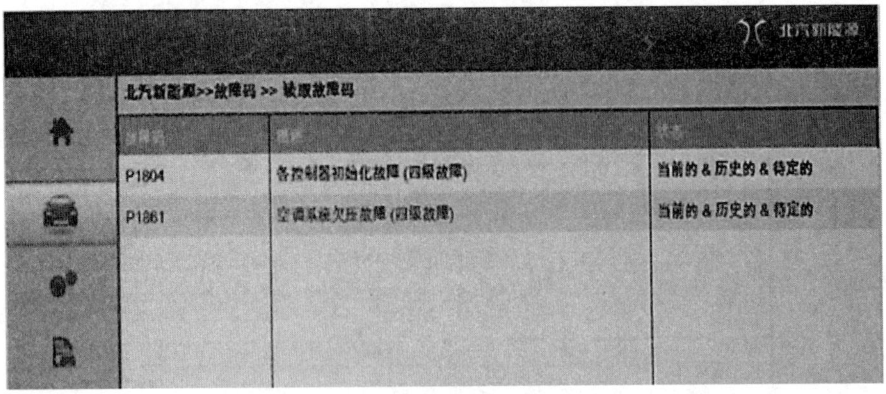

图 3-17 故障码读取

图 3-18　读取数据流

图 3-19　整车控制器安装位置

(7) 参照拆卸 A 插接器方法拔下插接器 B。

(8) 拆卸整车控制器 4 颗紧固螺钉, 如图 3-21 所示。

(9) 取下整车控制器。

(10) 摆放整车控制器到安装位置。

(11) 安装整车控制器固定螺钉。

(12) 按要求插接好 A 和 B 插接器。

(13) 插好蓄电池负极。
(14) 5S 管理。

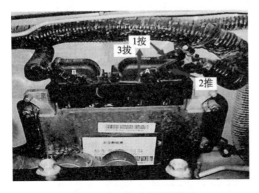

图 3-20 拔下整车控制器插头

图 3-21 拆卸整车控制器紧固螺钉

3. 读取整车控制器 VCU 故障码操作

(1) 连接诊断仪并进入数据流读取操作界面。
(2) 读取新整车控制器电脑版本号。
(3) 对比新旧整车控制器电脑版本号信息。
(4) 退出解码器相关操作。
(5) 5S 管理。

三、技能考核标准

技能考核标准见表 3-1。

整车控制器实训技能考核标准表　　　　表 3-1

序号	项目	操作内容	规定分	评分标准	得分
1	读取整车控制器 VCU 故障码和数据流操作	诊断仪连接	5 分	能正确、可靠的连接诊断仪各插接件	
		诊断仪操作	10 分	能连接网络；能正确选择、下载诊断程序；能正确选择车型	
		故障码读取	5 分	能找到并读取整车控制器故障码	
		数据流读取	5 分	能找到并读取整车控制器数据流	

续上表

序号	项 目	操作内容	规定分	评分标准	得分
2	更换整车控制器 VCU 操作	整车控制器识别	5分	能在实车上找到整车控制器	
		整车控制器连接线路拆卸	10分	能正确拆卸整车控制器连接线束的插头	
		整车控制器拆卸	10分	能规范使用常用拆装工具拆卸整车控制器	
		整车控制器安装	10分	能规范使用常用拆装工具安装整车控制器	
		整车控制器连接线路安装	10分	能正确安装整车控制器连接线束的插头	
3	验证读取整车控制器 VCU 故障码操作	诊断仪连接	5分	能正确、可靠的连接诊断仪各插接件	
		诊断仪操作	5分	能连接网络；能正确选择、下载诊断程序；能正确选择车型	
		VCU 版本号读取	5分	能正确读取新 VCU 版本信息；能进行新、旧 VCU 版本信息对比	
		故障码读取	5分	能找到并读取整车控制器故障码	
4	5S 管理	工量具清洁整理	5分	能按要求清洁整理工具	
		场地清洁整理	5分	能按要求清洁整理场地	
	总分		100分		

四、学习拓展

(一) 北汽新能源电动车专用故障诊断仪 BDS 的使用

北汽新能源电动车专用故障诊断仪 BDS 能与多种车型匹配,能对多个子系统进行诊断,具有多种诊断能力,能对主要功能部件进行测试,且能对系统进行标定的烧录程序。专用故障诊断仪的使用应注意如下几点。

1. 软件运行环境

(1) 硬件要求：笔记本电脑，台式机，PAD，系统盘空间不小于 5G，内存不小于 1G。

(2) 操作系统：WINDOWS XP SP3，WIONDOWS 7 和 WIONDOWS 8，暂不支持 WINDOWS RT。

(3) 网络要求：本软件需要在线激活和网络下载，务必保证连接 internet 正常。

(4) 安装条件：Windows 登入账户必须是管理员身份。

2. 软件下载与安装

将安装文件"BDS setup.exe"复制到所要安装的电脑中，双击即可选择软件安装。以下以"BDS setup.exe"文件安装为实例，具体操作如下。

(1) 双击"BDS setup.exe"。

(2) 按【下一步】键，进入安装导向，如图 3-22 所示。

(3) 按【下一步】键，选择安装文件夹，如图 3-23 所示。

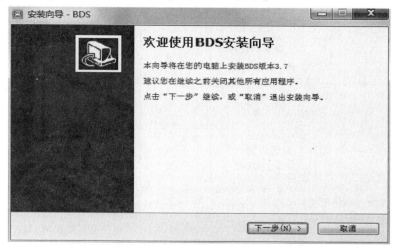

图 3-22 BDS 安装导向

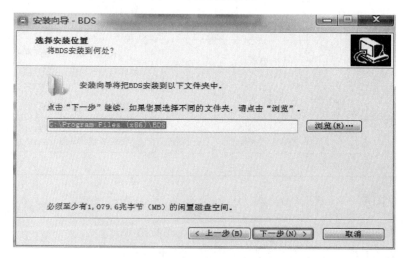

图 3-23 BDS 安装位置选择

(4) 按【下一步】键，选择快速菜单文件夹，如图 3-24 所示。

(5)选中"创建桌面快捷方式"创建快捷方式,按【下一步】键,如图 3-25 所示。
(6)按【安装(I)】键开始安装,如图 3-26 和图 3-27 所示。

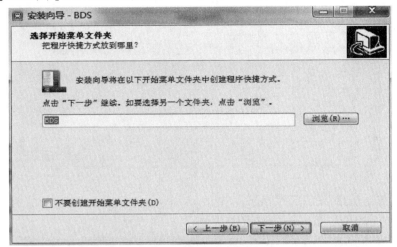

图 3-24 选择快速菜单文件夹

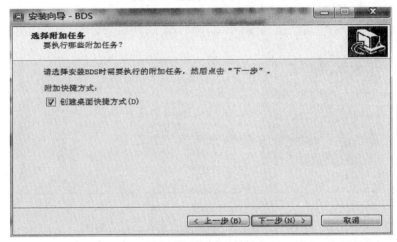

图 3-25 创建快捷方式

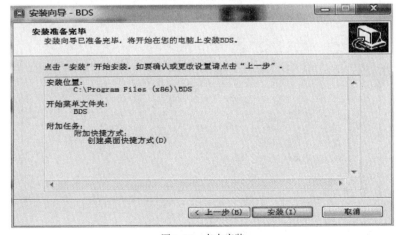

图 3-26 点击安装

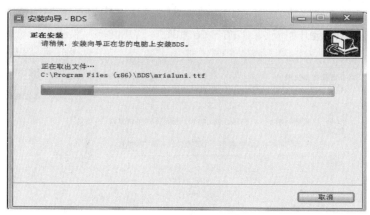

图 3-27 安装过程

(7)点击关闭按钮,退出安装程序。

(8)安装 USB 驱动,按【下一步】键继续,如图 3-28 所示。

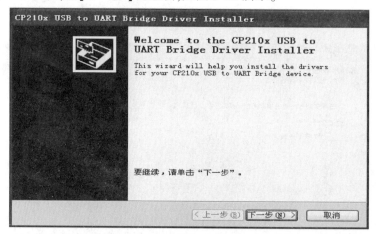

图 3-28 安装 USB 驱动

(9)选择"我接受这个协议",并按【下一步】键,如图 3-29 所示。

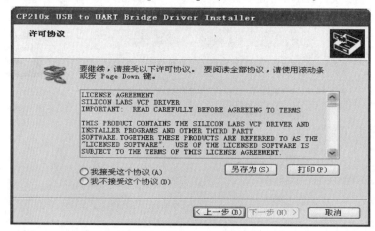

图 3-29 选择我接受这个协议

(10)按【完成】键 USB 驱动安装,如图 3-30 所示。

图 3-30　安装完成 USB 驱动

(11)按【结束】键,进入 BDS 诊断系统启动界面,如图 3-31 所示。

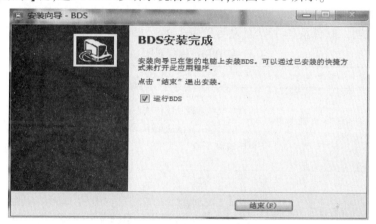

图 3-31　结束安装 USB 驱动

(12)软件装载成功后,进入 BDS 主界面,如图 3-32 和图 3-33 所示。

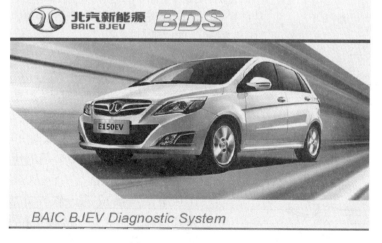

图 3-32　进入 BDS 主界面

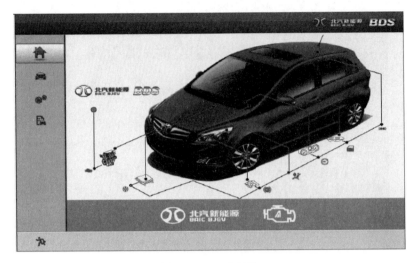

图 3-33 BDS 主界面

3. 软件操作

(1) 功能说明。软件操作主界面说明见表 3-2。

软件功能操作说明　　　　　　　　　　表 3-2

功能图标	功能名称	功能描述
	汽车智能诊断系统	汽车无线诊断系统的核心功能,它提供了简易而专业的汽车综合诊断功能,包括读 ECU 信息、故障码分析、数据流分析、数据流冻结帧、元件执行、电脑编程、匹配、设定和防盗等功能
	系统设定	汽车无线诊断系统的系统设定功能,它提供多种功能操作模式、连接方式、公英制单位切换和语言选择等功能,从而丰富用户体验
	软件管理	产品软件管理,用于甄别汽车诊断软件的版本信息,以便客户升级软件;用于客户管理汽车诊断车型软件;用于注册用户信息,以加强用户的安全性,以及客户打印测试报告时显示用户信息
	系统退出	安全退出 BDS 系统

(2) 产品激活与注册。第一次使用 BDS 无线诊断系统时,必须填写完整的用户信息,以便记录用户基本信息,加强用户与厂家联系,及时共享厂家资源。同时,通过信息登记,使用户对产品的使用更加安全,也方便客户投诉和反馈建议,从而提高客户满意度。

① 在激活产品或进行软件升级时,都是采用 USB 模式,因此,需确定 USB 连接和网络是否正常工作,如图 3-34 所示。

图 3-34 USB 连接

②读取 BDS 的"系统信息"以确保 USB 与 VCI 能正常工作,如不正常需检查 USB 是否连接好。

③USB 正常时可以读到 BDS 的软、硬版本信息。也可以选择连接方式查看 BDS 处于哪一种连接方式,如图 3-35 和图 3-36 所示。

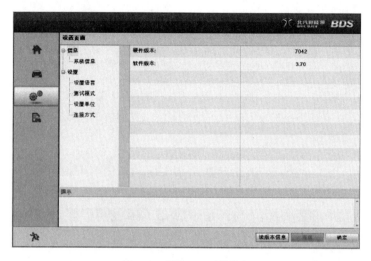

图 3-35　读取 BDS 系统信息

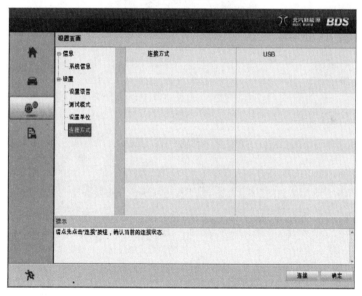

图 3-36　查看连接方式

注:激活和软件升级时,需在 USB 连接模式下进行,诊断车辆时,WIFI 和 USB 两种模式均可以进行。

④USB 连接失败时,硬件版本将显示"未知"。此情况,在诊断时,如果 WIFI 或 USB 未与汽车连接好,也会出此情况,如图 3-37 所示。

(3)USB 连接正常后,选择软件管理功能:按【确定】键,进入 BDS 诊断系统启动界面,如图 3-38 和图 3-39 所示。

图 3-37 未看到连接方式

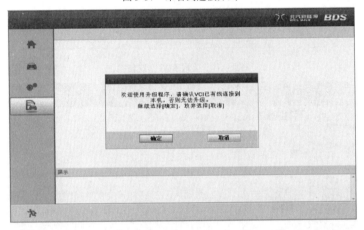

图 3-38 选择软件管理

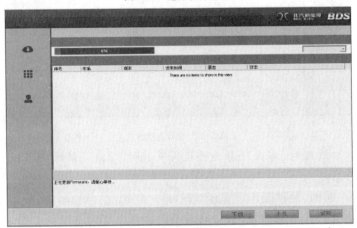

图 3-39 BDS 诊断系统启动界面

(4) 成功后,显示可升级的车型列表,如图 3-40 所示,功能说明见表 3-3。

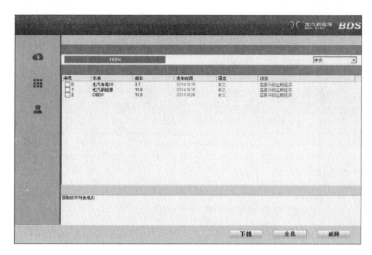

图 3-40　显示升级车型

注：第一次使用时，必须先激活产品，以确保完整升级产品软件。

软件管理功能说明　　　　　　　　　　　　　　　　　表 3-3

功能图标	功能名称	功能描述
	软件升级	自动甄别车型软件版本，一键式升级产品软件，在减少用户操作复杂度的同时节约用户宝贵的时间
	车型管理	协助用户删除不需要的车型软件
	用户激活	记录用户基本信息，加强用户与厂家联系，及时共享厂家资源，同时，使用户对产品的使用更安全，也方便客户投诉和反馈建议

(5) BDS 系统的车型诊断升级程序提供两种升级模式，【手动选择】和【一键式升级】，先按【全选】键，如图 3-41 和图 3-42 所示。

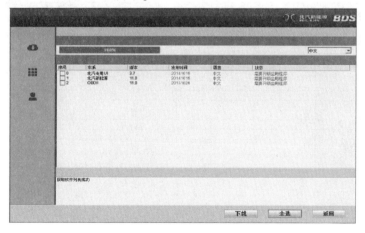

图 3-41　诊断程序升级界面

(6) 再按【下载】键，即可实现一键式升级功能，升级成功与失败均会显示相关信息，如图 3-43 和图 3-44 所示。

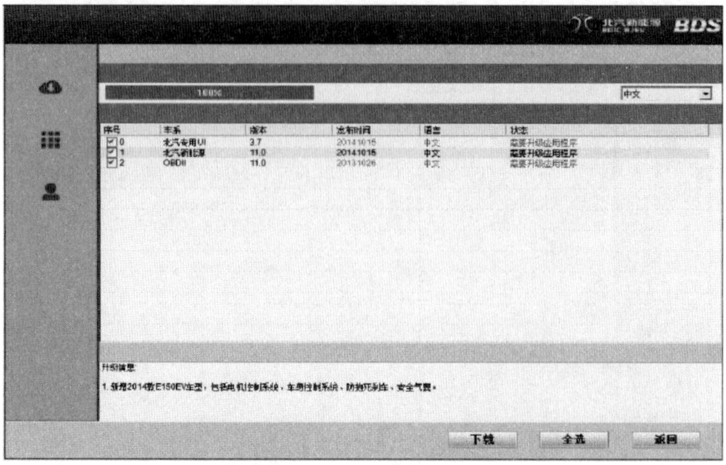

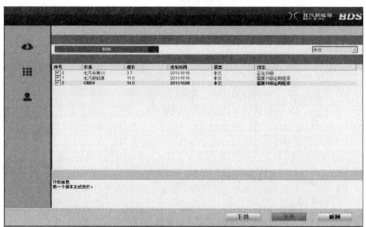

图 3-42 一键式升级界面

图 3-43 升级全选

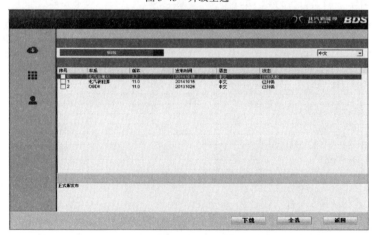

图 3-44 升级信息界面

(7)【手动选择】,先通过左边的复选框,选择想升级的软件,然后,再按【下载】键,即可实现软件升级功能,如图 3-45 和图 3-46 所示。

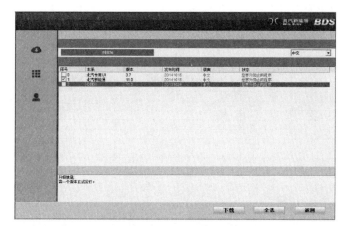

图 3-45　手动升级选择

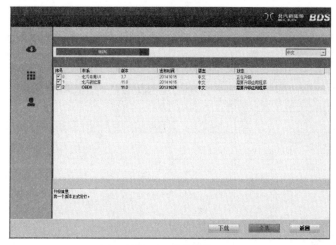

图 3-46　软件升级

4. 车型软件管理

(1) 根据需求进行删除车型品牌,如图 3-47 和图 3-48 所示。

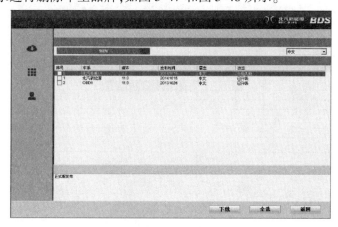

图 3-47　车型品牌管理

(2) 先通过左边的复选框,选择需要删除的软件,按【删除】键,即从电脑中删除被选择的软件,如图 3-49 和图 3-50 所示。

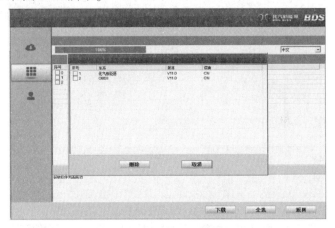

图 3-48　删除车型品牌选择界面

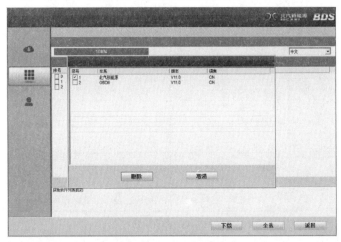

图 3-49　删除车型品牌选择

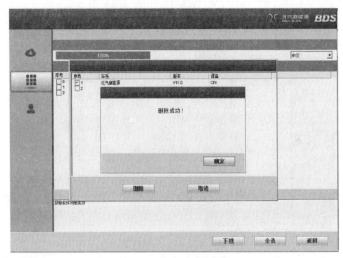

图 3-50　车型品牌删除成功

五、思考与练习

(一)填空题

1. 电动汽车的整车控制系统通常由_____、_____和_____三部分组成。
2. 低压电器控制系统主要由_____和_____组成。
3. 高压电器系统主要由_____、_____和_____等大功率、高压电器设备组成。
4. 整车网络化控制系统主要包括_____、_____、BMS、_____、信息显示系统和通信系统等。
5. 整车控制器的硬件结构主要包括_____、电源管理模块、_____、CAN 收发器模块、_____、信号采集模块。
6. 纯电动车的整个驱动控制策略可以分为_____、驾驶意图解析、_____和_____。

(二)选择题

1. 在电动汽车网络中承担数据交换与管理、故障诊断、安全监控、驾驶人意图解析等功能的部件是(　　)。
   A. 整车控制器　　　　　　　　B. 电机控制器
   C. BMS　　　　　　　　　　　D. 车身控制管理系统
2. 在整车控制器中放大整车控制器发出的动作指令的部件是(　　)。
   A. 微控制器　　　　　　　　　B. 电源管理模块
   C. 信号采集模块　　　　　　　D. 功率驱动模块
3. 能源系统中提供电池组总电压、电流、单体电池电压、温度、剩余电量、电池健康状态、故障类型等信息的系统是(　　)。
   A. 电池管理 ECU　　　　　　　B. 电源分配 ECU
   B. 整车控制器 VCU　　　　　　D. 电机控制器 ECU
4. 比亚迪 e6 电动汽车驾驶人的驾驶意图由(　　)确定。
   A. 电机控制器　　B. 整车控制器　　C. 电池管理器　　D. 车身控制单元
5. 北汽 EV200 电动汽车驾驶人的驾驶意图由(　　)确定。
   A. 电机控制器　　B. 整车控制器　　C. 电池管理器　　D. 车身控制单元

(三)判断题

1. 电机驱动 ECU 通过 CAN 总线与整车综合控制器通信,能提供电机转速、转矩、功率、电压、电流、水温、工作模式等参数,并能接受整车控制器发来的控制命令。(　　)
2. 能源系统包括电池、电池管理单元和电源分配系统。(　　)
3. 整车控制器可以对能量进行合理优化控制来提高动力电池的使用寿命。(　　)
4. 对制动能量进行回收利用是电动汽车和传统能源汽车的重要区别。(　　)
5. 微控制器是整车控制单元的核心部分,主要负责外部输入信号的数据采集、处理和控制指令的输出。(　　)
6. 整车控制器对各动作如电机、压缩机等对象进行分级控制。(　　)
7. BDS 下载诊断程序时可无线连接使用。(　　)

8. 北汽 EV160 或 EV200 的整车控制器 VCU 安装在行李舱中。　　　(　　)
9. 整车控制器更换后需保证新旧电脑的版本号一致。　　　　　　(　　)
10. 诊断仪 BDS 和 VDS1000 或 VDS2000 的操作方法基本一样。　　(　　)

(四) 简答题

1. 整车控制系统的主要功能是什么？
2. 整车控制器的主要功能是什么？
3. 请结合实操过程描述诊断仪 BDS 如何才能进入车辆快速测试界面。
4. 请简要描述整车控制器的更换过程。
5. 据图 3-4 描述整车控制器工作时需采集的信号有哪些，能进行的控制功能有哪些。

项目三
电动汽车能量管理系统

本项目主要介绍电动汽车能量管理系统的控制功能及各控制功能的结构原理和检修方法,包含四个任务:

任务4　电动汽车能量管理系统认知

任务5　电动汽车上电控制及检修

任务6　电动汽车DC/DC转换器控制及检修

任务7　电动汽车能量回收控制及检修

通过任务4、任务5、任务6和任务7的学习,你将了解电动汽车能量管理系统的控制功能,了解电动汽车上电控制原理及其主要控制部件的检修方法,了解电动汽车DC/DC转换器控制原理及其主要部件的检修方法,了解电动汽车能量回收控制原理及其主要控制部件的检修方法。

任务4　电动汽车能量管理系统认知

学习目标

❖ **知识目标**
1. 能描述电动汽车能量管理控制系统功能；
2. 能描述电动汽车能量管理各控制系统组成；
3. 能描述电动汽车能量管理控制系统基本工作原理。

❖ **能力目标**
1. 能识别能量管理各控制系统主要部件安装布置；
2. 能读取能量管理系统故障码和数据流；
3. 能更换电池管理器BMS。

建议课时

10课时。

任务描述

4S店反映，某一电动汽车突然出现不能上电故障，经救急维修人员检查确定故障是电池管理器BMS不工作导致的，更换BMS后故障排除。如果你是维修师傅，你应该怎样检查和更换该车的电池管理器BMS。

一、理论知识准备

电动汽车能量管理控制系统的组成因车而异，比亚迪电动汽车普遍采用电池管理系统BMS对整车的能量进行管理控制，北汽电动汽车普遍采用整车控制器VCU和电池管理系统BMS共同作用对整车的能量进行管理控制。因此，电动汽车能量管理控制系统分为以比亚迪电动汽车为代表的BMS控制型能量管理控制系统和以北汽电动汽车为代表的VCU控制型能量管理系统。

（一）电动汽车能量管理系统

1. 电动汽车能量管理系统功能

电动汽车能量管理系统的主要功能是电池管理系统BMS对整车的能量进行管理和控制，或整车控制器控制电池管理系统BMS对整车进行低压电唤醒控制、高压充放电控制、智能充电控制、能量回收控制，以及能量安全管理控制。

2. 电池管理系统BMS

1）BMS功能

电动汽车能量管理控制系统就是指电池管理控制系统，简称BMS，是电动汽车电池系统的参数测试及控制装置,具有安全预警与控制、剩余电量估算与指示、充放电能量管理与过程控制、信息处理与通信等主要功能。

(1)容量预测 SOC:充放电过程中在线实时监测电池容量,随时给出电池系统的剩余容量。

(2)过流、过压、温度保护:当电池系统出现过流、过压、欠压和温度超标时,能自动切断电池充放电回路,并通知管理系统发出示警信号。

(3)自动充电控制:当电池的荷电量不足45%时,根据当前电压,对充电电流提出要求,自动进行充电;当达到或是超过70%的荷电量时停止充电。

(4)充电均衡:在充电过程中,通过调整单节电池充电电流方式,保证系统内所有电池的端电压在每一时刻都有良好的一致性。

(5)自检报警:自动检测电池功能是否正常,及时对电池有效性进行判断,若发现系统中有电池失效,或是将要失效,或是与其他电池不一致性增大时,通知管理系统发出示警信号。

(6)通信功能:采用 CAN 总线的方式与整车管理系统进行通信。

(7)参数设置:可以设置系统运行的各种参数。

(8)上位机管理系统:电池管理系统设计了相应的上位机管理系统,可以通过串口读取实时数据,可实现 BMS 数据的监视、数据转储和电池性能分析等功能。数据可灵活接口监视器、充电机、警报器、变频器、功率开关、继电器开关等,并可与这些设备联动运行。

2)BMS 类型、组成及特点

(1)类型。电动汽车电池管理控制系统一般采用能量回收控制和分布式管理控制系统,如图 4-1 所示。集中式电池管理系统通过一个微控制器控制所有的监测模块进行数据采集和处理。分布式电池管理系统除了总控制器外,每一个监测模块都有分控制器对其进行控制和数据处理。

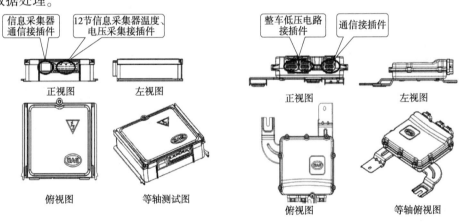

a)集中式电池管理器　　　　b)分布式电池管理器

图 4-1　比亚迪 e6 两种电池管理器结构图

(2)组成。分布式管理控制系统 BMS 主要由 BMC 和 BIC 控制单元组成,电动汽车电池过滤器简称 PBMS。BIC 的主要功能是电压采样、温度采样、电池均衡、采样线异常检测等。BMC 的主要功能是总电压监测、总电流监测、SOC 计算、充放电管理、接触器控制、功率控制、电池异常状态报警和保护、漏电报警、碰撞保护、自检以及通信功能等。

(3)特点。集中式的优点是成本相对较低,缺点是通用性不好,线束长且多。分布式的优点是通用性好,线束短且少,缺点是成本相对较高。

3)电池管理器安装位置

比亚迪 e6 集中式电池管理器 BMS 位于后行李舱备胎处,如图 4-2 所示。分布式电池管理器 BMS 位于行李舱车身右 C 柱内板后段,如图 4-3 所示。

图 4-2　比亚迪 e6 集中式 BMS 安装位置　　　图 4-3　比亚迪 e6 分布式 BMS 安装位置

(二)电动汽车能量管理各系统组成

1. 低压电唤醒控制

电动汽车要能正常起动,动力电池就需要对外供电。为了保证供电安全,整车控制系统必须在确保整车主要高低压部件正常的情况下才会使动力电池的正负极继电器闭合,从而对外供电。整车控制器被唤醒之后将对各子系统进行唤醒,检测正常之后才会使动力电池的正负极继电器闭合而对外供电。电动汽车唤醒整车控制器的方式通常有四种,即点火开关唤醒、快充唤醒、慢充唤醒和远程 APP 唤醒。

1)整车低压供电原理

车辆低压控制器的供电途径有三种,如图 4-4 所示。

(1)蓄电池直接供电。蓄电池直接供电如图 4-4 所示,主要组成部件有整车控制器 VCU、组合仪表 ICM、数据采集终端 RMS、DC/DC 和电池管理系统 BMS。

(2)ON 挡(IG1)继电器供电。ON 挡(IG1)继电器供电如图 4-4,当点火开关转到 ON 挡后,ON 挡继电器线圈被接通,从而将 12V 蓄电池电压送到挡位控制器和电动助力 EPS 控制器,给其供电(由黄色线所连接)。

(3)整车控制器控制低压继电器供电。整车控制器控制低压继电器供电如图 4-4 所示,当整车控制器由蓄电池直接供电后,内部部分电路工作,从而控制空调 A/C 继电器、电机控制器继电器和倒车灯继电器闭合,给对应控制器供电。

2)非充电模式下各控制器唤醒原理

非充电模式下控制器唤醒主要有 ON 挡继电器唤醒和整车控制器唤醒两种路径,如图 4-5 所示。

(1)由 ON 挡(IG1)继电器唤醒的控制器有整车控制器、ICM 和 RMS。

(2)当整车控制器被唤醒后将输送唤醒信号电压给 BMS 和 DC/DC,BMS 和 DC/DC 即被唤醒。

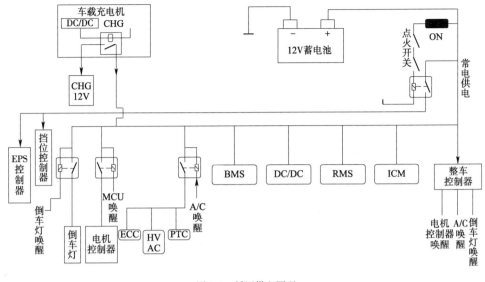

图 4-4 低压供电原理

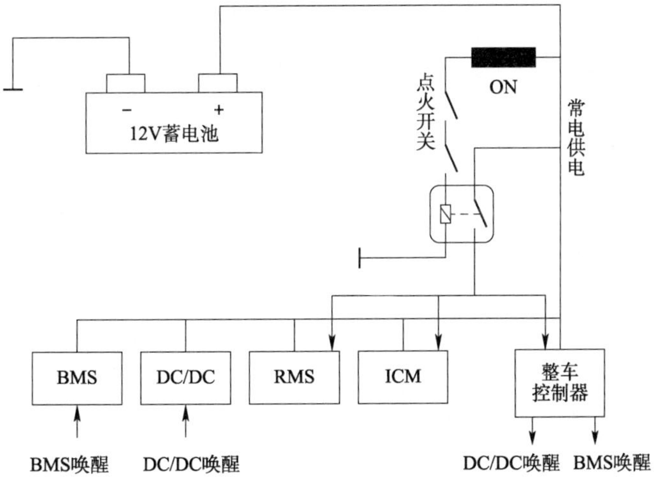

图 4-5 非充电模式唤醒

3)慢充模式下各控制器唤醒原理

慢充模式下控制器唤醒主要有慢充唤醒 CHG 和整车控制器唤醒两种路径,如图 4-6 所示。

(1)慢充(CHG12V)唤醒信号是当充电桩与车载充电机建立充电关系后,车载充电机控制内部继电器接通,将慢充唤醒信号分别输送给整车控制器和数据采集终端 RMS(由蓝色线所连接)。

(2)整车控制器唤醒:当整车控制器被唤醒后将输送唤醒信号电压给电池管理器 BMS、DC/DC 和 ICM。

4)快充模式下各控制器唤醒原理

快充模式下控制器唤醒主要有快充唤醒(直流充电桩直接输出)和整车控制器唤醒两种路径,如图 4-7 所示。

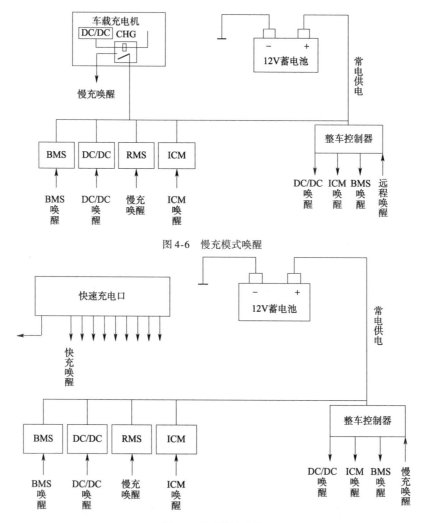

图 4-6 慢充模式唤醒

图 4-7 快充模式唤醒

(1) 快充唤醒信号是当快充桩与车辆建立充电关系后,快充桩输送快充唤醒信号给整车控制器 VOU 和数据采集终端 RMS(由青色线所连接)。

(2) 整车控制器唤醒:当整车控制器被唤醒后将输送唤醒信号电压给电池管理器 BMS 和 DC/DC(由绿色线所连接)。

5) 远程模式下各控制器唤醒原理

远程模式下控制器唤醒主要有远程 APP 唤醒远程唤醒和整车唤醒两种路径,如图 4-8 所示。

(1) 远程 APP 唤醒信号输送给 RMS(由红色线所连接)。

(2) RMS 被唤醒后将输送唤醒信号唤醒整车控制器(由紫色线所连接)。

(3) 整车控制器输送信号唤醒 ICM、DC/DC、BMS(由绿色线所连接)。

注:在远程慢充模式下,充电机通过电池管理器 BMS 向总线发送报文的形式唤醒。

2. 高压充电控制

1) 充电控制流程

电动汽车充电回路工作时,需满足充电器、电路和动力电池正常且无充电警告提示信息。充电时一般先小电流充电,再大电流充电,最后涓流充电,因此充电过程一般也有预充控制,先小电流充电,使动力电池电压和充电电压基本一致,再接通主充电继电器,进行大电流充电(防止充电电流过大烧蚀主继电器)。此外,若车载充电机和电机控制器关联时,在充电之前需先进行如上电控制一样的预充控制,充电控制流程如图4-9所示。

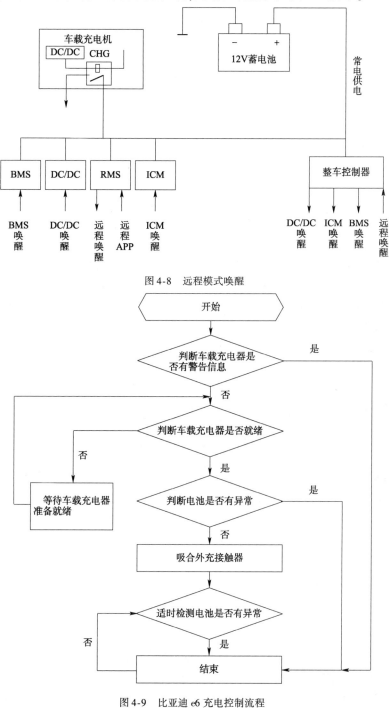

图4-8 远程模式唤醒

图4-9 比亚迪 e6 充电控制流程

2）充电控制原理

充电控制如图 4-10 所示,车载充电机、高压配电箱和 DC/DC 的工作状态及指令均由电池管理器 BMS 或整车控制器 VCU 发出的指令进行控制,包括充电工作模式指令、动力电池允许最大电压、充电允许最大电流、加热状态电流值、高压配电箱接触器工作状态、DC/DC 工作状态。

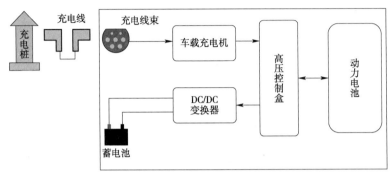

图 4-10　充电控制原理

3. 高压上电控制

1）系统组成

如图 4-11 所示,纯电动汽车高压系统上、下电控制系统主要由电池模块、电池管理系统 BMS、高压接触器、高压维修开关 MSD、预充电阻、车辆控制器等高压部件构成。以整车控制器 VCU 为控制核心,实现信号通信、处理与逻辑控制。各控制模块可以检测任意工况下的信号状态,通过严谨的逻辑控制策略,实现对电动汽车的高压系统在上下电流程中的安全控制。

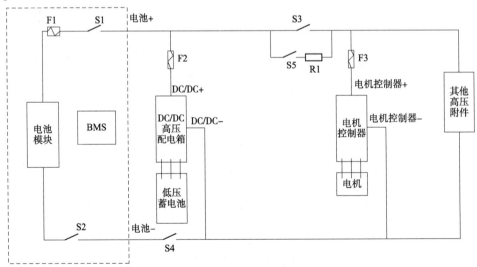

图 4-11　电动汽车高压上下电控制

（1）硬件构成。电动汽车一般高压上、下电控制系统的硬件主要由动力电池模块、动力电池主正接触器 S1、动力电池主负接触器 S2、动力电池预充电阻 R2、动力电池预充接触器 S6、整车主正接触器 S3、整车主负接触器 S4、整车预充接触器 S5、整车预充电阻 R1、电机控制器 MCU、电池管理系统 BMS、整车控制器 VCU、DC/DC 转换器等组成。

（2）软件构成。电动汽车一般高压上、下电控制系统的软件程序为整车控制器的控制程序和电池管理系统控制程序。整车控制器的控制程序通过对启动钥匙"ON 挡"和"START 挡"开关信号、整车故障状态信号、电池反馈信号、电机控制器反馈信号、整车主正、主负接触器反馈信号、预充接触器反馈信号等信号的采集，使高压电路执行正常情况的上下电控制和非正常情况下的下电控制。电池管理系统控制程序检测动力电池模块的数据及故障，将检测的信息发送给整车控制器。同时，电池管理系统控制程序接收到整车控制器"上电"控制信号后，完成对动力电池的主正接触器、主负接触器及预充接触器的控制，并将控制信息反馈给整车控制器。

2）系统控制的原理

如图 4-11 所示，钥匙开关从 OFF 挡切换到 ON 挡后，如果无故障，电池管理系统 BMS 先闭合动力电池主负接触器 S2，接着闭合电池预充接触器 S6，给充电机电容预充电，电容电压达到规定的数值后，再闭合动力电池主正接触器 S1，随后断开电池预充接触器 S6，电池向外供电完成。电池管理系统 BMS 向整车控制器发出"上电完成"信号。上述状态如果无故障，钥匙开关从 ON 挡拧到 START 挡起动车时，整车控制器控制预充接触器 S5 闭合，给电机控制等高压部件进行预充电，预充完成后闭合整车主正接触器 S3，输出 DC/AC 使能，再延时断开预充接触器 S5。上高压电流程完成，车辆起动成功。钥匙开关从 START 状态切换到 OFF 挡时即 ON 挡掉电时，执行正常下电流程，先断开整车主正接触器 S3，再断开整车主负接触器 S4。然后整车控制器 VCU 给电池管理器 BMS 发送下电指令，电池管理器 BMS 控制先后断开 S1、S2，高压下电完成。

3）具体实施方式

（1）高压上电控制逻辑实施方式如下：

①钥匙开关从 OFF 切换到 ON 挡，整车控制器采集到 ON 挡信号高电平有效时，通过继电器给电池管理系统供电，电池管理系统自检完成后，将"自检完成"状态和是否"强制断高压"的故障发送给整车控制器，整车控制器收到上述信号且无强制断高压故障后给电池管理器 BMS 发送上电指令。

②电池管理器 BMS 收到整车控制器发出"上电指令"后，电池管理系统控制主负接触器 S2 闭合，接着闭合 S6，在外电压达到电池总电压的 90% 以上时，再闭合 S1，随后断开 S6，并发送出"上电完成"信号。

③整车控制器 VCU 接收就到电池管理器 BMS 反馈的"上电完成"信号，延时 0.5s 闭合 S4。

④整车控制器 VCU 收到 S4 信号后，计时延时输出 DC/DC 转换器使能信号，DC/DC 开始给低压系统供电。

⑤当整车控制器 VCU 收到"START 挡"信号时，无电机控制器发出的不允许对电机控制器预充的故障、无电池发出的不允许给电机控制器预充的故障、且采集制动开关信号为高电平，整车控制器 VCU 闭合 S5。

⑥S3 闭合反馈有效后断开 S5；此次电机控制器 MCU 上高压电完成，车辆起动成功。

（2）高压下电控制逻辑实施方式如下：

①整车控制器 VCU 收到 ON 挡掉电信号,整车控制器 VCU 控制输出电机转矩为零,DC/DC 停止工作,延时 1s 整车控制器 VCU 断开 S3。

②整车控制器 VCU 收到 S3 断开的反馈信号或延时 2s 后断开 S4。

③整车控制器 VCU 接到 S4 反馈信号或延时 3s 后,向电池管理器 BMS 发送"下电指令"。

④电池管理器 BMS 依次断开 S1、S2,并发出"高压断开"信号。

⑤整车控制器 VCU 收到电池管理器 BMS 的"高压断开"反馈后延时 4s 断开电池管理器 BMS 供电接触器,下电控制完成。

(3)非正常情况下的下电控制逻辑实施方式如下:

电动汽车 ON 挡或 START 挡出现整车严重故障时,执行非正常下电流程。

①整车控制器 VCU 收到 ON 挡信号时,若出现驱动系统最高级故障、电池系统最高级故障、绝缘最高级故障任意一个,整车控制器 VCU 输出电机转矩为 0。

②延时 2s 后断开 S3 并将接触器状态反馈出来(若 S3 未闭合,保持当前状态)。

③DC/DC 转换器的使能信号持续 50s 有效后停止输出。

④以上任一故障有效 55s 后断开 S4 并将接触器状态反馈出来;同时给 BMS 发送"下电指令",1s 后给电池管理器 BMS 切断低压电。

⑤若在 56s 内关闭钥匙,整车控制器 VCU 立即进入正常下电流程,执行正常下电流程。

4. 智能充电控制

智能充电控制主要是 BMS 或 VCU 控制型能量管理系统,通过主动控制 DC/DC 给低压蓄电池充电的过程。当低压蓄电池电压过低时,将会影响整车控制指令的执行,特别是影响高压接触器的吸合,此时需要 BMS 或 VCU 控制高压配电箱和 DC/DC 将动力电池的高压电转换成 12V 低电压给蓄电池补充充电。当车辆处于停止状态且挡位在 P 挡时,若 DC/DC 控制器检测到低压蓄电池低压低于正常工作电压时,将需要充电的信号通过 CAN 网络传递给能量管理控制系统 BMS 或 VCU。BMS 或 VCU 收到信号后,启动智能充电控制,控制高压配电箱和 DC/DC 工作相对应的接触器接通,及时给低压蓄电池进行补充充电,如图 4-12 所示。

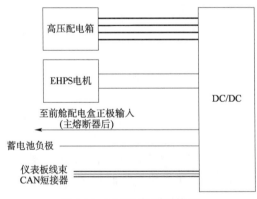

图 4-12　DC/DC 充电控制框图

5. 能量回收控制

当电池管理器 BMS 或整车控制器 VCU 检测到电动汽车处于减速或制动工况时,通过电机控制器控制驱动电机运行在发电状态,将汽车的部分动能回馈给蓄电池以对其充电,如图4-13和图4-14所示。国内外有关研究表明,在存在较频繁的制动与起动的城市工况运行条件下,通过能量回收控制能有效地回收减速和制动减速后产生的能量,可使电动汽车的行驶距离延长10%~30%。

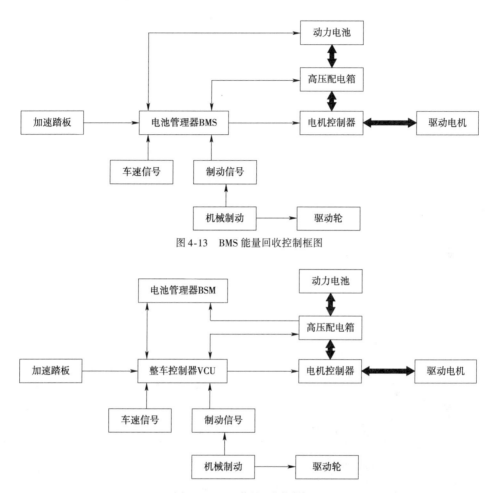

图4-13 BMS能量回收控制框图

图4-14 VCU能量回收控制框图

电动汽车能量回收控制主要分为以下三种模式,对不同情况应采用不同的控制策略。

(1)紧急制动。配合机械制动,增大制动力度,通过控制系统实现最合理的制动偏重分配。由于制动时间短,其回收的能量主要储存在超级电容器中,供车辆再次起动或加速过程使用,降低电池在起动和加速时的负担。

(2)中轻度。代替机械制动产生制动力,使车辆平稳减速,提高乘员的舒适度。回收的电能在电容器中,储存满后开始向电池充电。

(3)长时间减速制动。在下坡或长时间滑行时主要以长时间持续的为电池充电控制为主,该控制策略除了能达到轻度制动的作用外,还可被广泛应用于山区和地形不平坦的道路情况中,回收大量的能量。这种控制策略可以很大程度的减少制动的负担,避免制动时间过长而引起的热衰退造成的制动力不足甚至制动失灵。

6. 能量安全管理控制

能量安全管理控制主要是保障电动汽车在充电或上电时的过程安全，一般电动汽车的安全管理控制主要包含电源极性反接防护、被动泄放、主动泄放、高压互锁、开关检测、碰撞保护等，如图4-15所示。

图4-15 安全控制

1）高压互锁

（1）高压互锁设计的目的：①整车在高压上电前确保整个高压系统的完整性，使高压处于一个封闭的环境下工作，提高安全性。②当整车在运行过程中高压系统回路断开或者完整性受到破坏的时候，需要启动安全防护。③防止带电插拔高压插接器给高压端子造成的电弧损坏。

（2）开盖检测。电动汽车的重要高压电控产品具有开盖检测功能，如图4-16所示。该功能属于高压结构互锁功能，如高压控制盒、DC/DC等，当能量管理控制系统发现这些产品的盖子在整车高压回路连通的情况下打开时，如同高压插头断开一样，会立即进行报警，同时断开高压主回路电气连接，同时激活主动泄放。

图4-16 开盖检测

2）电源极性反接保护

当因不当操作或其他原因导致的高压产品的供电电压极性反转时，驱动电机控制器、DC/DC变换器、动力电池管理器均可保护自己电源极性反接保护不被烧坏。当此极性反转的电压去除掉后，这些电控产品均仍可正常工作。

3）碰撞保护

当车辆发生碰撞，动力电池管理器检测到碰撞信号大于一定阈值时，会切断高压系统主回路的电气连接，同时通知驱动电机控制器激活主动泄放，从而可使车辆发生碰撞时的短路危险、人员电击危险降低到最低。

4）主动泄放

驱动电机控制器中含有主动泄放回路，当检测到车辆发生较大碰撞、或高压回路中某处接插件存在拔开状态、或含有高压的高压电控产品存在开盖情况时，可在5s内将高压回路直流母线电压泄放到60V以下，迅速释放危险电能，最大限度保证人员安全。

5)被动泄放

在含有主动泄放的同时,驱动电机控制器、空调驱动控制器等内部含有高压的高压电控产品同时设计有被动泄放回路,可在 2min 内将高压回路直流母线电压泄放到 60V 以下,被动泄放作为主动泄放失效的二重保护。

(三)电动汽车能量管理系统基本工作原理

能量管理系统工作原理如图 4-17 所示,动力电池管理系统 BMS 或整车控制器 VCU 动态监测动力电池组的工作状态,BIC 实时采集电池状态信息数据,如电池电压、电流、温度,再由电子控制单元 BMS 或 VCU 进行数据处理和分析,然后根据分析结果对系统内的相关功能模块和执行部件发出控制指令,实现相应控制功能,并向外界传递信息。同时动力电池管理系统 BMS 或 VCU 估算出各电池的荷电状态 SOC、安全状态 SOH 和电化学状态 SOE,通过控制其他器件,防止电池产生过充电或过放电现象,并且能够及时给出电池状况,找出故障电池所在箱号。BMS 或 VCU 通过仪表显示,将估算的剩余电量换算成可行驶里程,同时还有自动报警和故障诊断功能,方便驾驶人操作和处理。BMS 或 VCU 的主要输入信号和执行器部件如表 4-1 所示。

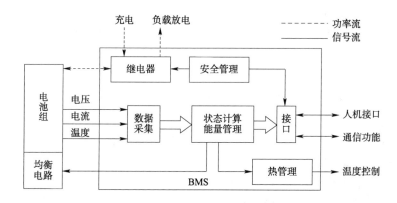

图 4-17 能量管理控制工作原理示意图

BMS 或 VCU 的主要输入的信号和执行器部件　　　　表 4-1

BMS 或 VCU 的主要任务	输入的信号	执行部件
防止过充	电池、电源、温度	充电机
避免过放	电池电压、电流、温度	电动机功率转换器
温度控制	电池温度	冷热空调(风扇等)
电池组件电压和温度的平衡	电池电压和温度	平衡装置
预测电池的 SOC 和剩余行驶里程	电池电压、电源、温度	显示装置

对于能量管理系统的控制,比亚迪电动汽车能量管理系统工作由电池管理器 BMS 控制,与能量管理相关的接触器均由 BMS 控制完成。北汽电动汽车能量管理系统工作由整车控制器 VCU 给电池管理器 BMS 发出电量需求和故障通信,VCU 控制动力电池包内的总负接触器控制工作,总正接触器则由 BMS 控制工作,如图 4-18 所示。

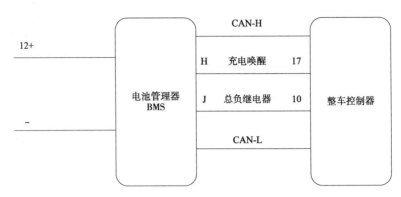

图 4-18 整车控制器与电池管理器 BMS 的连接

二、任务实施

（一）准备工作

（1）防护用品：室内五件套。

（2）车辆：比亚迪 e6 或其他纯电动汽车。

（3）台架及总成：纯电动汽车台架。

（4）检测设备：比亚迪新能源汽车专用诊断仪 VDS1000、VDS2000 或其他。

（5）拆装工具：常用拆装套装工具。

（二）技术要求与注意事项

（1）正确、规范操作使用解码器，对于新型解码器在使用前需认真听课和查阅使用说明书，保证能独立操作使用。

（2）做好实训安全操作准备：如做好车辆举升、安全防护和提示、高压维修开关断开、准备好检测设备和拆装工具等工作。

（3）在整车实训时需先拆除整车控制器旁边的附件，便于拆卸更换。

（4）结束后恢复实训场地：如解除车辆举升状态，收拾清洁检测和拆装工具设备，清洁清扫场地。

（三）操作步骤

本操作任务主要对电动汽车（以比亚迪 e6 车型为例）的 BMS 的故障码读取、数据流读取操作及更换操作，从而了解整车能量管理系统的功能、BMS 的安装布置和更换方法。

1. 读取 BMS 故障码和数据流操作

在读取故障码和数据流之前测量蓄电池电压正常，关闭附属设备如空调、音响等系统，插好无线诊断接口，上 ON 挡电，打开 VDS1000 或 VDS2000，连接好诊断仪和车辆之间的通信，选择比亚迪 e6 车型，进入整车模块扫描，如图 4-19 所示。

（1）选择 BMS 模块，进入 BMS 系统。

（2）选择 BMS 模块信息功能，运行读取 BMS 模块信息。

（3）选择 BMS 系统故障检测功能，运行读取 BMS 故障码，如图 4-20 所示。

（4）清除故障码，并再次读取故障码。

（5）停止运行故障检测功能。

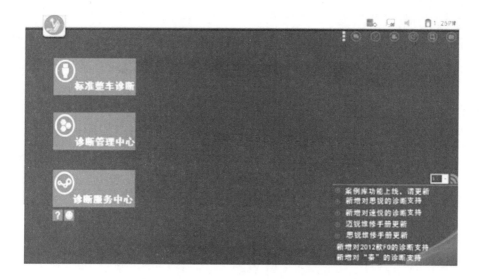

图 4-19 整车扫描

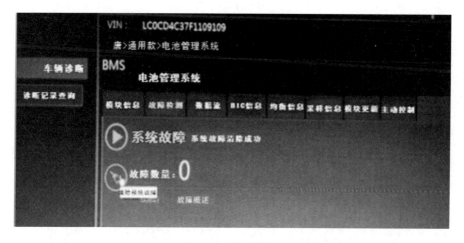

图 4-20 读取故障码

(6) 选择 BMS 系统数据流功能，运行读取 BMS 数据流。

(7) 点击下一页读取其他数据流。

(8) 停止退出 BMS 数据流读取。

(9) 退出 ON 挡电状态。

(10) 收拾、整理诊断设备。

2. 更换电池管理器 BMS

(1) 准备好常用套装拆装工具。

(2) 打开电动汽车行李舱，如图 4-21 所示。

(3) 拆卸行李舱搁物板，操作流程如下：

① 拆下搁物板挂线，如图 4-22 所示。

图 4-21　行李舱打开位置　　　　　图 4-22　拆卸搁物板挂线

②脱开搁物板与支撑轴配合。
③取下搁物板并摆放到零件架上。
(4) 取下行李舱地板装饰垫,如图 4-23 所示。
(5) 取出应急工具箱,如图 4-24 所示。
(6) 拆卸电池管理器 BMS,操作流程如下：
①在行李舱右后侧找到电池管理器 BMS,如图 4-25 所示。
②脱开电池管理器 BMS 三个连线插头,如图 4-26 所示。

图 4-23　拆卸行李舱地板　　　　　图 4-24　拆卸应急工具箱

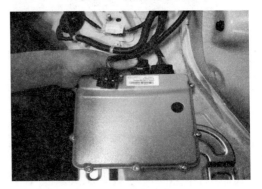

图 4-25　BMS 位置　　　　　图 4-26　拆卸 BMS 插接器

③找到右侧 BMS 拆装饰板口,扣住 BMS 拆装饰板上部,如图 4-27 所示。
④向外拉取下拆装饰板,如图 4-28 所示。

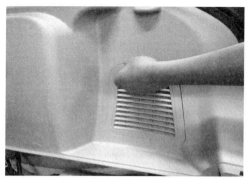

图 4-27　BMS 装饰板位置　　　　　图 4-28　拆卸 BMS 装饰板

⑤从拆装饰板口用棘轮扳手配合套筒 10 拆下功放 2 颗紧固螺母,如图 4-29 和图 4-30 所示。

⑥拆下电池管理器 BMS 外部紧固螺母和螺钉,如图 4-31 所示。

⑦拆下功放并摆放在合适位置,如图 4-30 所示。

⑧用棘轮扳手配合套筒 10 拆下电池管理器 BMS 内侧紧固螺母,如图 4-30 所示。

⑨拆下电池管理器 BMS 和支架,如图 4-32 所示。

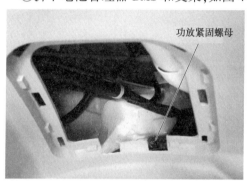

图 4-29　功放内侧紧固螺母　　　　　图 4-30　功放紧固螺母位置

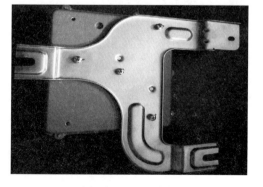

图 4-31　拆卸 BMS 外部紧固螺母和螺钉　　　　　图 4-32　BMS 及支架

⑩用螺钉旋具拆下电池管理器 BMS 四颗支架紧固螺钉,如图 4-33 所示。

(7)安装新电池管理器 BMS,操作流程如下:

①用梅花起子紧固好电池管理器 BMS 四颗支架螺钉。

②把电池管理器 BMS 和支架摆放到安装位置。
③用小棘轮扳手配合套筒 10 从饰板拆装口处紧固好电池管理器 BMS 内侧螺母。

④摆放功放到安装位置。
⑤紧固功放内侧 2 颗螺母和外侧 1 颗螺钉。
⑥安装紧固电池管理器前部紧固螺母。
⑦插接好电池管理器 BMS 三个连线插头，如图 4-34 所示。
(8) 装复好行李舱应急工具箱。
(9) 装复好行李舱地板装饰垫。
(10) 安装搁物板，操作如下：
①摆放好搁物板安装口和支撑轴安装位置，如图 4-35 所示。

图 4-33 拆卸 BMS 支架螺钉

②卡好摆放好搁物板安装口和支撑轴安装配合位置。
③挂好搁物板挂线。

图 4-34 安装 BMS 连接器

图 4-35 安装搁物板

(11) 收拾、整理拆装工具和场地。
(12) 关好行李舱。
3. 读取电池管理器 BMS 信息
(1) 插好无线诊断接头。
(2) 上 ON 挡电。
(3) 打开 VDS1000 或 VDS2000。
(4) 连接好诊断仪和车辆之间的通信。
(5) 选择比亚迪 e6 车型。
(6) 进入整车模块扫描。
(7) 选择 BMS 模块，进入 BMS 系统。
(8) 选择 BMS 模块信息功能，运行读取 BMS 模块信息。
(9) 对比新、旧电池管理器 BMS 版本信息是否一致。
(10) 选择 BMS 系统故障检测功能，运行读取 BMS 故障码。
(11) 停止 BMS 故障码读取。

(12)退出解码器操作。
(13)退出 ON 挡电状态。
(14)收拾、整理诊断设备。

三、技能考核标准

能量管理系统认知实习技能考核内容及标准如表 4-2 所示。

能量管理系统认知实训技能考核标准表　　　　表 4-2

序号	项目	操作内容	规定分	评分标准	得分
1	读取电池管理器 BMS 故障码和数据流操作	诊断仪连接	5 分	能正确、可靠的连接诊断仪各插接件	
		诊断仪操作	10 分	能连接网络；能正确选择、下载诊断程序；能正确选择车型	
		故障码读取	5 分	能找到并读取电池管理器故障码	
		数据流读取	5 分	能找到并读取电池管理器数据流	
2	更换电池管理器 BMS 操作	电池管理器识别	5 分	能在实车上找到电池管理器	
		电池管理器连接线路拆卸	10 分	能正确拆卸电池管理器插接线束的插头	
		电池管理器拆卸	10 分	能规范使用常用拆装工具拆卸电池管理器	
		电池管理器安装	10 分	能规范使用常用拆装工具安装电池管理器	
		电池管理器连接线路安装	10 分	能正确安装整车控制器连接线束的插头	
3	读取电池管理器版本信息及故障码操作	诊断仪连接	5 分	能正确、可靠的连接诊断仪各插接件	
		诊断仪操作	5 分	能连接网络；能正确选择、下载诊断程序；能正确选择车型	
		读取电池管理器版本信息	5 分	能读取新电池管理器版本信息；能进行新、旧电池管理器 BMS 版本号信息对比	
		读取电池管理器故障码信息	5 分	能找到并读取电池管理器故障码	
4	5S 管理	工量具清洁整理	5 分	能按要求清洁整理工具	
		场地清洁整理	5 分	能按要求清洁整理场地	
	总分		100 分		

四、学习拓展

(一)比亚迪 e6 能量管理控制单元 BMS

1. 功能

BMS 是比亚迪 e6 动力控制部分的核心,负责整车电动系统的电力控制并实施监测高压电力系统的电状态,采取保护措施,保证车辆安全行驶。其主要作用为动力电池状态监测、动力电池充放电功能控制和动力电池预充控制。

2. 组成

比亚迪 e6 分布式电池管理系统由 BMS 和 BIC 控制单元组成。BIC 的主要功能是电压采样、温度采样、电池均衡、采样线异常检测等;BMS 的主要功能是总电压监测、总电流监测、SOC 计算、充放电管理、接触器控制、功率控制、电池异常状态报警和保护、漏电报警、碰撞保护、自检以及通讯功能等。

BMS 控制模块由电压采样接口、温度采样接口和整车通信接口组成,如图 4-36 所示,组成框图如图 4-37 所示。BMS 通过电压采样接口和温度采样接口采集电池电压和温度信号,实现电池均衡控制。BMS 通过整车通信接口实现对外控制功能,同时实现和其他 CAN 总线之间的通信。

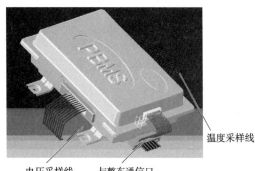

图 4-36 比亚迪 e6BMS 结构

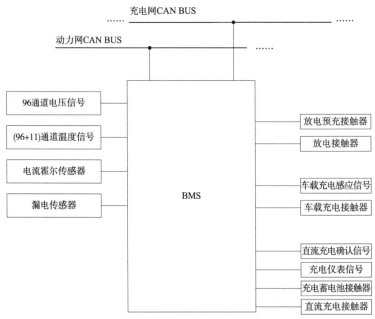

图 4-37 比亚迪 e6 组成框图

3. 比亚迪 e6 能量管理动力传递路线

比亚迪 e6 能量管理传递路线如图 4-38 所示,电池管理系统 BMS 动态监测动力电池组的工作状态,实时采集每块电池的端电压和温度、充放电电流及电池包总电压,估算出各电池的荷电状态 SOC、安全状态 SOH 和电化学状态 SOE。然后通过控制其他器件,防止电池产生过充电或过放电现象,同时能够及时给出电池状况,找出故障电池所在箱号。

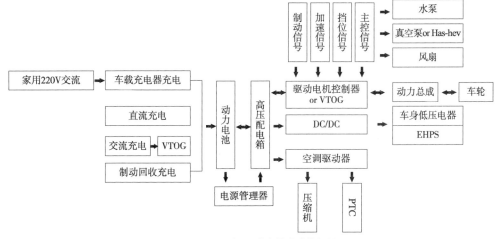

图 4-38 比亚迪 e6 动力传递路线框图

(二)比亚迪秦 DM 能量管理控制单元 BMS

1. 功能

BMS 是比亚迪秦 DM 动力控制部分的核心,负责整车电动系统的电力控制并实施监测高压电力系统的电状态,采取保护措施,保证车辆安全行驶。其主要作用为动力电池状态监测、动力电池充放电功能控制和动力电池预充控制。

2. 组成

比亚迪秦 DM 电池管理系统为分布式电池管理系统,简称 DBMS。由 10 个电池信息采集器(简称 BIC)和 1 个电池管理控制器 BMC 组成,如图 4-39 和图 4-40 所示,控制框图如图 4-41 所示。

10 个电池信息采集器(BTC)

图 4-39 比亚迪秦 DM 的 BIC

图 4-40 比亚迪秦 DM 的 BMC

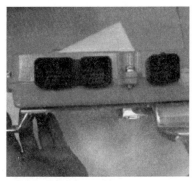

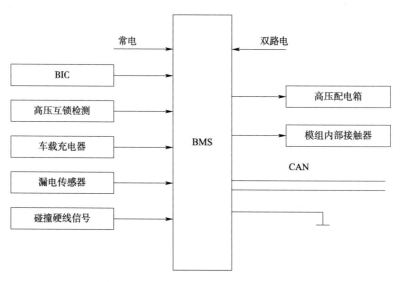

图 4-41 比亚迪秦 DM 电池管理器控制框图

3. 比亚迪秦能量管理动力传递路线

比亚迪秦 DM 能量管理传递路线如图 4-42 所示，电池管理系统 BMS 动态监测动力电池组的工作状态，实时采集每块电池的端电压和温度、充放电电流及电池包总电压，估算出各电池的荷电状态 SOC、安全状态 SOH 和电化学状态 SOE，通过高压配电箱控制充电、能量回收、智能充电，通过高压配电箱给电机控制器及 DC/DC、空调控制器提供动力电源。同时通过控制其他器件，防止电池产生过充电或过放电现象，同时能够及时给出电池状况，找出故障电池所在箱号。

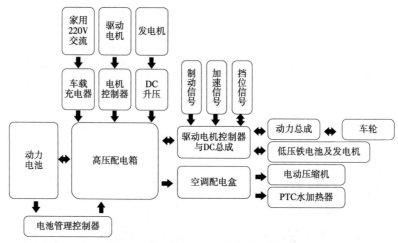

图 4-42 比亚迪秦 DM 动力传递路线框图

五、思考与练习

(一) 填空题

1. 比亚迪电动汽车普遍采用_____对整车的能量进行管理控制。
2. 北汽电动汽车普遍采用_____和电池管理系统_____共同作用对整车的能量进

行管理控制。

3. 电动汽车能量管理系统的主要功能是进行_____、_____、_____、_____，以及能量安全管理控制。

4. 电动汽车电池管理控制系统一般采用_____和_____。

5. 分布式管理控制系统 BMS 主要由_____和_____控制单元组成。

6. 电动汽车唤醒整车控制器的方式通常有四种，即_____、_____、_____和_____唤醒。

7. 一般电动汽车的安全管理控制主要包含_____、_____、_____、_____、开关检测、碰撞保护等。

8. 高压互锁主要有_____、_____和_____三种。

（二）选择题

1. 比亚迪 e6 电动汽车采用（　　）对整车的能量进行管理控制。

　　A. 电池管理器 BMS

　　B. 整车控制器 VCU

　　C. 整车控制器 VCU 和电池管理系统 BMS 共同作用

　　D. 无法确定

2. 北汽电动汽车采用（　　）对整车的能量进行管理控制。

　　A. 电池管理器 BMS

　　B. 整车控制器 VCU

　　C. 整车控制器 VCU 和电池管理系统 BMS 共同作用

　　D. 无法确定

3. 在分布式管理控制系统中主要功能是进行电压采样、温度采样、电池均衡、采样线异常检测的控制单元是（　　）。

　　A. BIC 控制单元　　B. BMC 控制单元　　C. BMS　　D. PBMS

4. 以下哪项控制不属于电动汽车的能量安全管理控制（　　）。

　　A. 高压互锁控制　　B. 主动泄放　　C. 被动泄放　　D. 能量回收控制

5. 电动汽车开盖检查功能属于（　　）。

　　A. 功能互锁　　B. 结构互锁　　C. 软件互锁　　D. 其他互锁

（三）判断题

1. 若车载充电机和电机控制器关联，在充电之前需先进行如上电控制一样的预充控制。　　（　　）

2. 一般充电先小电流，再大电流，最后涓流充电。　　（　　）

3. 车载充电机、高压配电箱和 DC/DC 的工作状态及指令均由 BMS 或 VCU 发出的指令进行控制。　　（　　）

4. 只有通过电机控制器反馈预充电成功信号，主接触器或正极接触器才能接通上电。（　　）

5. 在上电预充过程中，DC/DC 不工作。　　（　　）

6. 比亚迪 e6 集中式电池管理器 BMS 位于行李舱备胎处。　　（　　）

7. 比亚迪 e6 分布式电池管理器 BMS 位于行李舱车身右 C 柱内板后段。　　（　　）

8. 开盖检测功能属于高压结构互锁功能。　　　　　　　　　　　（　　）
9. 主动泄放功能启动时,可在5s内将高压回路直流母线电压泄放到60V以下。
　　　　　　　　　　　　　　　　　　　　　　　　　　　　　（　　）
10. 主动泄放功能启动时,可在2min内将高压回路直流母线电压泄放到60V以下。（　　）

(四) 简答题

1. 电动汽车整车低压供电途径一般有哪些?
2. 简述充电控制过程。
3. 简述智能充电控制过程。
4. 简述高压互锁目的。

任务5　电动汽车上电控制及检修

学习目标

❖ **知识目标**

1. 能描述电动汽车上电控制逻辑;
2. 能描述电动汽车预充控制原理;
3. 能描述电动汽车高压漏电控制原理;
4. 能描述电动汽车高压互锁原理。

❖ **能力目标**

1. 能使用诊断仪读取电动汽车上电及预充控制故障码及数据流;
2. 能进行电动汽车高压漏电检测操作;
3. 能进行电动汽车高压互锁检测操作。

建议课时

12课时。

任务描述

某4S店维修人员反映,有客户在电动汽车维护时,问维修师傅电动汽车的高压电有哪些安全防护? 如果你是该电动汽车的维修人员该如何给客户解答?

一、理论知识准备

(一) 电动汽车上电控制原理

电动汽车的一般上电控制流程如图5-1所示。

当钥匙打到ON挡时,为缓解高压电池的冲击,防止上电电流过大而烧坏主继电器和驱动电机电容,电池管理器BMS或整车控制器VCU控制高压配电箱或动力电池包进行上电前的预充电控制,只有通过电机控制器给 BMS 或 VCU 反馈预充电成功信号,BMS 或 VCU 才控制主接触器或正极接触器接通上电,上电才可能成功。同时,在上电预充过程中,控制 DC/DC 转换器进行预充,上电成功后才控制 DC/DC 转换器开始工作。

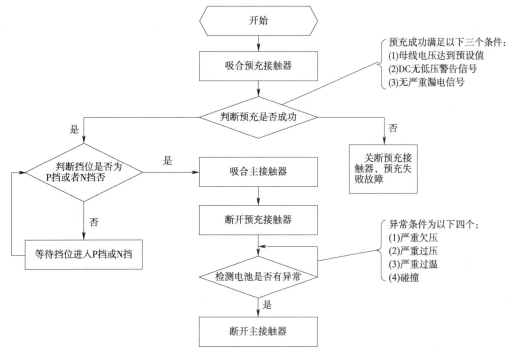

图 5-1 电动汽车上电控制流程

部分电动汽车动力电池包内部有分压接触器,因此在上电前的 ON 挡电时,高压 BMS 或 VCU 先控制动力电池包内部的分压接触器吸合,分压接触器吸合后高压 BMS 或 VCU 对电池包进行检测,如有漏电、采样线故障等电池异常情况,电池包内的分压接触器将断开,如无异常,电池包内的分压接触器将一直处于吸合状态。

(二)电动汽车预充控制原理

如图 5-2、图 5-3 和图 5-4 所示,当高压 BMS 或 VCU 接收到起动信号(按下起动按钮)以后,通过 CAN 线与电池信息采集器通信,检测电池包内单节电池电压、温度及容量等参数是否正常,并通过漏电传感器检测是否存在漏电情况。如果以上参数正常,BMS 或 VCU 开始控制高压配电箱上预充接触器与负极接触器吸合,当驱动电机控制器检测预充电压已经达到电池包总电压的 2/3 以上时,通过 CAN 线通信告知高压 BMS 或 VCU 预充完成,高压 BMS 或 VCU 即吸合正极接触器,同时断开预充接触器,整车高压上电。若空调系统需要工作,BMS 或 VCU 控制空调接触器闭合,空调系统上电工作。如果高压 BMS 或 VCU 在 10s 之内仍未检测到预充完成信号,则断开预充回路(包括预充接触器、负极接触器),北汽 EV200 和比亚迪 e6 预充控制电路如图 5-2 和 5-4 所示。在高压上电预充过程中,BMS 或 VCU 同时控制 DC/DC 转换器进行上电预充控制,只有驱动电机控制器预充完成,DC/DC 转换器才对外输出低压电。

如果在预充的过程中,驱动电机控制器未能接收到 2/3 的电池包总电压,则预充失败,高压 BMS 或 VCU 报出预充失败故障。如果预充完成,但由于主接触器故障等原因,导致驱动电机控制器直流输入母线电压未能达到电池包电压,则驱动电机控制器报出高压侧输入欠压故障。预充完成无故障后,DC/DC 对外输出低压电,BMS 或 VCU 收到空调启动信号,空调接触器闭合,空调上电工作。

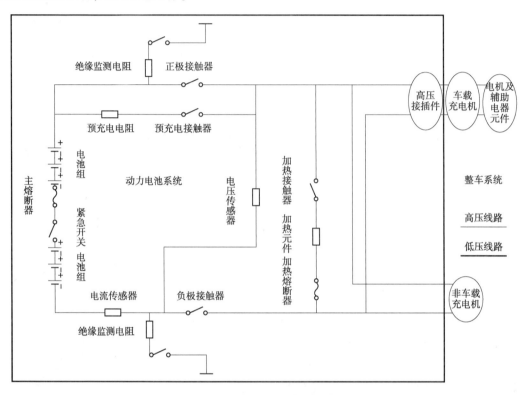

图 5-2 VCU 上电预充控制电路

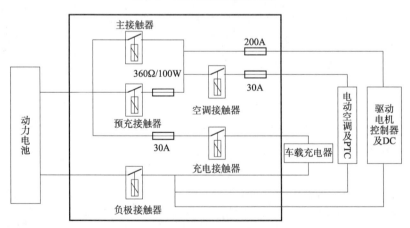

图 5-3 比亚迪新能源汽车预充控制电路图

(三)电动汽车高压漏电控制原理

1. 漏电监控原理

漏电监控主要是对电动汽车直流动力电源母线与其外壳、车身底盘之间的绝缘阻抗进行检测,新能源汽车通常检测与动力电池输出相连接的负极母线与车身底盘之间的绝缘电阻,来判断动力电池包的漏电程度。当动力电池包漏电时,漏电传感器发出一个信号给电池管理控制器,电池管理控制器接到漏电信号后,进行相关保护操作并报警,防止动力电池包的高压电外泄,造成人或者是物品的伤害和损失。比亚迪新能源汽车漏电传感器主要监测与动力电池输出相连接的负母线与车身底盘之间的绝缘电阻,通过监控绝缘阻值的大小来判断高压电力电池漏电与否,如图 5-5 所示。

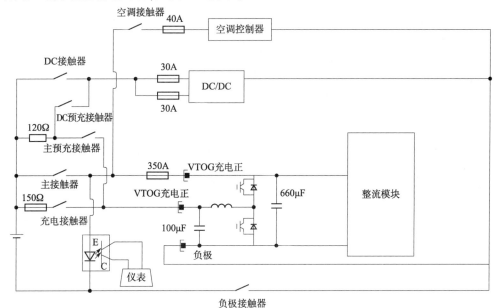

图 5-4　比亚迪 e6DC/DC 预充控制电路

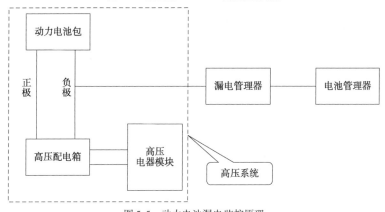

图 5-5　动力电池漏电监控原理

2. 漏电检测

漏电监控如图 5-5 所示,可通过测量电池总电压 U、电池包正极与托盘电压 U_1、电池包负极与托盘电压 U_2、定值电阻值 R、并联电阻后,正极与托盘电压 $U'1$、并联电阻后,负极与托盘电压 $U'2$ 和计算公式(5-1)和公式(5-2)确定。

1) 漏电检测流程

(1) 闭合维修开关,如图 5-6 所示。

(2)使用万用表测量动力电池总电压 U,检测示意图如图 5-7 所示。

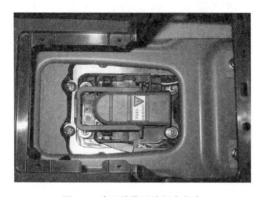

图 5-6　高压维修开关闭合状态

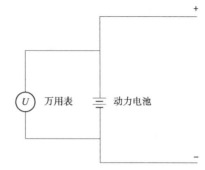

图 5-7　测量动力电池总电压

(3)使用万用表测量正极与托盘电压 U_1,检测示意图如图 5-8 所示。

(4)使用万用表测量负极与托盘电压 U_2,检测示意图如图 5-9 所示。

(5)将万用表表笔更换为并联定值电阻,并将挡位拨至电阻挡,测量定值电阻值 R,检测示意图如图 5-10 所示。

(6)万用表挡位拨回直流电压挡,测量并联电阻后,正极与托盘间的电压 U_1',检测示意图如图 5-11 所示。

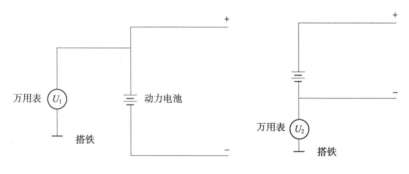

图 5-8　测量正极与托盘电压　　　　图 5-9　测量负极与托盘电压

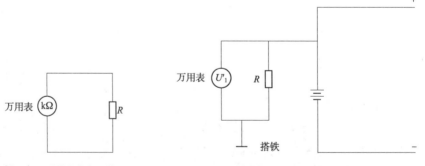

图 5-10　测量定值电阻值 R　　　　图 5-11　并联电阻后测量正极与托盘间的电压

(7)测量并联电阻后,负极与托盘间的电压 U_2',检测示意图如图 5-12 所示。

(8)测量结束后断开维修开关,检测示意图如图 5-13 所示。

图 5-12 并联电阻后测量负极与托盘间的电压　　　图 5-13 断开维修开关

2)漏电计算公式

漏电计算公式如公式(5-1)和公式(5-2)所示。

$$R_1 = \frac{U_1 - U_1'}{U_1'} \times \frac{R}{U} \tag{5-1}$$

$$R_2 = \frac{U_2 - U_2'}{U_2'} \times \frac{R}{U} \tag{5-2}$$

计算过程中，U、U_1、U_1'、U_2、U_2' 的单位为伏特 V，R 的单位为欧姆 Ω。结果取最终绝缘电阻为 $\min(R_1, R_2)$，绝缘电阻值若小于 500Ω/V，则判断为漏电，需返回制造厂商进行修理。

3. 比亚迪 e6 漏电监控

1)漏电传感器系统框图

如图 5-14 所示，比亚迪 e6 漏电监测主要由漏电传感器监测与动力电池输出相连接的负母线与车身底盘之间的绝缘电阻值，将监测到的漏电信号传输给 BMS，BMS 据此信号进行高压安全控制。

图 5-14　漏电传感器系统框图

2)漏电传感器安装位置

如图 5-15 所示，漏电传感器安装在右后排座位下方，一端与负极相连，一端与车身连接，检测动力电池与车身之间的电流和电压值，主要作用是监测电池总成与车身的漏电电流。

图 5-15　比亚迪 e6 漏电传感器和 BMS 位置

3) 漏电传感器控制电路

比亚迪 e6 漏电传感器控制电路如图 5-16 所示,各针脚功能、含义如表 5-1 所示。漏电传感器的好坏可通过检测各针脚参数确定,若动力电池包正常,各针脚参数正常可判断漏电传感器故障

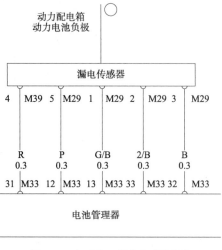

图 5-16 比亚迪 e6 漏电传感器电路

比亚迪 e6 漏电传感器针脚含义　　　　　　　表 5-1

插　线	含　义	颜色	功　能	参　数
12 - 车身搭铁	漏电传感器电源	P	启动	约 -15V
13 - 车身搭铁	一般漏电信号	G/Y	一般漏电	小于 1V
31 - 车身搭铁	漏电传感器电源	R	启动	约 +15V
32 - 车身搭铁	漏电传感器地	B	始终	小于 1V
33 - 车身搭铁	严重漏电信号	2/B	严重漏电	小于 1V

4) 漏电检测标准

当漏电传感器监控到动力电池与车身搭铁之间的绝缘阻值为 120～140kΩ 时,判断为一般漏电;监控到绝缘阻值 ≤ 20kΩ 时,判断为严重漏电。

4. 高压线路漏电检测

若上电失败报高压漏电故障,则采用逐一断高压插头的方法判断是高压插头或线路漏电,当确定漏电部位后,需用兆欧表 1000V 量程检查高压线路插头两端线路与车身搭铁之间的电阻值,如图 5-17 所示,若检测结果大于 500Ω/V 为正常,否则为高压线路或高压部件漏电。

(四) 电动汽车高压互锁原理

1. 高压互锁原理

新能源汽车的主要高压接插件,如高压电力电池总成、高压 BMS、高压配电箱、维修开关、驱动电机控制器及 DC 总成,均带有互锁回路,如图 5-18 和图 5-19 所示。当其中某个接插件被带电断开时,动力电池管理器便会检测到高压互锁回路存在断路,为保护人员安全,将立即进行报警并断开主高压回路电器连接,同时激活主动泄放。

项目三　电动汽车能量管理系统

图 5-17　高压线漏电检测

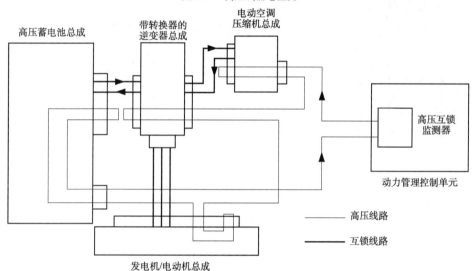

图 5-18　高压互锁电路

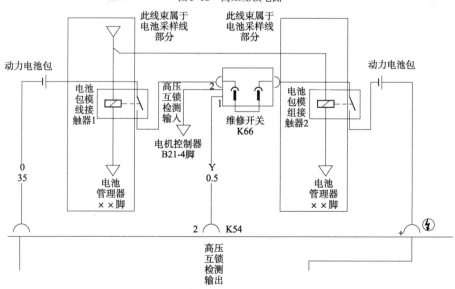

图 5-19　比亚迪新能源汽车高压互锁电路

2. 高压互锁类型

高压互锁主要有结构互锁、功能互锁和软件互锁三种，开盖检测属于结构互锁。

1) 结构互锁控制

电动汽车的主要高压接插件一般带有互锁回路，如图 5-20 所示，当其中某个接插件被带电断开时，动力电池管理便会检测到高压互锁回路存在断路，为保护人员安全，将立即进行报警并断开主高压回路电气连接，同时激活主动泄放，在 5s 内将高压电降低到 60V 以下。

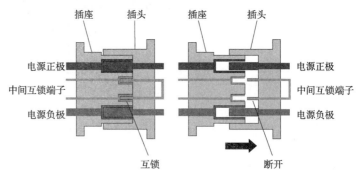

图 5-20　高压互锁结构原理

2) 功能互锁控制

如图 5-21 所示，当车辆在进行充电或插上充电枪时，新能源汽车的高压电控系统会限制整车不能通过自身驱动系统驱动，以防止可能发生的线束拖拽或安全事故。

图 5-21　高压功能互锁控制

3) 软件互锁控制

正常高压上电后，如果 PTC 或电动压缩机检测到高压侧电压异常，空调系统会将高压异常通过 CAN 发给 BMS 或 VCU，报出高压互锁故障，BMS 或 VCU 收到高压互锁故障信号后，将限制或中断 PTC 或电动压缩机功能。

3. 高压互锁检测

高压互锁检查如图 5-22 所示，断开各插接件后，主要检查电池管理器 K65-07 和 K64-01。若电池管理器 K65-07 和 K64-01 导通，则高压互锁正常，若电池管理器 K65-07 和 K64-01 不导通，则为高压互锁故障。比亚迪秦 DM 高压互锁断开故障点主要在电池管理器 K65-07 和 K64-01，驱动电机控制器 B21-04 和 B21-20，紧急维修开关 K66-01 和 K66-02 及高压配电箱 K54-02 和 K54-06 处。若检测阻值大于 1Ω，据图 5-22 检查电池管理器 K65-07 和驱动电机控制器 B21-20、紧急维修开关 K66-02 及高压配电箱 K54-02 之间阻值，检查电池管理器 K64-01 和驱动电机控制器 B21-04、紧急维修开关 K66-01 及高压配电箱 K54-06 处之间阻值，用逐段检查排除法判断故障点所在。然后再检查故障点插头针脚是否退针，接触片是否损坏。

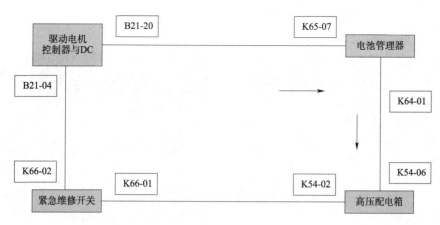

图 5-22 比亚迪新能源汽车高压互锁检测电路

二、任务实施

（一）准备工作

（1）防护用品：车内五件套、绝缘鞋、绝缘手套。

（2）车辆：比亚迪 e6 或其他纯电动汽车。

（3）台架及总成：纯电动汽车台架。

（4）检测设备：比亚迪新能源汽车专用诊断仪 VDS1000、VDS2000 或其他诊断仪、万用表、兆欧表。

（5）拆装工具：常用拆装套装工具。

（二）技术要求与注意事项

（1）正确、规范操作使用解码器，对于新型解码器在使用前需认真听课和查阅使用说明书，保证能独立操作使用。

（2）正确、规范操作使用兆欧表，在使用前需认真听课和查阅使用说明书，保证能独立操作使用，防止被兆欧表的高压电击伤。

（3）正确、规范操作使用万用表，在使用前需认真听课和查阅使用说明书，保证能独立操作使用，避免用电阻挡检测带电体。

（4）做好实训安全操作准备：如做好车辆举升、安全防护和提示、高压维修开关断开、准备好检测设备和拆装工具等工作。

（5）在整车实训时需先拆除后排座椅，便于进行高压漏电检测。

（6）结束后恢复实训场地：如解除车辆举升状态，收拾清洁检测和拆装工具设备，清洁清扫场地。

（三）操作步骤

本操作任务主要对电动汽车（以比亚迪 e6 车型为例）上电控制验证，上电控制、预充控制及高压互锁控制的故障码读取和数据流读取操作，同时对动力电池及高压线路进行漏电检测操作，从而进一步加强了解上电控制原理。

1. 上电控制验证

（1）安装车内五件套。

(2) 检查挡位，使档位保持在 N 挡或 P 挡，如图 5-23 所示。

(3) 按下起动按钮，观察仪表显示，如图 5-24 所示。

图 5-23　N 挡位置

图 5-24　上电仪表提示

(4) 根据仪表提示，踩下制动踏板并再次按下起动按钮。

(5) 观察仪表 OK 指示灯颜色，绿色为上电，灰色为未上电，如图 5-25 所示。

图 5-25　上电 OK 灯点亮

(6) 若仪表 OK 灯为灰色，如图 5-26 所示，退出上电操作，需进行故障诊断排除。

图 5-26　上电 OK 灯未点亮

(7) 将起动开关置于 OFF 挡位置。

2. 上电控制、预充控制及高压互锁控制的故障码读取和数据流读取操作

1) 有高压互锁故障的故障码和数据流读取操作

(1) 插好无线诊断接头。
(2) 上 OK 挡电。
(3) 打开 VDS1000 或 VDS2000。
(4) 连接好诊断仪和车辆之间的通信。
(5) 选择比亚迪 e6 车型。
(6) 进入整车模块扫描,如图 5-27 所示。

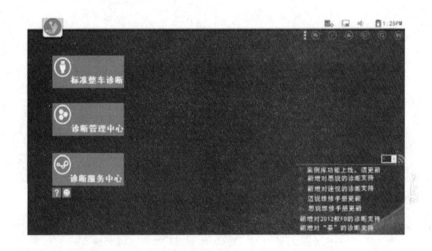

图 5-27　整车扫描

(7) 选择 BMS 模块,进入 BMS 系统。
(8) 选择 BMS 系统故障检测功能,运行读取 BMS 故障码。
(9) 停止 BMS 故障码读取。
(10) 断开空调压缩机电压插头。
(11) 按下空调按钮。
(12) 读取 BMS 故障码,应有空调系统高压互锁故障码。
(13) 停止 BMS 故障码读取。
(14) 读取 BMS 数据流,查看高压互锁数据流。
(15) 读取 BMS 数据流,查看预充接触器、主接触器、负极接触器工作状态,如图 5-28 和图 5-29 所示。
(16) 停止并退出 BMS 数据流读取操作。
(17) 读取电机控制器数据流,查看电机控制器电压数据,如图 5-30 所示。
(18) 停止并退出电机控制器数据流读取操作。

2) 无高压互锁故障的故障码和数据流读取

(1) 上 OK 挡电。
(2) 读取 BMS 故障码,查看有无高压互锁故障。
(3) 停止并退出 BMS 故障码读取操作。
(4) 读取 BMS 数据流,查看预充接触器、主接触器、负极接触器工作状态。

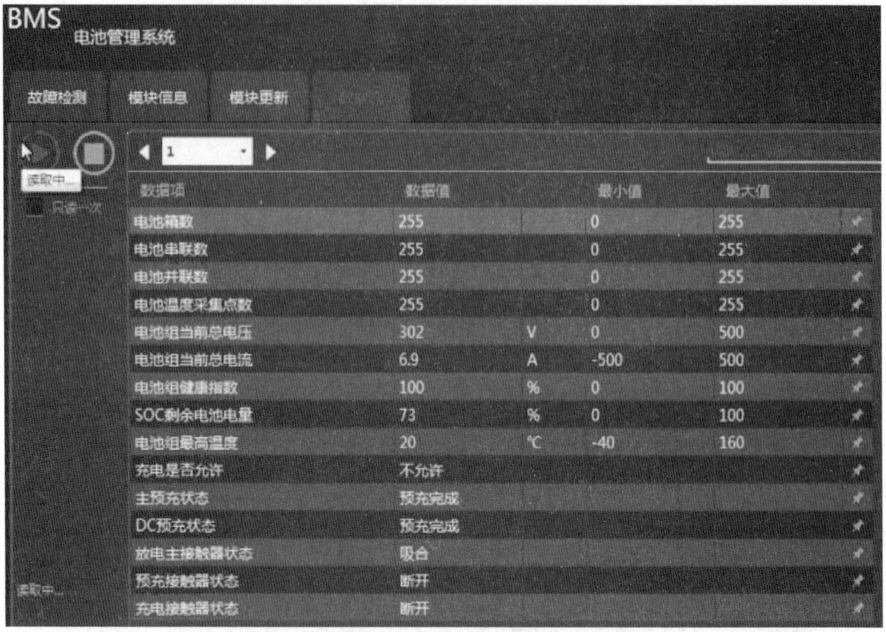

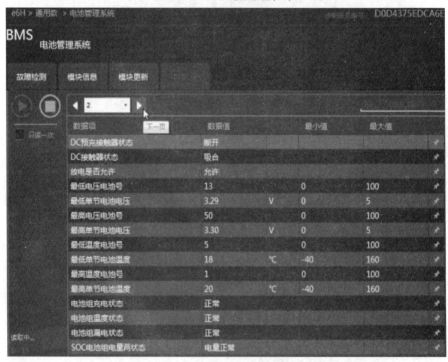

图 5-28　BMS 上电数据流(一)

图 5-29　BMS 上电数据流(二)

(5) 停止并退出 BMS 数据流读取操作。

(6) 读取电机控制器数据流,查看电机控制器电压数据。

(7) 停止并退出电机控制器数据流读取操作。

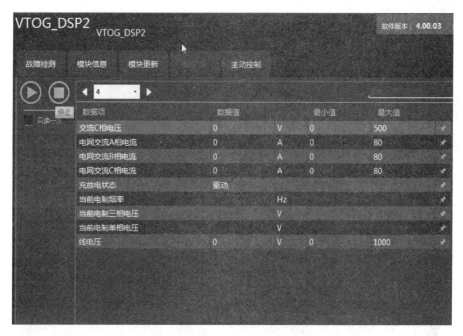

图 5-30 电机控制器上电数据流

(8)退出解码器操作。

(9)退出 ON 挡电状态。

(10)对比 ON 挡和 OK 挡电时预充接触器、主接触器、负极接触器工作状态及电机控制器电压数据流的差异。

(11)退出解码器操作并关闭解码器运行。

(12)收拾、整理诊断设备。

3.动力电池漏电检测操作

(1)准备好高压防护用品(绝缘鞋和绝缘手套)和十字螺钉旋具。

(2)断开高压维修开关。

①打开前排座椅中央通道上的杂物箱盖,取下小盖板,如图 5-31 所示。

图 5-31 维修开关位置

②拆卸位于通道上的维修开关盖板螺栓及盖板,拔下对外输出电源插头和 USB 插头,如图 5-32 所示,并将线束置于中央通道的两侧。

图 5-32 拆卸维修开关盖板

③检查穿戴好绝缘手套和绝缘胶鞋。

④拉直维修开关手柄,如图 5-33 所示,拔下维修开关,将警示牌放置于维修开关座旁边。

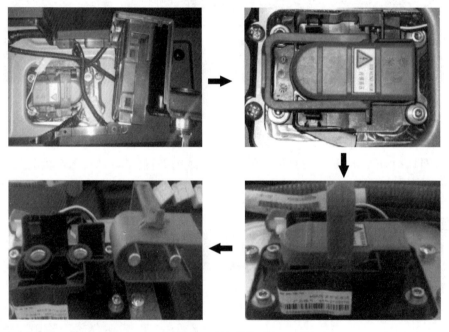

图 5-33 拆卸维修开关

⑤将维修开关保存在自己口袋中或置于比较安全的地方(别人拿不到)。

⑥盖好前排座椅中央通道上的杂物箱盖。

⑦收整高压防护用品和拆装工具。

(3)脱开高压配电箱与动力电池的连接电源线,如图 5-34 所示。

图 5-34 拆卸高压配电箱正负接线

（4）按下图顺序安装闭合高压维修开关，如图 5-35 所示。

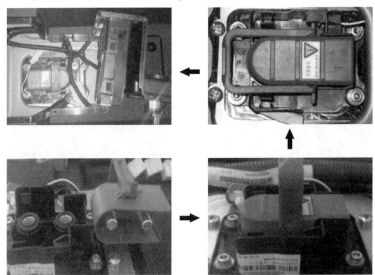

图 5-35　安装维修开关

（5）使用万用表测量动力电池总电压 U，检测示意图如图 5-36 所示。

（6）使用万用表测量正极与托盘电压 U_1，如图 5-37 所示。

图 5-36　测量动力电池总电压　　　　　图 5-37　测量正极与托盘电压

（7）使用万用表测量负极与托盘电压 U_2，如图 5-38 所示。

（8）万用表笔更换为并联定值电阻，并将挡位拨至电阻挡，测量定值电阻值 R，如图 5-39 所示。

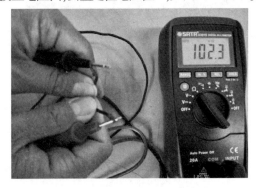

图 5-38　测量负极与托盘电压　　　　　图 5-39　测量定值电阻值

（9）万用表挡位拨回直流电压挡，测量并联电阻后，正极与托盘电压 U_1'，如图 5-40 所示。

（10）测量并联电阻后，负极与托盘电压 U_2'，如图 5-41 所示。

图 5-40　并联电阻后测量正极与托盘电压

图 5-41　并联电阻后测量负极与托盘电压

（11）测量结束后断开维修开关，如图 5-42 所示。

4. 高压线路漏电检测

（1）断开蓄电池负极，如图 5-43 所示。

图 5-42　断开维修开关

图 5-43　断开蓄电池负极

（2）断开任意高压线路的连接插头。

图 5-44　插入检测插片

（3）用兆欧表检测插头端线路漏电情况。

①在检测高压线路插头端插入检测插片，如图 5-44 所示。

②按要求插接好兆欧表与检测连线。

③兆欧表正极表笔插入高压线检测端，兆欧表负极与车身搭铁相连。

④选择兆欧表 200MΩ 挡，1000V 量程。

⑤按下检测按钮，如图 5-45 所示。

⑥读取并记录检测数值。

⑦重复操作检测高压插头其他高压线路。

图 5-45　检测高压线路漏电

（4）用兆欧表检测高压部件端线路漏电，操作流程如下：
①按要求插接好兆欧表与检测连线。
②兆欧表正极表笔插入高压线检测端，兆欧表负极与车身搭铁相连，如图 5-46 所示。
③选择兆欧表 200MΩ 挡，1000V 量程。
④按下检测按钮，如图 5-46 所示。

图 5-46　检测高压部件漏电

⑤读取并记录检测数值。
⑥重复操作检测高压部件其他高压线路。
⑦兆欧表复位，收整兆欧表。
⑧恢复高压输入插头位置。

三、技能考核标准

实操技能考核标准如表 5-2 所示。

实操技能考核标准　　　　表 5-2

序号	项　目	操作内容	规定分	评分标准	得分
1	上电控制验证	上电前的安全检测	3 分	检查挡位在 N 挡，未检查扣 3 分；检查驻车制动已制动，未检查扣 3 分	
		上电操作流程	4 分	能按仪表提示操作，不按要求操作一次扣 2 分	
		仪表信息读取	4 分	能识别仪表基本信息，不能读取上电与否信息扣 4 分	

续上表

序号	项　目	操作内容	规定分	评分标准	得分
2	故障码读取和数据流读取操作	解码器连接操作	4分	能正确连接解码器,不能连接通信扣4分	
		BMS故障码读取	4分	能按要求读取故障码,不正确或漏操作一次扣2分	
		电机控制器故障码读取	4分	能按要求读取故障码,不正确或漏操作一次扣2分	
		BMS数据流读取	4分	能按要求读取数据流,不正确或漏操作一次扣2分	
		电机控制器数据流读取	4分	能按要求读取数据流,不正确或漏操作一次扣2分	
3	动力电池漏电检测操作	高压防护用品使用	4分	能正确、规范使用高压防护用品,未检查一项扣1分,未穿戴扣4分	
		维修开关拆卸	4分	能按流程拆卸维修开关,安装操作顺序错一项扣1分,未穿戴高压防护用品扣4分	
		动力电池正负极拆装	4分	能正确拆装动力电池正负极接线柱,未穿戴高压防护用品扣2分,不能正确检测扣2分	
		万用表使用	4分	能正确、规范使用万用表,挡位错一次扣1分	
		电池包总电压检测操作	4分	能按要求检测电压,未穿戴高压防护用品扣2分,不能正确检测扣2分	
		电池包正极与底板电压检测操作	4分	能按要求检测电压,未穿戴高压防护用品扣2分,不能正确检测扣2分	
		电池包负极与底板电压检测操作	4分	能按要求检测电压,未穿戴高压防护用品扣2分,不能正确检测扣2分	
		并联电阻检测	4分	能按要求检测电阻,万用表挡位错一次扣1分,不能准确检测扣2分	
		并联电阻后电池包正极与底板电压检测操作	4分	能按要求检测电压,未穿戴高压防护用品扣2分,不能正确检测扣2分	
		并联电阻后电池包负极与底板电压检测操作	4分	能按要求检测电压,未穿戴高压防护用品扣2分,不能正确检测扣2分	
		检测数据分析处理	4分	能按要求分析计算检测数据,无数据记录扣4分,结果计算错误扣2分	

续上表

序号	项 目	操作内容	规定分	评分标准	得分
4	高压线路漏电检测	高压防护用品使用	4分	能正确、规范使用高压防护用品,未检测扣2分,未使用扣4分	
		兆欧表使用	4分	能按要求使用兆欧表,不会使用扣4分	
		高压插头漏电检测	4分	能正确进行高压插头漏电检测,不会检测扣4分,检测结果错误扣2分	
		高压部件漏电检测	4分	能正确进行高压部件漏电检测,不会检测扣4分检测结果错误扣2分	
5	5S管理	工具收整	3分	能按要求收拾、清洁工具,未收整扣3分,未认真收整扣2分	
		量具收整	3分	能按要求收拾、清洁量具,未收整扣3分,未认真收整扣2分	
		场地清洁	3分	能按要求收拾、清洁场地,未收整扣3分,未认真收整扣2分	
	总分		100分		

四、学习拓展

(一)兆欧表VC60B+使用

1. 概述

VC60B+数字兆欧表,是采用低损耗高变比电感储能式直流电压变换器将9V电压变成250V/500V/1000V直流电压,采用数字电桥进行电阻测量,用于绝缘电阻的测试。具有使用轻便,量程宽广,背光显示,测试锁定,自动关机等功能,还可以进行市电测量,整机美观高档,性能稳定,使用背带可双手作业,适用于电机、电缆、机电设备、电信器材,电力设施等绝缘电阻检测需要。

2. 外观说明

VC60B+数字兆欧表外观如图5-47所示。

1、2、3、4:电压选择开关 AC750V/500V/250V/1000V。

5:电阻量程选择开关(RANGE)。

6:电源开关:自锁式电源开关(POWER)。

图 5-47 兆欧表 VC60B + 外观

7:高压提示:LED 显示。

8:测试按钮。

9:LCD 显示器,显示测量数据及单位符号。

10:仪表型号。

11:L,接被测线路端插孔。

12:G,保护端插孔,当要求被测对象加保护环消除泄漏效应时,保护环电极导线接至"G"端插孔。

13:ACV,交流电压测试输入端。

14:E,接被测对象的地端插孔。

15:电源适配器插孔(—⊙—)。

3. 技术特性

1)一般特性

(1)显示:84.8×59.8mm LCD 显示器,最大显示"1999"。

(2)超量程指示:超上限时仅最高位显示"1"。

(3)供电:5 号电池 LR6(1.5V)×6(可外接电源适配器) 电压不足时具有欠压指示。具备自动关机功能(开机后约 15min)。

(4)功耗:测试空载时耗电 <300MW。

(5)使用环境:温度 0~40℃,湿度 30%RH-85%RH。

(6)外形尺寸:175(L)×110(W)×70(D)mm。

(7)质量:690g(含电池)。

2)技术指标

VC60B + 数字兆欧表技术指标如表 5-3 所示。

VC60B + 数字兆欧表技术指标　　　　　　　　　表 5-3

基本功能	量程	基本精度
输出电压	250V/500V/1000V	±10%
测试电流	250V(R = 250kΩ)1mA 500V(R = 500kΩ)1mA 1000V(R = 1MΩ)1mA	±10%

续上表

基本功能		量 程	基本精度
RANGE 绝缘电阻		250V:0.1~20MΩ 500V:0.1~50MΩ 1000V:0.1~100MΩ	±(4%读数±2个字)
		250V:20~500MΩ 500V:50~1000MΩ 1000V:100~2000MΩ	±(4%读数±2个字)
短路电流		<1.8mA	
中值电阻		250V/500V:2MΩ 1000V:5MΩ	
电压测量		AC750V	±(1%读数+6个字)
插孔位置		绝缘电阻:L.EAC750V:ACVG	

AC750V 输入阻抗:1MΩ。

AC750V 频率响应:(50~200)Hz。

说明:中值电阻——保证测量两端电压不低于测试电压标称值的90%的电阻测量下限值。

4.操作说明

(1)打开电池盒后盖装入 5 号(LR6)电池 6 节(如图),注意电池极性不要接反,如图 5-48 所示。

图 5-48 电池安装

(2)将电源开关"POWER"键按下。

(3)根据测量需要选择测试电压(250V/500V/1000V/AC750V)。

(4)根据测量需要选择量程开关(RANGE)(除 AC750V)。

(5)将被测对象的电极接本仪表相应插孔。

(6)测试电缆时,插孔 G 接保护环。

(7)按下测试开关,测试即进行,向右侧旋转可锁定按键开关;当显示值稳定后,即可读数。

(8) 将输入线"E"接至被测对象地端,"L"接至被测线路端;要求"L"引线尽量悬空。

(9) 如果仅最高位显示"1",即表示超量程,需要以高量程挡取数;当量程按键处于"▬▬"时则表示绝缘电阻超过 2000MΩ。

(10) 将仪表挂在脖子上可进行测量。

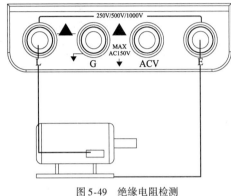

图 5-49 绝缘电阻检测

5. 绝缘电阻测量方法

绝缘电阻检测如图 5-49 所示。

6. 安全注意事项

(1) 测试电压选择键不按下时,输出电压插孔上将可以输出高压。

(2) 测试时应首先检查测试电压选择及 LCD 上测试电压的提示与所需的电压是否一致。

(3) 被测对象应完全脱离电网供电,并且应经短路放电证明被测对象不存在电力危险才进行操作,以保障操作安全。

(4) 测试时不允许手持测试端,以保证读数准确及人身安全。

(5) 仪表不宜置于高温处存放,避免阳光直接照射以免影响液晶显示器的寿命。

(6) 电池能量不足有符号"➕➖"显示,请及时更换电池。长期存放时应及时取出电池,以免电池漏液损坏仪表。

(7) 空载时,如有数字显示,属正常现象,不影响测试。

(8) 在进行 MΩ 测试时,如果显示读数不稳定可能是环境干扰或绝缘材料不稳定造成的,此时可将"G"端接到被测对象屏蔽端,即可使读数稳定。

(9) 为保证测试安全性和减少干扰,测试线采用硅橡胶材料,请勿随意更换测试线。

(10) 当外接适配器供电时,会断开内部电池供电,此时不能对电池进行充电。

注意:请选择(▬●▬)供电方式。

(二) 兆欧表 VC60D +/VC60E + 使用

1. 概述

VC60D +/VC60E + 系列数字兆欧表,是采用它激式直流变换器将 12V 直流电压变换成 1000V/2500V/5000V 直流高压。主放大器应用传统摇表的流比计法测量绝缘电阻。输入端采用微电流测量抗干扰电路,输出采用双积分数字电压表除法功能进行欧姆—数字转换。具有带载能力强,抗电场干扰性能高,使用轻便,量程宽广,背光显示等功能,还可以进行市电测量。整机性能稳定,美观高档。广泛适用于电气设备,仪器仪表,电缆及各类电器绝缘耐压性能测试。

2. 外观说明

VC60D +/VC60E + 系列数字兆欧表如图 5-50 所示。

1、2、3、4:电压选择开关(VC60D + 有 AC750V/200MΩ/2GΩ/20GΩ,VC60E + 有 AC750V/2GΩ/20GΩ/200GΩ)。

5:电压选择开关(1000V/2500V)(除 AC750V)。

 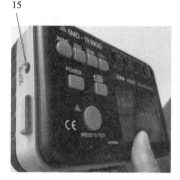

图 5-50　兆欧表 VC60D + 外观

6：电源开关：自锁式电源开关（POWER）。

7：高压提示：LED 显示。

8：测试按钮。

9：LCD 显示器，显示测量数据及单位符号。

10：仪表型号。

11：L，接被测线路端插孔。

12：G，保护端插孔，当要求被测对象加保护环消除泄漏效应时，保护环电极导线接至"G"端插孔。

13：ACV，交流电压测试输入端。

14：E，接被测对象的地端插孔。

15：电源适配器插孔（⊝）。

3．技术特性

1）一般特性

（1）示窗显示：84.8×59.8mm，LCD 显示，最大显示"1999"。

（2）超量限指示：超上限时仅最高位显示"1"。

（3）报警功能：被测电阻低于量程下限，读数无效时仪表会自动报警。

（4）供电：5#电池 LR6(1.5)×8。

（5）低电压指示："▭"符号显示。

（6）使用环境：温度 0～40℃，湿度 30%RH～85%RH。

（7）质量：约 720g（含电池）。

2）技术指标

VC60D + /VC60E + 系列数字兆欧表技术指标如表 5-4 所示。

VC60D + /VC60E + 系列数字兆欧表技术指标　　　　表 5-4

基本功能	量　　程	基本精度	
		VC60D +	VC60E +
输出电压	1000V/2500V	±10%	
	2500V/5000V		±10%

续上表

基本功能	量程	基本精度	
		VC60D+	VC60E+
短路电流	<4mA	√	√
绝缘电阻 1000V	200MΩ:6~199.9MΩ	±(5% ±5字)	
	2GΩ:0.06~1.999GΩ	±(5% ±5字)	
	20GΩ:0.6~19.99GΩ	±(5% ±5字)	
绝缘电阻 2500V	200MΩ:5~199.9MΩ	±(5% ±5字)	
	2GΩ:0.05~1.999GΩ	±(5% ±5字)	±(5% ±5字)
	20GΩ:0.5~19.99GΩ	±(5% ±5字)	±(5% ±5字)
	200GΩ:5~199.9GΩ		±(10% ±5字)
绝缘电阻 5000V	2GΩ:0.05~1.999GΩ		±(5% ±5字)
	20GΩ:0.5~19.99GΩ		±(5% ±5字)
	200GΩ:5~199.9GΩ		±(10% ±5字)
电压测量	AC750V	±(1% +6字)	±(1% +6字)
插孔位置		绝缘电阻 LE AC750:ACV G	

ACV750V 输入阻抗:1MΩ。

ACV750V 频率响应:(50~200)Hz。

4. 操作说明

(1)打开电池盒后盖装入 5 号电池 8 节,注意电池极性不要接反,如图 5-51 所示。

图 5-51 电池安装

(2)将电源开关"POWER"键按下。

(3)根据测量需要选择测试电压(VC60D+ 有 1000V/2500V、VC60E+ 有 2500V/5000V 供选择)。

(4)根据测量需要选择量程开关。

(5)仪表接线。

L:高压输出端,通过专用电缆接至被测线路,例如:接至被测电机的绕组,电缆的线芯。

G:保护端,它接至三电极的保护端,消除被测表面泄漏效应。

E:称为地端,接至被测物体的地、零端。例如:接至被测电极的外壳金属,变压器的铁芯,电缆的屏蔽层,以及接大地、人工放电棒。

(6)按下测试开关,测试即进行,当显示值稳定后即可读值,读值完毕松开测试开关。

(7)如果仅最高位显示"1"即表示超量程,需要以高量程挡取数。

5. 绝缘电阻测量方法

绝缘电阻检测如图 5-52 所示。

6. 安全注意事项

(1)请注意安全。L 为高压输出端,E 端必须接地,被测对象应脱离电网,并经过人工放电证明安全方可接线或拆线。在测试过程中应尽量避免高压打火放电,频繁打火容易引起仪表故障。

(2)测试时,首先检查选择的测试电压与 LCD 提供或面板提供的电压是否一致。

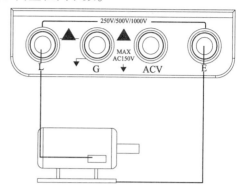

图 5-52 绝缘电阻检测

(3)电池能量不足时有符号"┼─"显示,请及时更换电池。

(4)在进行测试时,如出现读数不稳定可能是环境干扰或绝缘材料不稳定造成的,此时可将"G"端接到被测物的屏蔽端,即可使读数稳定。

(5)仪表不宜置于高湿处存放,避免阳光直接照射,以免影响液晶显示器的寿命。

(6)为保证测试安全,测试线采用电缆线与硅橡胶线,请勿随意更换测试线。

(7)当外接适配器供电时,会断开内部电池供电,此时不能对电池进行充电。

注意:请选择(———)供电方式。

7. 故障排除

故障排除方法及说明如表 5-5 所示。

兆欧表故障排除说明　　　　　　　　　　　表 5-5

故 障 现 象	检查部位及方法	故 障 现 象	检查部位及方法
没显示	电源未接通;换电池	显示误差大	换电池
符号出现	换电池		

(三)高压安全断电

1. 高压断电目的

动力电池是新能源汽车行驶最重要的能量来源,不同的车辆其动力电池包标称电压可能不同,但具有几百伏的高压电是它们共同的特点。譬如比亚迪 e6 电池包标称电压 316.8V。在这样的高压电源环境下进行维修作业,必然给维修作业人员带来巨大的潜在威胁。

高压安全断电目的是汽车维修人员在检修所有高压模块产品,检修所有动力电池包四周的零部件,检修其他也需要拆卸或移动的高压产品零部件时,断开高压回路,消除维修潜在威胁,保证维修操作人员的安全。

2. 高压断电原理

如图 5-53 所示,高压断电的原理就是在高压电回路中设置一个维修开关,维修开关闭合,高压回路闭合,电源形成回路,动力电池能对外输出电流。维修开关断开,高压回路断开,电源不能形成回路,动力电池不能向外输出电流。维修操作人员在进行高压部件或在高压部件附件维修作业时,利用好维修开关,在必要的情况下断开维修开关,使高压电源不能形成回路,能有效地保证维修作业人员的安全。

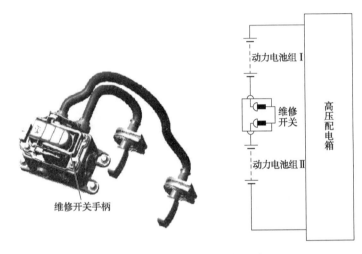

图 5-53　比亚迪电动汽车高压维修开关原理

3. 断电安全操作要求

1) 安全防护要求

(1) 维修技师必须佩戴必要的安全防护用品,如绝缘鞋、绝缘手套(需准备防高压电工手套以及防电池电解液酸碱性两种手套)、护目镜、安全帽等,其电压等级必须大于需要测量的最高电压,如图 5-54 所示。

图 5-54　断电安全防护用具

(2) 使用前必须检查绝缘手套是否有破损、破洞或裂纹等,为确保安全,绝缘手套应完好无损。

(3) 使用前必须检查绝缘手套、绝缘胶鞋等防护用品,不能带水(或湿)进行操作,确保安全。

(4) 维修车辆时,必须设置专职监护人一名,由监护人监督维修,工作职责为监督维修的全过程:包括维修技师组成、工具使用、防护用品、备件安全保护、维修环境警示牌是否符合要求。

(5) 检查维修开关的接通和断开。

(6) 负责对维修过程中的安全维修操作规程进行检查,在进行较复杂或较危险的作业时,监护人要按安全维修操作规程指挥操作,维修技师在做完一个操作后要告知监护人,监护人要在作业流程单上作标记。

(7)监护人要认真负起责任,确保维修过程的安全,避免发生安全责任事故。

(8)监护人及维修技师应具备中级以上电工证,须有丰富电器维修经验,经考核合格后方能上岗。

(9)严禁未经培训的人员进行高压部分检修,禁止一切带有侥幸心理的危险操作,避免发生安全事故。

2)断电安全注意事项

(1)当电源挡位位于"ON"挡时,严禁插拔维修开关手柄和壳体上的接插件。

(2)车辆处于充电状态时,不得将维修开关手柄和壳体上接插件拔出。

(3)严禁在无维修开关手柄的情况下,将液体、固体倒入维修开关的插针孔内。

(4)严禁在维修开关插针孔内有液体、固体的情况下插入维修开关手柄。

(5)严禁在无维修开关手柄的情况下,用其他导电金属代替。

(6)严禁在无维修开关手柄的情况下,将手指直接伸入维修开关的插针孔内,防止触电。

(7)严禁非专业维修人员私自拆卸维修开关。

(8)严禁重物挤压或锤打维修开关所有部分,当维修开关任何部分出现较大凹陷、裂纹时,需立即停止使用汽车,等待专业人员维修更换。

五、思考与练习

(一)填空题

1.一般电动汽车的_____、_____、高压配电箱、_____、驱动电机控制器及DC总成,均带有互锁回路。

2.高压互锁主要有_____、_____和_____三种,开盖检测属于_____。

3.可通过读取BMS的_____、_____和_____的工作数据流来确定上电是否成功。

4.电动汽车在上电前需要先检查挡位是否在_____挡和_____挡。

5.电动汽车上电成功仪表的OK指示灯为_____色,上电不成功为_____色。

(二)选择题

1.比亚迪e6电动汽车进行上电预充时,除了对驱动电机控制器需进行上电预充控制外,还可能对(　　)进行上电预充控制。

　　A.DC/DC转换器　　　　　　　　B.空调控制器

　　C.DC/DC转换器和空调控制器　　D.PTC控制器

2.比亚迪电动汽车(　　)根据漏电信号进行漏电高压安全控制。

　　A.主控ECU　　　　　　　　　　B.电机控制器

　　C.BMS　　　　　　　　　　　　D.DC/DC转换器

3.进行高压漏电检测时,不需要进行(　　)操作。

　　A.测量动力电池总电压　　　　　B.测量正极与托盘电压

　　C.测量负极与托盘电压　　　　　D.断开维修开关

4. 车辆进行充电时,新能源汽车不能上电行驶的原因是受( )限制。
   A. 结构互锁　　　　B. 功能互锁　　　　C. 软件互锁　　　　D. 漏电保护
5. 电动汽车的 PTC 或电动空调压缩机通常采用( )检查判断高压部件正常与否。
   A. 结构互锁　　　　B. 功能互锁　　　　C. 软件互锁　　　　D. 漏电保护

(三) 判断题

1. 只有给 BMS 或 VCU 反馈预充电成功信号,BMS 或 VCU 才控制主接触器或正极接触器接通上电。　　　　　　　　　　　　　　　　　　　　　　　　　　　　　　　( )
2. 部分电动汽车动力电池包内部有分压接触器。　　　　　　　　　　　　　( )
3. 如果高压 BMS 或 VCU 未检测到预充完成信号,则断开预充回路。　　　　( )
4. 漏电监控主要是对电动汽车直流动力电源母线之间的绝缘阻抗进行检测。　( )
5. 绝缘电阻值若小于 50Ω/V,则判断为漏电。　　　　　　　　　　　　　　( )
6. 当确定漏电部位后,需用兆欧表确定是高压线路漏电还是高压部件漏电。　( )
7. 功能互锁一般应用在充电高压线路中,作用是限制整车不能通过自身驱动系统驱动,以防止可能发生的线束拖拽或安全事故。　　　　　　　　　　　　　　　　　( )
8. 软件互锁主要通过检测高压侧电压异常情况来判断线路连接是否异常。　　( )
9. 只有驱动电机控制器预充完成 DC/DC 才对外输出低压电。　　　　　　　( )
10. 检测电动汽车动力电池漏电时,需在维修开关断开情况下进行。　　　　( )

(四) 简答题

1. 简述电动汽车上电控制过程。
2. 简述电动汽车预充控制过程
3. 简述电动汽车动力电池漏电检测方法。
4. 简述电动汽车高压互锁检测方法。
5. 简述电动汽车断开维修开关流程及注意事项。
6. 简述电动汽车高压线路和高压部件漏电检测方法。

任务 6　电动汽车 DC/DC 转换器控制及检修

学习目标

❖ 知识目标
1. 能描述电动汽车 DC/DC 转换器作用及基本工作原理;
2. 能描述电动汽车 DC/DC 转换器控制原理;
3. 能描述电动汽车 DC/DC 转换器检修方法。

❖ 能力目标
1. 能使用诊断仪读取 DC/DC 控制器故障码及数据流;
2. 能进行电动汽车 DC/DC 转换器功能检查操作;
3. 能进行电动汽车 DC/DC 转换器绝缘性能检测操作。

建议课时

8课时。

任务描述

某4S店反应,一辆来维护的比亚迪e6电动汽车客户咨询,汽车机舱中的蓄电池亏电后怎么补充?如果你是该车维修人员应如何回答客户咨询?

一、理论知识准备

(一)电动汽车DC/DC转换器作用及基本工作原理

1.DC/DC转换器作用

如图6-1所示,DC/DC转换器的主要功用是将一定电压的直流电转换为另一种电压的直流电。对于纯电动汽车来说,DC/DC转换器的功用相当于传统汽车的发电机,如图6-2所示。传统的12V用电负荷,则完全依靠电动汽车上DC/DC转换器供给,它几乎应用在了所有的新能源汽车上,功率范围为1~2.2kW,其主要功能是在车辆起动后将动力电池输入的高压电转变成低压12V向蓄电池充电,同时保证行车时低压用电设备正常工作。

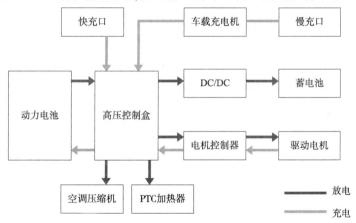

图6-1 DC/DC转换器功用

电源转换器分为直流/直流(DC/DC)转换与直流/交流(DC/AC)转换两类。DC/DC转换器有降压、升压、双向降-升压三种形式,它是满足新能源汽车电气系统电能转换和传输不可缺少的电器设备。在各种新能源汽车中,主要实现功能如下:

(1)不同电源之间的特性匹配。以燃料电池电动汽车为例,一般采用燃料电池组和动力电池的混合动力系统结构。在能量混合型系统中,采用升压DC/DC转换器;在功率混合系统中,采用双向DC/DC转换器。

(2)驱动直流电机。在小功率(低于5kW)直流电机驱动的转向、制动等辅助系统中,一般直接采用DC/DC电源转换器供电。

(3)给低压蓄电池充电。在电动汽车中,需要高压电源通过DC/DC转换器给蓄电池充电,一般采用隔离型的降压电路形式。

DC/DC 转换器具有效率高、体积小、耐受恶劣工作环境等特点。

图 6-2　DC/DC 替代发电机

2. 典型电动汽车 DC/DC 转换器

1)比亚迪 e6DC/DC 转换器

比亚迪电动汽车 DC/DC 转换器与空调控制器合二为一,布置于前机舱位置,如图 6-3 所示。其功能是负责将动力电池 316.8V 的高压电转换成 12V 电源。DC/DC 转换器在主接触继电器吸合时工作,输出的 12V 电源供给整车用电器工作,包括 EHPS 电机,并且在低压电池亏电时给低压电池充电。此外,DC/DC 转换器具有输入过欠压、输出过欠压、过流保护、过温保护、CAN 通信等功能。

图 6-3　比亚迪 e6 电动汽车 DC/DC 转换器安装位置

2)北汽电动汽车 EV200DC/DC 转换器

北汽电动汽车 EV200 的 DC/DC 转换器安装布置在前机舱动力总成上面的二层支架上面,如图 6-4 所示,DC/DC 转换器安装于前机舱位置,其主要功能是在车辆启动后将动力电池输入的高压电转变成低压 12V 向蓄电池充电,以保证行车时低压用电设备正常工作。

图 6-4　北汽 DC/DC 转换器安装位置

3. DC/DC 转换器基本工作原理

1)组成

如图 6-5 所示,降压式 DC/DC 转换器一般由控制芯片、开关 IGBT、降压变压器、整流二极管、滤波电路和电容器等构成。

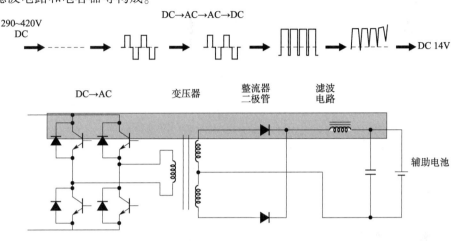

图 6-5　DC/DC 工作原理

2)基本工作原理

如图 6-5 所示,DC/DC 转换器的工作原理就是通过开关 IGBT 的重复通断,把直流电压或电流转换成高频方波电压或电流后,经变压器把高频方波电压传送到输出侧,输出侧电压经过变压器降压后,再经过二极管整流平滑后变为直流电,再经滤波处理后输出。在此过程中,直流电经 IGBT 变为交流电,交流电经变压器降压为交流电,降压后的交流电再经二极管变为低压直流电,低压直流电再经滤波电路斩波后变为稳定的 13.5V 直流电,即电压变化为直流—交流—交流—直流。

(二)电动汽车 DC/DC 转换器控制原理

1. 比亚迪电动汽车 DC/DC 转换器

1)控制原理

如图 6-6 所示,比亚迪 e6 空调和 DC/DC 控制器合二为一,在充电或上电过程中,BMS 通过控制高压配电箱中的负极接触器和 DC/DC 预充接触器闭合进行预充,当预充完成时,DC/DC 就可以工作。在主预充未完成时,DC/DC 不工作,只有当 DC/DC 通过 CAN 接收到正极接触器吸合信号时,方才开始工作。如果 DC/DC 收不到正极接触器吸合信号会延迟 5s 起动工作,在此过程中如果有 316.8V 高压,DC/DC 正常工作,DC/DC 故障警告灯不会报警。

2)DC/DC 转换器端子

比亚迪 e6 空调和 DC 控制器总成外部端子接线如图 6-7 所示,因其与空调控制器合成一体,DC/DC 转换器外部端子有动力电池高压输入端子、PTC 电源高压输出端子、压缩机电源高压输出端子、DC1、DC2 低压输出端子、CAN 通信连接端子及低压搭铁端子。

2. 北汽电动汽车 DC/DC 转换器控制原理

1)控制原理

如图 6-8 所示,北汽电动汽车 DC/DC 转换器工作受整车控制器 VCU 控制,当 DC/DC 接到整车控制器发出的使能信号,在充电或起动车辆时将高压直流电变压为 9～14V 电压后给低压用电设备供电和给低压蓄电池充电。同时,整车控制器对 DC/DC 工作状况进行监控,当 DC/DC 有故障时及时通过组合仪表报警和显示。DC/DC 使能控制和线路连接关系如图 6-9 所示。

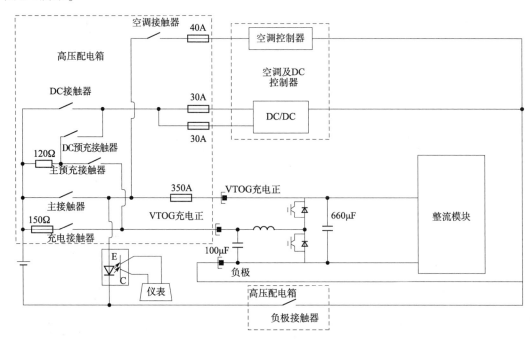

图 6-6　DC/DC 系统框图

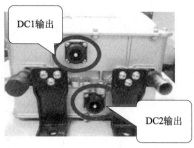

图 6-7　比亚迪电动汽车 DC/DC 输出线束

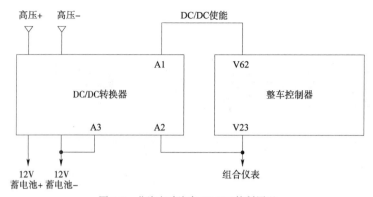

图 6-8 北汽电动汽车 DC/DC 控制原理

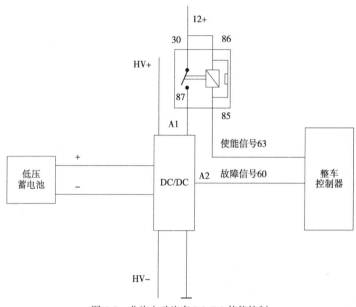

图 6-9 北汽电动汽车 DC/DC 使能控制

2) DC/DC 控制端子

北汽电动汽车 DC/DC 转换器外部端子有高压输入端子、控制端子、低压输出正和负端子,其端子及含义如图 6-10 所示。

3. DC/DC 转换器充电控制

1) 正常充电控制

以比亚迪电动汽车为例,比亚迪电动汽车低压蓄电池多为低压铁电池,如图 6-11 所示。在车辆充电或运行状态时,当低压铁电池电压低时,BMS 控制高压配电箱负极接触器、DC 预充接触器和 DC 接触器工作,通过 DC 转换高压电为低压电,一方面给低压用电部件供电,另一方面为低压铁电池充电。

2) 智能充电控制

当车辆处 OFF 时,若低压电池电压较低,低压 BMS 拉低 6 号针脚,控制双路电,同时通过 CAN 线发送低压充电请求命令,DC/DC 工作输出低压电,为低压铁电池进行智能充电,如图 6-12 所示。

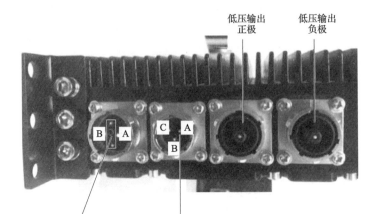

图6-10 北汽电动汽车DC/DC外部端子及含义

图6-11 比亚迪电动汽车低压铁电池

同时,若动力电池电量低于5%时,在停车状态(P挡时),发动机起动,发电机通过DC/DC反向给动力电池充电,直至7%停止。

(三)电动汽车DC/DC转换器检修

1. 北汽电动汽车DC/DC

1)DC/DC工作参数

(1)高压输入范围为DC 290~420V。

(2)低压使能输入范围为DC 9~14V。

2)DC/DC控制器检修

(1)外观检查。在做好高压安全防护准备后,检查并清洁DC/DC转换器外表面,外表面应无异物,散热齿上应无杂物、灰尘等,以保证散热时风道畅通;检查DC/DC转换器外壳,应无变形、碰撞痕迹。

(2)检查DC/DC转换器连接线束。检查DC/DC转换器各连接线束,应无破损、裂纹等,高低压接线端子应连接可靠,无松动。

(3)检查DC/DC转换器紧固螺栓。

检查DC/DC转换器紧固螺栓,应无锈蚀;检查DC/DC转换器紧固螺栓的紧固力矩,应为25±5N·m。

(4)检查DC/DC转换器功能,操作流程如下:

①第一步,保证整车线束正常连接的情况下,上电前使用万用表测量铅酸蓄电池端电压,并记录。

②第二步,整车上ON电,继续读取万用表数值,查看变化情况,如果数值在13.8~14V之间,判断为DC/DC工作。

项目三　电动汽车能量管理系统

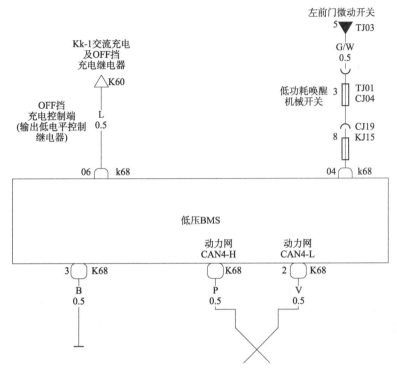

图 6-12　比亚迪电动汽车 DC/DC 转换器智能充电控制

(5) 检测 DC/DC 转换器的绝缘性能。

将绝缘测试仪负表笔(黑表笔)与电缆外壳或车身搭铁点充分有效连接,正表笔(红表笔)分别连接端子 A、端子 B,如图 6-13 所示,按下测试键并读出和记录测量值。绝缘性能正常的情况下,高压输入与车身(外壳)的绝缘电阻应 ≥ 20MΩ。

2. 比亚迪电动汽车 DC/DC

1) DC/DC 工作参数

比亚迪 e6、e6 先行者、e6A 和 e6BDC-DC 转换器总成主要包含两个 12V DC/DC 转换器,其输出、输入参数如下所述。

接 DC/DC 插件
A:电源负极
B:电源正极
1:互锁信号输入
2:互锁信号输出

(1) B11 DC/DC 转换器高压输入 200V ~ 400V,低压输出 13.8V/100A,允许最大输出电流 110A。

图 6-13　北汽电动汽车 DC 输入端子含义

(2) B12 DC/DC 转换器高压输入 200V ~ 400V,低压输出 13.8V/70A,允许最大输出电流 100A。

2) DC/DC 检测

(1) 检查 DC/DC 转换器功能。车辆上电后,动力电池给 DC/DC 驱动器提供 310V 高压,DC/DC 正常情况下应输出 13.8 ± 5% V 的低压。检测判断 DC/DC 好坏应车辆上电后进行,车辆上 OK 电后检查 B11 和 B12 与车身之间电压,若检测电压在 11 ~ 14V 为正常,否则判断为 DC/DC 存在故障,如图 6-14 所示。

· 133 ·

端子	条件	正常值
B11→车身搭铁	给DC/DC加载高压	11~14V
B12→车身搭铁	给DC/DC加载高压	11~14V

图 6-14　DC/DC 检测要求

(2) 检测 DC/DC 转换器的绝缘性能。将绝缘测试仪负表笔(黑表笔)与电缆外壳或车身搭铁点充分有效连接,正表笔(红表笔)分别连接空调与 DC 控制器总成高压输入端子,如图 6-15 所示,按下测试键并读出和记录测量值。绝缘性能正常的情况下,每个高压输入端子与车身(外壳)的绝缘电阻应≥20MΩ。

 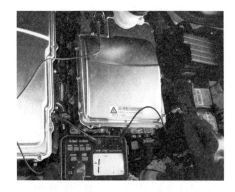

图 6-15　比亚迪电动汽车 DC/DC 高压输入端子

二、任务实施

(一) 准备工作

(1) 防护用品:机舱防护三件套,绝缘鞋、绝缘手套。

(2) 车辆:比亚迪 e6 或其他纯电动汽车。

(3) 台架及总成:纯电动汽车台架。

(4) 检测设备:比亚迪新能源汽车专用诊断仪 VDS1000、VDS2000 或其他诊断仪、万用表、兆欧表。

(5) 拆装工具:常用拆装套装工具。

(二) 技术要求与注意事项

(1) 正确、规范操作使用解码器,对于新型解码器在使用前需认真听课和查阅使用说明书,保证能独立操作使用。

(2) 正确、规范操作使用兆欧表,在使用前需认真听课和查阅使用说明书,保证能独立操作使用,防止被兆欧表的高压电击伤。

(3) 正确、规范操作使用万用表,在使用前需认真听课和查阅使用说明书,保证能独立操作使用,避免用电阻挡检测带电体。

(4)做好实训安全操作准备:如做好车辆举升、安全防护和提示、高压维修开关断开、准备好检测设备和拆装工具等工作。

(5)在整车实训时需先排放电机冷却液,便于进行 DC/DC 更换,同时安装好室内五件套。

(6)结束后恢复实训场地:如解除车辆举升状态,收拾清洁检测和拆装工具设备,清洁清扫场地。

(三)操作步骤

本操作任务主要对电动汽车(以比亚迪 e6 车型为例)DC/DC 转换器功能检测,DC/DC 转换器控制数据流读取、DC/DC 转换器更换操作,从而进一步加强了解 DC/DC 转换器结构特点及控制原理。

1. 读取 DC/DC 转换器故障码和数据流

(1)插好无线诊断接头,如图 6-16 所示。

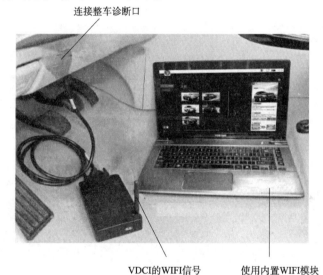

图 6-16　连接诊断设备

(2)上 OK 挡电。

(3)打开 VDS1000 或 VDS2000。

(4)连接好诊断仪和车辆之间的通信。

(5)选择比亚迪 e6 车型。

(6)进入整车模块扫描,如图 6-17 所示。

(7)选择 DC/DC 模块,进入 DC/DC 系统。

(8)选择 DC/DC 系统故障检测功能,运行读取 DC/DC 故障码,如图 6-18 所示。

(9)停止 DC/DC 故障码读取。

(10)读取 BMS 数据流,查看 DC 预充接触器、DC 主接触器、负极接触器工作状态,如图 6-19 和图 6-20 所示。

(11)停止并退出 BMS 数据流读取操作。

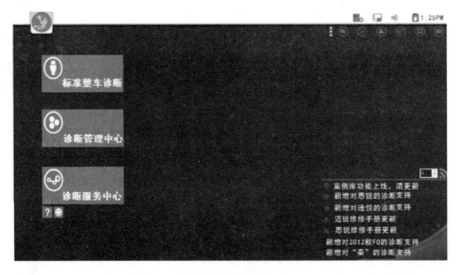

图 6-17　整车扫描

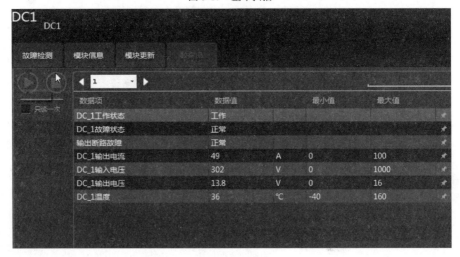

图 6-18　DC 故障码显示

（12）启动开关置于 OFF 挡。

（13）读取 BMS 数据流，查看 DC 预充接触器、DC 主接触器、负极接触器工作状态。

（14）停止并退出 BMS 数据流读取操作。

（15）退出解码器操作并关闭解码器运行。

（16）收拾、整理诊断设备。

2. DC/DC 转换器功能检测

（1）测量 OFF 挡低压蓄电池电压，操作流程如下：

①将起动开关置于 OFF 挡位置。

②拉动机舱打开拉手，弹起机舱盖，如图 6-21 所示。

③按压机舱打开开关，打开并顶好机舱盖，如图 6-22 所示。

④安装机舱作业防护三件套，如图 6-23 所示。

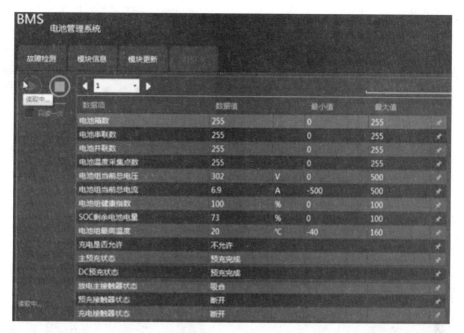

图 6-19 DC 接触器状态据流

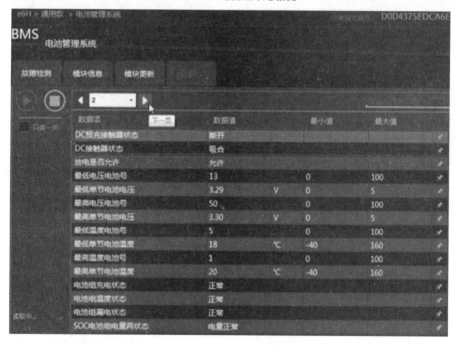

图 6-20 DC 接触器状态数据流

⑤脱开低压蓄电池正负极护盖。

⑥用万用表直流自动挡测量低压蓄电池电压,正常电压为 12V 左右,如图 6-24 所示。

(2)测量 OK 挡低压蓄电池电压,操作流程如下:

①检查挂挡杆,使挡位处于 N 挡位置。

②将起动钥匙置于起动开关附件。

③按下起动开关,根据仪表信息提示,将起动开关置于 OK 挡位置。

④观察 OK 灯,车辆起动时 OK 灯为绿色。

⑤用万用表直流自动挡测量低压蓄电池电压,正常电压为 13.5V 左右,如图 6-25 所示。

⑥将起动开关置于 OFF 挡位置。

(3) 5S 管理,操作流程如下:

①万用表复位,收整万用表。

②恢复电压蓄电池防护盖。

图 6-21　机舱盖拉手位置

图 6-22　打开机舱盖

图 6-23　安装机舱三件套

3. 检查 DC/DC 转换器的绝缘性能

(1) 断开蓄电池负极,如图 6-26 所示。

(2) 断开高压维修开关,操作流程如下:

①打开前排座椅中央通道上的杂物箱盖,取下小盖板。

②拆卸位于通道上的维修开关盖板螺丝及盖板,拔下对外输出电源插头和 USB 插头,并将线束置于中央通道的两侧。

图 6-24　检测 OFF 挡 DC 电压

图 6-25　检测 OK 挡 DC 功能

③检查穿戴好绝缘手套和绝缘胶鞋。

④拉直维修开关手柄,拔下维修开关,将警示牌放置于维修开关座旁边。

⑤将维修开关保存在自己口袋中或置于比较安全的地方。

⑥盖好前排座椅中央通道上的杂物箱盖。

⑦收整高压防护用品和拆装工具。

(3)找到 DC/DC 高压输入端子,如图6-27 所示。

(4)脱开 DC/DC 转换器高压输入端子,操作流程如下:

①顺时针旋松高压输入线束插接器上的锁扣,如图 6-28 所示。

②拔出高压输入插接线束,如图 6-29 所示。

图 6-26　断开蓄电池负极

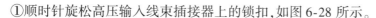

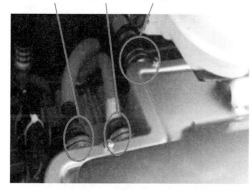

图 6-27　DC 高压输入端子位置

图 6-28　顺时针旋松锁扣

图 6-29　拔出高压输入连接线束

(5)检查 DC/DC 高压输入端子的绝缘性,操作流程如下:

①检查穿戴好高压防护用品。

②按要求插接好兆欧表与检测连线,如图 6-30 所示。

③兆欧表正极表笔插入高压线检测端,兆欧表负极与车身搭铁相连。

④选择兆欧表200MΩ挡,1000V量程。
⑤按旋转方向按下检测按钮,如图6-31所示。

图6-30 插接好兆欧表检测线

图6-31 检测绝缘阻值

⑥读取并记录检测数值。
⑦重复操作检测高压插头其他高压线路。
(6)5S管理,操作流程如下:
①兆欧表复位,收整兆欧表。
②恢复DC/DC转换器高压输入插头位置。

4. 复位操作
(1)维修开关复位,操作流程如下:
①打开前排座椅中央通道上的杂物箱盖。
②检查穿戴好高压防护用品。
③按下图顺序安装闭合高压维修开关,如图6-32所示。

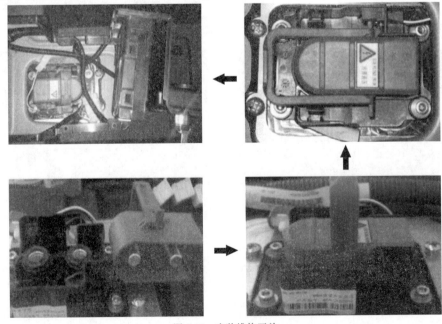

图6-32 安装维修开关

④插好对外输出电源插头和 USB 插头,安装位于通道上的维修开关盖板螺丝及盖板。
⑤安装小盖板,关闭前排座椅中央通道上的杂物箱盖。
⑥收整高压防护用品和拆装工具。
(2) 安装蓄电池负极并加固。
(3) 收整机舱三件套。
(4) 机舱、车门复位。
(5) 收整套装工具。
(6) 清洁、整理场地。

三、技能考核标准

实操技能考核标准如表 6-1 所示。

实操技能考核标准　　　　　　　表 6-1

序号	项目	操作内容	规定分	评分标准	得分
1	DC/DC 转换器故障码和数据流	解码器连接操作	4 分	能正确连接解码器,不能连接通信扣 4 分	
		DC/DC 转换器故障码读取	4 分	能按要求读取故障码,未操作一次扣 4 分	
		OFF 挡 DC/DC 转换器数据流读取	5 分	能按要求读取 BMS 的相关数据流,不正确或漏操作一次扣 2 分	
		OK 挡 DC/DC 转换器数据流读取	5 分	能按要求读取 BMS 的相关数据流,不正确或漏操作一次扣 2 分	
2	DC/DC 转换器功能检测	三件套、五件套使用	4 分	能按要求安装三件套、五件套,漏装一项扣 2 分	
		挡位、安全确认	4 分	能进行起动前的车辆安全确认,漏装一项扣 2 分,未确认挡位扣 4 分	
		起动开关操作及确认	4 分	能确保起动开关置于 OFF 挡或 OK 挡,漏检一项扣 2 分	
		万用表使用	4 分	能正确、规范使用万用表,挡位错一次扣 1 分	
		OFF 位置挡蓄电池电压检测	5 分	能正确操作检测过程,结果错误扣 4 分	
		OK 位置挡蓄电池电压检测	5 分	能正确操作检测过程,结果错误扣 4 分	

续上表

序号	项 目	操作内容	规定分	评 分 标 准	得分
3	DC/DC 转换器的绝缘性能	高压防护用品使用	4 分	能正确、规范使用高压防护用品,未检测扣 2 分,未使用扣 4 分	
		DC/DC 转换器高压输入插头拆卸	5 分	能按照提示拆卸高压输入插头,不能拆卸扣 4 分	
		兆欧表使用	10 分	能按要求使用兆欧表,不会使用扣 4 分	
		高压输入端子绝缘性能检测	20 分	能正确进行高压插头漏电检测,不会检测扣 20 分,漏检一项扣 3 分	
		DC/DC 转换器高压输入插头安装	4 分	能按照提示安装高压输入插头,不能安装扣 4 分	
4	5S 管理	工具收整	4 分	能按要求收拾、清洁工具,未收整扣 3 分,未认真收整扣 2 分	
		量具收整	5 分	能按要求收拾、清洁量具,未收整扣 5 分,未认真收整扣 2 分	
		场地清洁	4 分	能按要求收拾、清洁场地,未收整扣 3 分,未认真收整扣 2 分	
	总分		100 分		

四、学习拓展

DC/DC 转换器更换流程

1. 断开低压蓄电池负极

(1) 用 10 号梅花扳手松开蓄电池负极紧固螺栓,如图 6-33 所示。

 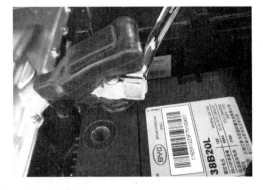

图 6-33　旋松电压蓄电池负极紧固螺母

（2）左右摇动蓄电池负极并拔下蓄电池负极，如图6-34所示。

图6-34 拆卸电压蓄电池负极

2. 断开高压维修开关

（1）打开前排座椅中央通道上的杂物箱盖，取下小盖板。

（2）拆卸位于通道上的维修开关盖板螺丝及盖板，拔下对外输出电源插头和USB插头，并将线束置于中央通道的两侧。

（3）检查穿戴好绝缘手套和绝缘胶鞋。

（4）拉直维修开关手柄，拔下维修开关，将警示牌放置于维修开关座旁边。

（5）将维修开关保存在自己口袋中或置于比较安全的地方。

（6）盖好前排座椅中央通道上的杂物箱盖。

3. 脱开DC/DC转换器外部线束

（1）向右旋松DC/DC转换器高压输入线束并拔出高压输入线束，如图6-35所示。

（2）按下锁紧按钮拔下空调压缩机插头，如图6-36所示。

（3）向右旋松DC/DC转换器PTC线束并拔出高压输入线束，如图6-37所示。

图6-35 拆卸DC高压输入端子

图6-36 拔下空调压缩机插头　　图6-37 拔出PTC插头

(4)按压锁紧扣,脱开 DC/DC 转换器低压控制线束,如图 6-38 所示。

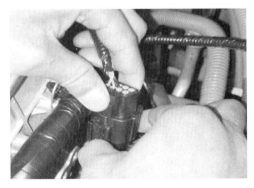

图 6-38 拆卸 DC 低压控制线束

(5)脱开 DC1 和 DC2 插头,如图 6-39 和图 6-40 所示。

图 6-39 拆卸 DC1 插头　　　　　图 6-40 拆卸 DC2 插头

(6)收整高压防护用品和拆装工具。

(7)用 10 号梅花或开口扳手松开 DC/DC 转换器前部低压搭铁螺栓,取下螺栓,取下搭铁线,如图 6-41 所示。

(8)用万向接杆、10 号短套筒和棘轮扳手旋松 DC/DC 转换器后部低压搭铁螺栓,取下螺栓,取下搭铁线,如图 6-42 所示。

图 6-41 拆卸 DC 前部搭铁线　　　　　图 6-42 拆卸后部搭铁线

4. 脱开 DC/DC 转换器水管（电机冷却液已提前排放收集）

(1) 用万用钳松开进水管的水管卡，脱开进水管，如图 6-43 所示。

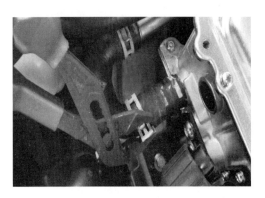

图 6-43　拆卸进水管

(2) 用万用钳松开出水管的水管卡，脱开出水管，如图 6-44 所示。

图 6-44　拆卸出水管

5. 拆卸 DC/DC 转换器紧固螺栓

(1) 用万向接杆、10 号短套筒和棘轮扳手旋松 DC/DC 转换器前部两颗紧固螺栓，取下螺栓，如图 6-45 所示。

(2) 用万向接杆、10 号短套筒和棘轮扳手旋松 DC/DC 转换器后部一颗紧固螺栓，取下螺栓，如图 6-46 所示。

图 6-45　拆卸 DC 外部紧固螺栓　　　　图 6-46　拆卸 DC 后部紧固螺栓

6. 检查确认 DC/DC 转换器连接情况

DC/DC 转换器无连接和紧固部件后，抬下 DC/DC 转换器，如图 6-47 所示。

图 6-47　抬下 DC/DC 转换器

7. 安装 DC/DC 转换器

（1）DC/DC 转换器摆放到安装位置。

（2）戴好 DC/DC 转换器三颗紧固螺栓，并用万向接杆、10 号短套筒和棘轮扳手拧紧。

（3）用万向接杆、10 号短套筒和棘轮扳手安装紧固好 DC/DC 转换器低压搭铁线。

（4）连接 DC/DC 转换器外部的高压输入线束插头、PTC 线束插头、空调压缩机线束插头、低压控制线束插头、DC1 和 DC2 线束插头。

（5）安装 DC/DC 转换器出水管，并用万用钳安装好紧固卡。

（6）安装 DC/DC 转换器进水管，并用万用钳安装好紧固卡。

8. 闭合维修开关

（1）打开前排座椅中央通道上的杂物箱盖。

（2）检查穿戴好高压防护用品。

（3）按要求安装好高压维修开关，确保安装到位。

（4）插好对外输出电源插头和 USB 插头，安装位于通道上的维修开关盖板螺丝及盖板。

（5）安装小盖板，关闭前排座椅中央通道上的杂物箱盖。

（6）收整高压防护用品和拆装工具。

9. 5S 管理

（1）收拾高压防护用品。

（2）收拾拆装工具。

（3）收拾三件套和五件套。

（4）收拾、清洁实训场地。

五、思考与练习

（一）填空题

1. DC/DC 转换器的主要功用是将一定电压的_____转换为另一种电压的_____。

2. 对于纯电动汽车来说，DC/DC 转换器的功用相当于传统汽车的_____。

3. 降压式 DC/DC 转换器一般由控制芯片、_____、T、_____、整流二极管、_____和电容器等构成。

4. 比亚迪电动汽车 DC/DC 转换器外部端子有_____端子，_____端子，_____端子，_____、_____低压输出端子，CAN 通信连接端子及_____端子。

5. 北汽电动汽车 DC/DC 转换器外部端子有_____端子、_____端子、低压输出_____端子。

(二) 选择题

1. 电动汽车 DC/DC 转换器通过(　　)的重复通断，把直流电压变成交流电压的。
   A. IGBT　　　　B. 二极管　　　　C. 主正接触器　　　D. 主副接触器

2. 比亚迪 e6 电动汽车 DC/DC 转换器是否工作由(　　)控制。
   A. 主控 ECU　　　　　　　　B. 电池管理器 BMS
   C. 整车控制器 VCU　　　　　D. 高压配电箱

3. 北汽 EV200 电动汽车 DC/DC 转换器是否工作由(　　)控制。
   A. 主控 ECU　　　　　　　　B. 电池管理器 BMS
   C. 整车控制器 VCU　　　　　D. 高压配电箱

4. 电动汽车在行驶过程中低压用电主要由(　　)提供。
   A. 低压铁电池　　　　　　　B. DC/DC 转换器
   C. 动力电池　　　　　　　　D. 发动机

5. 电动汽车 DC/DC 转换器工作性能检测应在上(　　)状态下进行。
   A. ON 挡　　　　　　　　　 B. OK 或 Ready 挡
   C. ACC 挡　　　　　　　　　D. OFF 挡

(三) 判断题

1. DC/DC 转换器具有效率低、体积大、耐受恶劣工作环境差等特点。(　　)

2. 北汽 EV200 和比亚迪电动汽车的 DC/DC 转换器与空调控制器合二为一，布置于前机舱位置。(　　)

3. DC/DC 转换器的电压变化一般为交流—直流—交流—交流—直流。(　　)

4. 比亚迪电动汽车一般由 BMS 通过控制高压配电箱中的负极接触器和 DC/DC 预充接触器闭合进行预充。(　　)

5. 北汽电动汽车 DC/DC 转换器工作受整车控制器 VCU 控制。(　　)

(四) 简答题

1. 简述开关式 DC/DC 转换器的工作原理。
2. 简述如何检查判断 DC/DC 转换器的功能好坏？
3. 简述比亚迪或北汽电动汽车 DC/DC 转换器绝缘性能的检测过程。
4. 简述比亚迪电动汽车是如何控制 DC/DC 转换器工作的？
5. 简述北汽电动汽车是如何控制 DC/DC 转换器工作的？

任务7　电动汽车能量回收控制及检修

> **学习目标**
>
> ❖ **知识目标**
> 1. 能描述电动汽车能量回收系统的结构原理；
> 2. 能描述电动汽车能量回收系统控制原理；
> 3. 能描述电动汽车能量回收系统主要控制部件的检修。
>
> ❖ **能力目标**
> 1. 能读取电机控制器或整车控制器 VCU 的故障码和数据流；
> 2. 能进行加速踏板位置传感器的检修操作；
> 3. 能进行制动踏板位置传感器的检修操作。
>
> **建议课时**
>
> 8课时。
>
> **任务描述**
>
> 某4S店反映,有一电动汽车客户咨询维修人员,电动汽车在那些情况下会进行能量回收控制？如果你是该车维修人员应如何向客户解释？

一、理论知识准备

(一)电动汽车能量回收系统结构原理

1. 电动汽车能量回收控制目的

1)电动汽车能量回收含义

电动汽车能量回收就是把电动汽车电机无用的、不需要的或有害的惯性转动产生的动能转化为电能,并回馈蓄电池。在能量回收的同时,产生制动力矩,使电动机快速停止无用的惯性转动,这个过程也称为能量再生制动。

2)电动汽车能量回收控制目的

研究表明,在典型市区行驶循环中,电动汽车消耗的制动能量大约占总驱动能量的50%左右。在车辆减速滑行或制动过程中,采用能量回收控制技术,能使电动汽车驱动电机运行在发电状态,能有效地将车辆减速和制动减速后产生的能量转换成电能储存在动力电池中并再次利用,能使电动汽车的行驶距离延长10%～30%。同时,在能量回收过程控制中电机参与了车辆的制动,能有效地减少制动器的磨损。

2. 电动汽车能量回收系统结构原理

1)电动汽车能量回收系统结构

电动汽车能量回收系统主要由电机、电池、主减速器、逆变器、整车控制器及再生制动控制器等组成,其结构如图7-1所示。

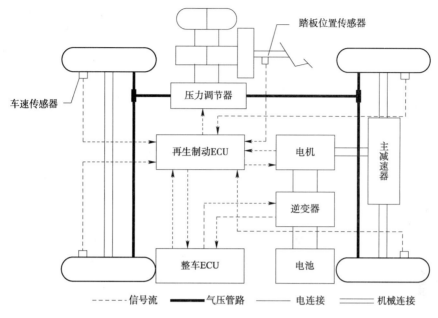

图7-1 电动汽车能量回收系统结构原理

2)电动汽车能量回收系统工作原理

电动汽车能量回收系统工作原理如图7-1所示,在车辆制动时,能量回收系统电子控制单元ECU首先根据制动踏板位移来识别驾驶人的制动需求,确定出整车所需的总制力。然后,能量回收系统电子控制单元ECU再根据电机、电池、轮速传感器的信号,计算出当前电机再生制动力的大小。最后,能量回收系统电子控制单元ECU综合判断当前的制动状态,合理的分配前后轴制动力及驱动轮上的电机制动力和机械制动力,通过压力调节装置将分配好的制动力传递给各个车轮,最终达到能量回收控制和制动停车的目的。

(二)电动汽车能量回收系统控制原理

1. 电动汽车能量回收动力传递路线

电动汽车能量回收动力传递路线与电动汽车上电时的动力传递路线是一个相反的过程,如图7-2所示。减速或制动时的能量回收控制时,回收动力先经驱动车轮传递到动力总成,动力总成的工作由驱动状态转变为发电状态后,动力经驱动电机控制器到高压配电箱后进入动力电池储存。

图7-2 比亚迪电动汽车能量回收动力传递路线

2. 电动汽车能量回收系统控制原理

电动汽车能量回收控制如图7-3所示,在车辆制动或减速过程中,能量回收系统的制动控制ECU通过检测到的制动踏板位移、加速踏板位置感器信号识别出驾驶人的制动或减速

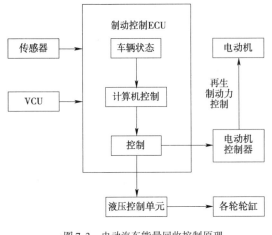

意图及所期望的制动或减速强度。制动控制ECU结合整车控制器VCU传输的车速、蓄电池荷电状态(SOC)等信息,根据当前的电动机状态、动力电池状态和车辆状态计算出最佳的再生制动力和摩擦制动力。制动控制ECU将计算分配得到的摩擦制动力发送给ABS液压控制单元,将计算分配得到的再生制动力发送给电动机控制器MCU。ABS液压控制单元控制分配制动力大小,电动机控制器MCU控制驱动电机从驱动状态转为发电状态,产生驱动电机制动力矩,在ABS制动力和驱动电机制动的共同作用下实现理想的

图7-3 电动汽车能量回收控制原理

制动效果和减速效果。同时,在制动或减速过程中,在制动控制ECU和整车控制器VCU共同控制下,制动或减速回收的能量通过设定的动力传递路线储存到动力电池中,完成能量回收控制过程。

3. 比亚迪电动汽车能量回收系统控制原理

比亚迪电动汽车能量回收控制系统如图7-4所示。当驱动电机控制器收到节气门断开信号和车速下降信号,或收到制动踏板踩下信号和车速下降信号时,驱动电机控制器即判断车辆处于减速或制动工作状态,将进行能量回收控制。当驱动电机控制器确定车辆处于减速或制动状态时,电机驱动控制器控制驱动电机由驱动工作状态转为发电工作状态,同时驱动电机控制器将能量回收控制信号通过汽车网络CAN-H和CAN-L传输给电池管理器BMS。电池管理器BMS接收到可进行能量回收控制的CAN网络信号后,根据电池管理器BMS检测到的动力电池状态参数,电池管理器BMS适时控制高压配电箱内的正极接触器和负极接触器闭合,使驱动电机发电产生的能量及时回收储存在动力电池中,完成能量回收控制过程。在此控制过程中,驱动电机控制器起到整车控制器功能,负责能量回收信号收集和分析,最终向电池管理器BMS发送能量回收控制信号。

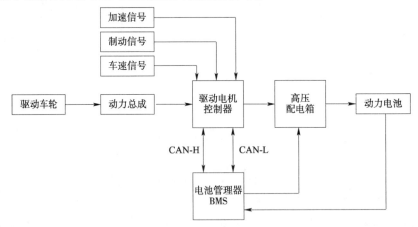

图7-4 比亚迪电动汽车能量回收控制系统结构原理

4. 北汽电动汽车能量回收系统控制原理

北汽电动汽车能量回收控制系统如图7-5所示。当整车控制器VCU收到节气门断开信号和车速下降信号,或收到制动踏板踩下信号和车速下降信号时,整车控制器VCU即判断车辆处于减速或制动工作状态,将进行能量回收控制。当整车控制器VCU确定车辆处于减速或制动状态时,整车控制器VCU即时将车辆运行状态传输给驱动电机控制器,驱动电机控制器收到车辆减速或制动信号后,控制驱动电机由驱动工作状态转为发电工作状态。同时整车控制器VCU控制高压配电箱内部的整车主正接触器和主负接触器闭合,并将能量回收控制信号通过汽车网络CAN-H和CAN-L传输给电池管理器BMS。电池管理器BMS接收到可进行能量回收控制的CAN网络信号后,根据电池管理器BMS检测到的动力电池状态参数,电池管理器BMS控制动力电池内部的正极接触器和负极接触器闭合,使驱动电机在减速或制动状态下发电产生的能量及时回收储存在动力电池中,完成能量回收控制过程。

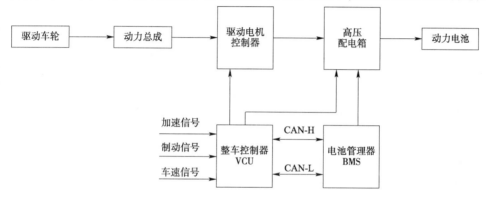

图7-5 北汽电动汽车能量回收控制系统结构原理

5. 电动汽车能量回收控制策略

1)能量回收控制模式

(1)紧急制动或减速。紧急制动或减速时对应于车辆制动加速度大于2m/s的过程。从安全性的角度考虑,紧急制动或减速时以机械制动为主,能量回收制动同时作用。在紧急制动或减速时,根据车辆初始速度的不同,由ABS控制系统提供相应的机械制动力。

(2)中轻度制动或减速。中轻度制动或减速对应于车辆在正常工况下的制动过程,可分为减速过程与停止过程。能量回收制动负责减速过程,停止过程由机械制动完成,两种制动的切换点由电机发电特性确定。

(3)汽车长下坡时的制动或减速。汽车长下坡的制动或减速一般发生在盘山公路下缓坡时。在制动力要求不大时,完全由能量回收制动提供,其充电特点表现为回馈电流较小但充电时间较长,限制因素主要为电池的最大可充电时间。

2)能量回收控制的约束条件

(1)进行能量回收时,能量回收控制系统需根据电池放电深度的不同和电池可接受的最大充电电流进行控制。

(2)进行能量回收时,能量回收控制系统需根据电池可接受的最大充电时间进行控制。

(3)进行能量回收时,能量回收控制系统需根据能量回收停止时电机的转速及与此相对应的充电电流值进行控制。

(三) 电动汽车能量回收系统主要控制部件检修

1. 加速踏板位置传感器检修

1) 加速踏板位置传感器电路

(1) 比亚迪电动汽车加速踏板位置传感器电路。比亚迪电动汽车加速踏板位置传感器电路如图 7-6 所示,该传感器有两套相同的控制电路,采用可变电阻原理检测加速踏板位置信号。

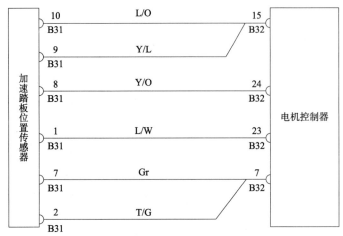

图 7-6　比亚迪电动汽车加速踏板位置传感器电路

(2) 比亚迪 e6B(VTOG)加速踏板位置传感器电路。比亚迪 e6B(VTOG)电动汽车加速踏板位置传感器电路如图 7-7 所示,该传感器有两套相同的控制电路,采用可变电阻原理检测加速踏板位置信号。

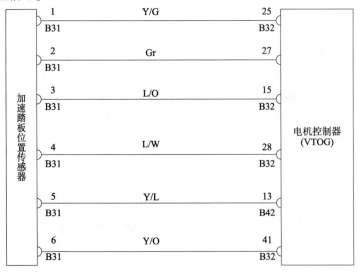

图 7-7　比亚迪 e6B(VTOG)加速踏板位置传感器电路

(3) 北汽电动汽车加速踏板位置传感器电路。北汽电动汽车加速踏板位置传感器电路如图 7-8 所示,与比亚迪电动汽车加速踏板位置传感器类似,该传感器也有两套相同的控制电路,也采用可变电阻原理检测加速踏板位置信号。

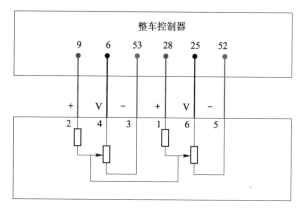

图 7-8　北汽电动汽车加速踏板位置传感器电路

2) 电动汽车加速踏板位置传感器检测

加速踏板位置传感器检测以比亚迪 e6 和 e6B(VTOG)电动汽车车型为例介绍。

(1) 比亚迪 e6 电动汽车加速踏板位置传感器检修

比亚迪 e6 电动汽车加速踏板位置传感器插头及针脚顺序如图 7-9 所示。

加速踏板位置传感器电压检测按图 7-10 和表 7-1 要求和条件进行,若检测结果不符合表中正常要求可判断为传感器故障。

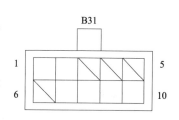

图 7-9　比亚迪 e6 加速踏板位置传感器插头端子

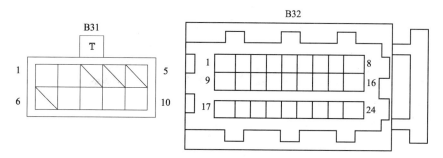

图 7-10　比亚迪 e6 加速踏板位置传感器插头及线束连接端子

加速踏板位置传感器端子电压正常值　　　　表 7-1

端　子	条　件	正　常　值
B31 - 1—车身搭铁	不踩加速踏板	约 0.6V
	加速踏板踩到底	约 2.1V
B31 - 8—车身搭铁	不踩加速踏板	约 2.1V
	加速踏板踩到底	约 0.5V
B31 - 2—车身搭铁	ON 挡电	约 5V
B31 - 7—车身搭铁	ON 挡电	约 5V
B31 - 9—车身搭铁	ON 挡电	<1V
B31 - 10—车身搭铁	ON 挡电	<1V

加速踏板位置传感器线路检测按图 7-10 和表 7-2 要求和条件进行，若检测结果不符合表中正常要求可判断为线路故障。

加速踏板位置传感器端子电阻正常值　　　　表 7-2

端　子	正常值	端　子	正常值
B31-2—B32-7	<1Ω	B31-2—车身搭铁	>10kΩ
B31-7—B32-7	<1Ω	B31-7—车身搭铁	>10kΩ
B31-1—B32-23	<1Ω	B31-1—车身搭铁	>10kΩ
B31-8—B32-24	<1Ω	B31-8—车身搭铁	>10kΩ
B31-9—B32-15	<1Ω	B31-9—车身搭铁	>10kΩ
B31-10—B32-15	<1Ω	B31-10—车身搭铁	>10kΩ

（2）比亚迪 e6B(VTOG)电动汽车加速踏板位置传感器检修

比亚迪 e6B(VTOG)电动汽车加速踏板位置传感器插头及针脚顺序如图 7-11 所示。

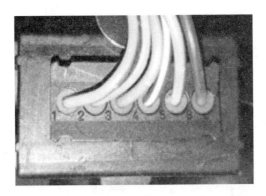

图 7-11　比亚迪 e6B(VTOG)电动汽车加速踏板位置传感器插头

加速踏板位置传感器电压检测按图 7-12 和表 7-3 要求和条件进行，若检测结果不符合表中正常要求可判断为传感器故障。

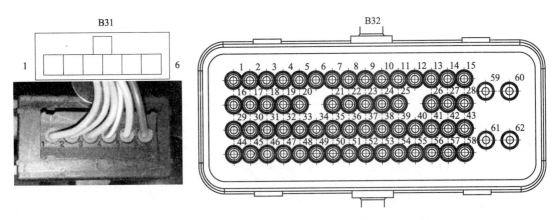

图 7-12　比亚迪 e6B(VTOG)电动汽车加速踏板位置传感器插头及线束端子

比亚迪 e6 B(VTOG)电动汽车加速踏板位置感器器端子电压正常值　　　表 7-3

端　子	条　件	正　常　值
B31-4—车身搭铁	不踩加速踏板	约 0.66V
	加速踏板踩到底	约 4.45V
B31-6—车身搭铁	不踩加速踏板	约 4.34V
	加速踏板踩到底	约 0.55V
B31-2—车身搭铁	ON 挡电	约 5V
B31-1—车身搭铁	ON 挡电	约 5V
B31-5—车身搭铁	ON 挡电	小于 1V
B31-3—车身搭铁	ON 挡电	小于 1V

加速踏板位置传感器线路检测按图 7-12 和表 7-4 要求和条件进行,若检测结果不符合表中正常要求可判断为线路故障。

加速踏板位置感器器端子电阻正常值　　　表 7-4

端　子	正　常　值	端　子	正　常　值
B31-2—B32-29	小于 1Ω	B31-2—车身搭铁	大于 10kΩ
B31-1—B32-27	小于 1Ω	B31-1—车身搭铁	大于 10kΩ
B31-4—B32-30	小于 1Ω	B31-4—车身搭铁	大于 10kΩ
B31-6—B32-43	小于 1Ω	B31-6—车身搭铁	大于 10kΩ
B31-5—B32-13	小于 1Ω	B31-5—车身搭铁	大于 10kΩ
B31-3—B32-15	小于 1Ω	B31-3—车身搭铁	大于 10kΩ

2. 制动踏板位置传感器检修

电动汽车制动踏板位置传感器检修以比亚迪 e6 和 e6B(VTOG)电动汽车车型为例介绍。

1)比亚迪 e6 电动汽车制动踏板位置传感器检修

(1)制动踏板位置传感器电路。比亚迪 e6 电动汽车制动踏板位置传感器电路如图 7-13 所示,该传感器有两套相同的控制电路,采用可变电阻原理检测制动踏板位置信号,其控制原理与加速踏板位置传感器类似。

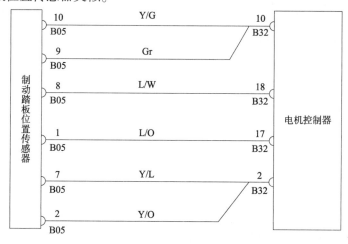

图 7-13　比亚迪 e6 制动踏板位置传感器电路

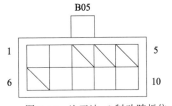

图7-14 比亚迪e6制动踏板位置传感器插头端子

(2)电动汽车制动踏板位置传感器检测。比亚迪e6电动汽车制动踏板位置传感器插头及针脚顺序如图7-14所示。

制动踏板位置传感器电压检测按图7-15和表7-5要求和条件进行,若检测结果不符合表中正常要求可判断为传感器故障。

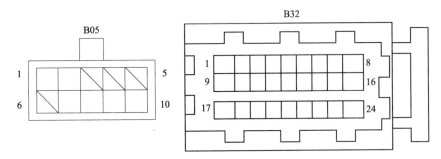

图7-15 比亚迪e6制动踏板位置传感器插头及线束连接端子

制动踏板位置传感器端子电压正常值   表7-5

端子	条件	正常值
B05-1—车身搭铁	不踩制动踏板	约0.6V
B05-1—车身搭铁	制动踏板踩到底	约2.1V
B05-8—车身搭铁	不踩制动踏板	约2.1V
B05-8—车身搭铁	制动踏板踩到底	约0.5V
B05-2—车身搭铁	ON挡电	约5V
B05-7—车身搭铁	ON挡电	约5V
B05-9—车身搭铁	ON挡电	<1V
B05-10—车身搭铁	ON挡电	<1V

制动踏板位置传感器线路检测按图7-15和表7-6要求和条件进行,若检测结果不符合表中正常要求可判断为线路故障。

制动踏板位置传感器端子电阻正常值表   表7-6

端子	正常值	端子	正常值
B05-2—B32-2	<1Ω	B05-2—车身搭铁	>10kΩ
B05-7—B32-2	<1Ω	B05-7—车身搭铁	>10kΩ
B05-1—B32-17	<1Ω	B05-1—车身搭铁	>10kΩ
B05-8—B32-18	<1Ω	B05-8—车身搭铁	>10kΩ
B05-9—B32-10	<1Ω	B05-9—车身搭铁	>10kΩ
B05-10—B32-10	<1Ω	B05-10—车身搭铁	>10kΩ

2)比亚迪e6B(VTOG)电动汽车制动踏板开关信号检修

比亚迪e6B(VTOG)电动汽车制动踏板开关信号插头及针脚顺序如图7-16所示。

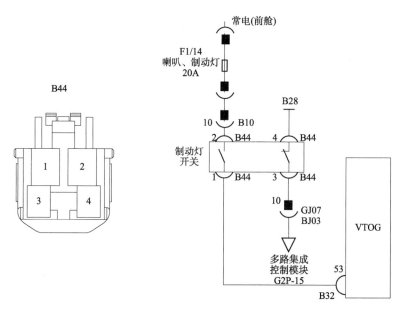

图 7-16 电动汽车制动踏板开关信号插头针脚顺序及电路

制动踏板开关性能检测按图 7-17 和表 7-7 要求和条件进行,若检测结果不符合表中正常要求可判断为开关故障。

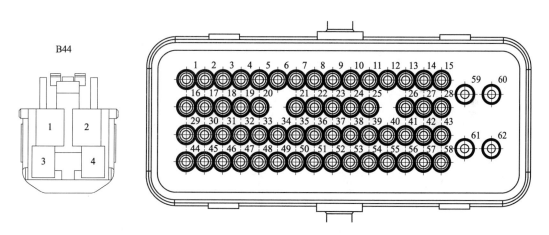

图 7-17 比亚迪 e6B(VTOG)电动汽车制动踏板开关插头和线束连接端子

制动踏板开关插座电阻正常值 表 7-7

端 子	条 件	正 常 值
B44-1—B44-2	不踩制动踏板	大于 10kΩ
B44-1—B44-2	踩下制动踏板	小于 1Ω
B44-3—B44-4	不踩制动踏板	小于 1Ω
B44-3—B44-4	踩下制动踏板	小于 1Ω

制动踏板开关信号线路检测按图 7-17 和表 7-8 要求和条件进行,若检测结果不符合表中正常要求可判断为线路故障。

制动踏板开关线束端电压和电阻正常值　　　　　　表7-8

端　子	颜　色	条　件	正　常　值
B44-2—车身地	R	始终	11~14V
B44-1—B32-53	L/R	始终	<1Ω
B44-4—车身地	B	始终	<1Ω
B44-3—G2P-15	Y/G	始终	<1Ω

3. 车速传感器检修

电动汽车车速信号一般由轮速传感器检测,因此,车速传感器检修可参考轮速传感器检修。轮速传感器一般采用电磁感应原理检测轮速信号,轮速信号传输给 ABS 控制单元,ABS 控制单元将其转换为车速信号,并通过将该信号传输到驱动电机控制器和其他需要此信号的控制单元。

轮速传感器电路如图 7-18 所示,轮速传感器的好坏主要通过检测传感器正负极之间的电阻值来确定,该传感器正常阻值因车而异,一般为 480~1000Ω,各轮速传感器线圈阻值检测针脚为 1 脚和 2 脚。

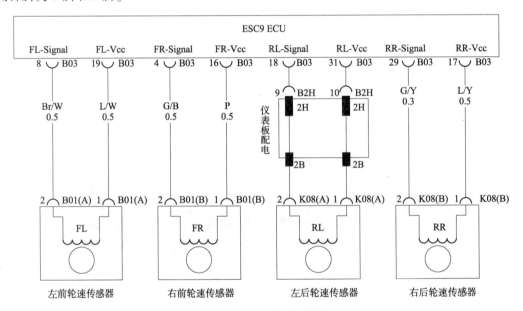

图 7-18　比亚迪 e6 轮速传感器电路

二、任务实施

(一) 准备工作

(1) 防护用品:机舱防护三件套,车辆室内五件套。

(2) 车辆:比亚迪 e6 或其他纯电动汽车。

(3) 台架及总成:纯电动汽车实验台架总成。

(4) 检测设备:比亚迪新能源汽车专用诊断仪 VDS1000、VDS2000 或其他诊断仪、万用表。

(5)拆装工具:小一字螺钉旋具、工作照明灯。

(二)技术要求与注意事项

(1)正确、规范操作使用解码器,防止损坏。

(2)正确、规范操作使用万用表,避免用电阻挡检测带电体。

(3)做好实训安全操作准备,如做好车辆举升、安全防护和提示、准备好检测设备和拆装工具等工作。

(4)实训前先拆除加速踏板位置传感器外围部件。

(5)结束后恢复实训场地,如解除车辆举升状态,收拾清洁检测和拆装工具设备,清洁清扫场地。

(三)操作步骤

本操作任务主要对电动汽车(以比亚迪 e6B 车型为例)能量回收控制系统故障码和数据流读取、加速踏板位置传感器和制动踏板位置传感器进行检查操作,从而进一步加强了解电动汽车能量回收系统的控制原理及主要部件检修方法。

1.读取驱动电机控制器故障码和数据流

(1)安装车辆室内五件套。

(2)插好无线诊断接头,如图 7-19 所示。

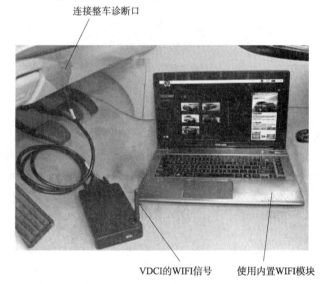

图 7-19　连接诊断设备

(3)上 OK 挡电。

(4)打开 VDS1000 或 VDS2000。

(5)连接好诊断仪和车辆之间的通信。

(6)选择比亚迪 e6 车型。

(7)进入整车模块扫描,如图 7-20 所示。

(8)选择 VTOG 控制模块,进入 VTOG 控制系统。

(9)选择 VTOG 控制器模块故障检测功能,运行读取 VTOG 控制器模块故障码。

(10)清除 VTOG 控制器模块故障码,并再次读取 VTOG 控制器模块故障码。

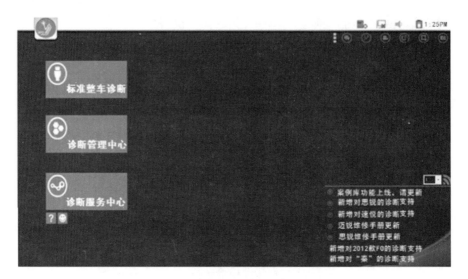

图 7-20 整车扫描

（11）停止运行 VTOG 控制器模块故障检测功能。

（12）选择 VTOG 控制器模块数据流功能，运行读取 VTOG 控制器模块制动踏板和加速踏板位置传感器数据流，如图 7-21 所示。

图 7-21 比亚迪 e6 VTOG 控制器模块数据流（一）

（13）点击下一页读取其他数据流，如图 7-22 所示。

（14）点击下一页读取其他数据流，如图 7-23 所示。

（15）停止运行 VTOG 控制器模块数据流读取功能，退出返回功能模块选择界面。

（16）退出解码器操作并关闭解码器运行。

(17)收拾、整理诊断设备。

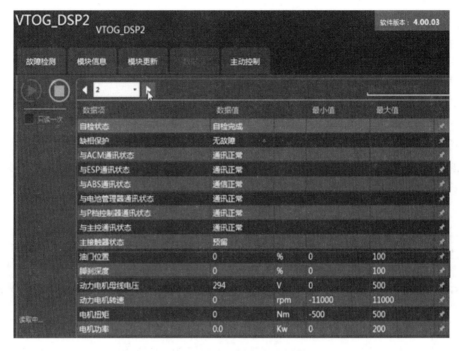

图7-22 比亚迪e6VTOG控制器模块数据流(二)

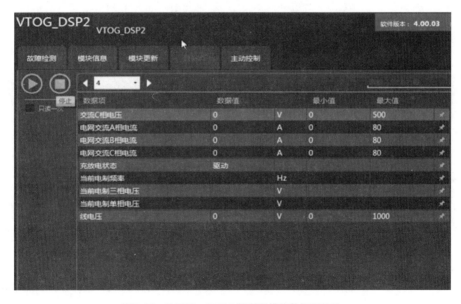

图7-23 比亚迪e6VTOG控制器模块数据流(三)

2.加速踏板位置传感器检测

(1)识别加速踏板位置传感器电路,如图7-6所示。

(2)使用工作照明灯在加速踏板处找到加速踏板位置传感器。

(3)识别加速踏板位置传感器插头针脚顺序,如图7-10所示。

(4)用大头针插入加速踏板位置传感器各针脚背部。

(5)起动挡置于ON挡或OK挡。

(6)用万用表电压自动挡检测加速踏板位置传感器1脚和搭铁之间电压,操作流程如下:

①不踩加速踏板标准电压约为0.6V,如图7-24所示。

②加速踏板踩到底时标准电压约为2.1V,如图7-25所示。

图7-24 电压正常值(一)　　　　　　图7-25 电压正常值(二)

(7)用万用表电压自动挡检测加速踏板位置传感器8脚和搭铁之间电压,操作流程如下:

①不踩加速踏板标准电压约为2.1V,如图7-26所示。

②加速踏板踩到底时标准电压约为0.6V,如图7-27所示。

图7-26 电压正常值(三)　　　　　　图7-27 电压正常值(四)

(8)用万用表电压自动挡检测加速踏板位置传感器2脚和搭铁之间电压。标准电压约为5V,如图7-28所示。

(9)用万用表电压自动挡检测加速踏板位置传感器7脚和搭铁之间电压。标准电压约为5V,如图7-29所示。

(10)用万用表电压自动挡检测加速踏板位置传感器9脚和搭铁之间电压。标准电压约小于1V。

(11)用万用表电压自动挡检测加速踏板位置传感器10脚和搭铁之间电压。标准电压约小于1V。

图7-28 电压正常值(五)

图7-29 电压正常值(六)

(12)万用表电阻挡正负极分别接B31-2号端子、B32-7号端子。测得数据小于1Ω。

(13)万用表电阻挡正负极分别接B31-7号端子、B32-7号端子。测得数据小于1Ω。

(14)其余端子均按上面方法测量。

(15)5S管理;整理场地,收工具。

3.制动踏板位置传感器检测

(1)识别制动踏板位置传感器电路,如图7-13所示。

(2)使用工作照明灯在制动踏板处找到制动踏板位置传感器,如图7-14所示。

(3)识别制动踏板位置传感器插头针脚顺序和含义,如图7-14所示。

(4)用大头针插入制动踏板位置传感器各针脚背部。

(5)起动挡置于ON挡或OK挡。

(6)用万用表电压自动挡检测制动踏板位置传感器1脚和搭铁之间电压,操作流程如下:

①不踩制动踏板标准电压约为0.6V,如图7-30所示。

②制动踏板踩到底时标准电压约为2.1V,如图7-31所示。

图7-30 电压正常值(一)

图7-31 电压正常值(二)

(7)用万用表电压自动挡检测制动踏板位置传感器8脚和搭铁之间电压,操作流程如下：

①不踩制动踏板标准电压约为 2.1V，如图 7-32 所示。

②制动踏板踩到底时标准电压约为 0.6V，如图 7-33 所示。

图 7-32　电压正常值(三)　　　　　　　图 7-33　电压正常值(四)

（8）用万用表电压自动挡检测制动踏板位置传感器 2 脚和搭铁之间电压。标准电压约为 5V，如图 7-34 所示。

（9）用万用表电压自动挡检测制动踏板位置传感器 7 脚和搭铁之间电压。标准电压约为 5V，如图 7-35 所示。

图 7-34　电压正常值(五)　　　　　　　图 7-35　电压正常值(六)

（10）用万用表电压自动挡检测制动踏板位置传感器 9 脚和搭铁之间电压。标准电压约小于 1V。

（11）用万用表电压自动挡检测制动踏板位置传感器 10 脚和搭铁之间电压。标准电压约小于 1V。

（12）万用表欧姆挡正负极分别接 B05-2 号端子、B32-2 号端子。测得数据小于 1Ω。

（13）万用表欧姆挡正负极分别接 B05-7 号端子、B32-2 号端子。测得数据小于 1Ω。

（14）其余端子均按上面方法测量。

（15）5S 管理：整理场地，收拾工具。

三、技能考核标准

电动汽车能量回收控制系统实操评价标准如表 7-9 所示。

电动汽车能量回收控制系统实操评价标准 表7-9

序号	项 目	操作内容	规定分	评 分 标 准	得分
1	读取 VTOG 控制器模块故障码和数据流	安装车辆室内五件套	3分	能正确按要求安装五件套,漏装一项扣2分	
		插好无线诊断接头	3分	正确操作,不按要求操作一次扣1分	
		上 OK 挡电	2分	正确操作,不按要求操作一次扣2分	
		打开 VDS	3分	正确操作,不按要求操作一次扣3分	
		连接好诊断仪和车辆之间的通信	3分	正确连接,不按要求操作一次扣3分	
		选择车型	3分	不按要求操作一次扣3分	
		进入整车模块扫描	2分	不按要求操作一次扣2分	
		选择 VTOG 控制模块,进入 VTOG 控制系统	3分	正确选择模块不按要求操作一次扣3分	
		故障检测读取模块故障码	8分	能按要求读出故障码不按要求操作一次扣4分	
		读取 VTOG 控制器模块制动踏板和加速踏板位置传感器数据流	8分	能按要求读出数据流不按要求操作一次扣4分	
2	加速踏板位置传感器检测	电源挡位打到 ON 挡	3分	未正确操作不得分	
		插接器后端引线	7分	能按要求正确连接,不按要求一次扣1分	
		测量电压及电阻	10分	能按要求正确测量,不正确扣10分	
		数据正确	10分	能按要求测出数据,不正确扣10分	

续上表

序号	项目	操作内容	规定分	评分标准	得分
3	制动踏板位置传感器检测	电源挡位打到ON挡	3分	未正确操作不得分	
		插接器后端引线	7分	能按要求正确连接,不按要求一次扣1分	
		测量电压及电阻	10分	能按要求正确测量,不正确扣10分	
		数据正确	10分	能按要求测出数据,不正确扣10分	
4	5S	整理工具、清洁场地	2分	能按要求收拾、清洁工具,未收整扣2分,未认真收整扣1分	
	总分		100分		

四、思考与练习

(一) 填空题

1. 电动汽车能量回收就是把电动汽车电机_____、_____或_____惯性转动产生的动能转化为_____,并回馈_____。

2. 在能量回收的同时,产生_____,使电动机快速停止无用的惯性转动,这个过程也成为能量_____。

3. 在车辆_____或_____中,采用能量回收控制技术,能使电动汽车驱动电机运行在发电状态。

4. 电动汽车能量回收系统主要由_____、_____、_____及_____等组成。

5. _____或_____时的能量回收控制时,回收动力先经_____传递到_____,动力总成的工作由_____状态转变为_____状态后,动力经驱动电机控制器到_____后进入动力电池储存。

6. 在车辆_____或_____过程中,能量回收系统的制动控制ECU通过检测到的_____、_____信号识别出驾驶人的制动或减速意图及所期望的制动或减速强度。

7. 当驱动电机控制器收到_____信号和_____信号,或收到制动踏板踩下信号和车速下降信号,驱动电机控制器即判断车辆处于_____或_____工作状态,将进行_____。

8. _____制动或减速对应于车辆在正常工况下的制动过程,可分为减速过程与_____过程。

(二) 选择题

1. 电动汽车能量回收控制的目的是(   )。
  A. 回收制动能量   B. 延长电池使用寿命
  C. 缩短制动距离   D. 无实际意义

2. 不属于比亚迪 e6 电动汽车能量回收控制系统的部件是( )。
   A. 电池管理器　　　B. 电机控制器　　　C. 整车控制器　　　D. 驱动电机
3. 电动汽车能量回收动力传递路线与上电时的动力传递路线关系是( )。
   A. 路线相同　　　　B. 路线相反　　　　C. 路线无关　　　　D. 都不对
4. 哪种模式以能量回收控制为主提供制动力( )。
   A. 紧急制动或减速　　　　　　　　　B. 中轻度制动或减速
   C. 汽车长下坡时的制动或减速　　　　D. 不确定
5. 电动汽车制动踏板位置传感器设置两套相同控制电路的目的是( )。
   A. 产生不同控制信号　　　　　　　　B. 产生不同制动信号
   C. 安全需要　　　　　　　　　　　　D. 故障判断需要

(三) 判断题

1. 在能量回收的同时,产生制动力矩,使电动机快速停止无用的惯性转动,这个过程也称为能量再生制动。( )
2. 电动汽车消耗的制动能量大约占总驱动能量的 40% 左右。( )
3. 在车辆制动时,能量回收系统电子控制单元 ECU 不用根据制动踏板位移来识别驾驶人的制动需求,确定出整车所需的总制力。( )
4. 能量回收系统电子控制单元 ECU 根据电机的信号,计算出当前电机再生制动力的大小。( )
5. 电动汽车能量回收动力传递路线与电动汽车上电时的动力传递路线是一个相反的过程。( )
6. 减速或制动时的能量回收控制时,回收动力先经驱动车轮传递到动力总成,动力总成的工作由驱动状态转变为发电状态后,动力经驱动电机控制器到高压配电箱后进入动力电池储存。( )
7. 制动控制 ECU 结合整车控制器 VCU 传输的车速、蓄电池荷电状态(SOC)等信息,根据当前的电动机状态、动力电池状态和车辆状态计算出最佳的再生制动力和摩擦制动力。( )
8. 当驱动电机控制器确定车辆处于减速或制动状态时,电机驱动控制器控制驱动电机由驱动工作状态转为发电工作状态,同时驱动电机控制器将能量回收控制信号通过汽车网络 CAN-H 和 CAN-L 传输给电池管理器 BMS。( )
9. 紧急制动或减速时以机械制动为主,能量回收制动同时作用。( )

(四) 简答题

1. 电动汽车能量回收含义?
2. 电动汽车能量回收控制目的?
3. 能量回收系统结构?
4. 能量回收系统工作原理?
5. 电动汽车能量回收动力传递路线?

项目四
电动汽车辅助控制系统

本项目主要介绍电动汽车辅助控制系统功能及各控制系统的结构原理和检修方法,包含五个任务:

任务 8　电动汽车辅助控制系统认知

任务 9　电动汽车转向系统控制及检修

任务 10　电动汽车制动系统控制及检修

任务 11　电动汽车空调系统控制及检修

任务 12　电动汽车冷却系统控制及检修

通过任务 8、任务 9、任务 10、任务 11 和任务 12 的学习,你将了解电动汽车辅助控制系统的控制功能,了解电动汽车转向系统的控制原理及其主要控制部件的检修方法,了解电动汽车制动系统的控制原理及其主要控制部件的检修方法,了解电动汽车空调系统的控制原理及其主要控制部件的检修方法,了解电动汽车冷却系统的控制原理及其主要控制部件的检修方法。

任务8　电动汽车辅助控制系统认知

学习目标

❖ **知识目标**

1. 能描述电动汽车转向控制系统功能、组成及主要控制部件安装布置；
2. 能描述电动汽车制动系统功能、组成及主要控制部件安装布置；
3. 能描述电动汽车空调控制系统功能、组成及主要控制部件安装布置；
4. 能描述电动汽车冷却控制系统功能、组成及主要控制部件安装布置。

❖ **能力目标**

1. 能识别电动汽车各辅助控制系统主要控制部件的安装布置；
2. 能使用诊断仪读取转向系统、制动系统、空调系统和冷却系统主要控制部件数据流。

建议课时

8课时。

任务描述

某4S店反映,一进厂维修的客户咨询维修师傅,电动汽车除空调系统外,还有哪些系统属于辅助控制系统,如果你是该车维修人员,应如何回答？

一、理论知识准备

电动汽车辅助控制系统与传统汽车辅助控制系统一样,其功能主要是增强增加汽车驾驶的舒适性和安全性,但是在转向、制动、空调和冷却四种辅助系统的结构和控制方面,二者又有明显的区别。本任务主要从控制的角度介绍以上四种辅助系统的功能、原理及结构特点。

(一)电动汽车转向控制系统

1. 电动汽车转向系统功能

电动汽车转向系统的功能是按照驾驶人的意愿改变汽车的行驶方向和保持汽车稳定的直线行驶。目前电动汽车常用的转向系统为电动机助力转向系统和电动液压助力转向系统,如图8-1和图8-2所示。

2. 电动汽车转向系统控制组成

如图8-3所示,比亚迪电机助力转向系统主要由转矩及转角传感器、车速信号、起动钥匙信号、驱动电流信号、电子控制单元和EPS助力电机等组成。

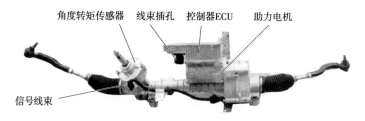

图 8-1 电动机助力转向器

比亚迪电动液压助力转向系统主要由转向盘、转向管柱及万向节总成、转角传感器、防尘罩、液压助力转向器、转向管路、转向油罐、电动助力转向油泵及支架组成。相对于传统的液压系统，其转向助力泵是由电子控制单元(ECU)控制、电机带动工作的，如图 8-2 所示。

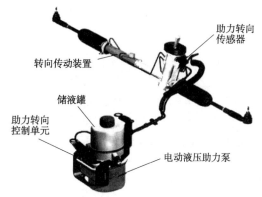

图 8-2 电动液压式助力转向系统结构图

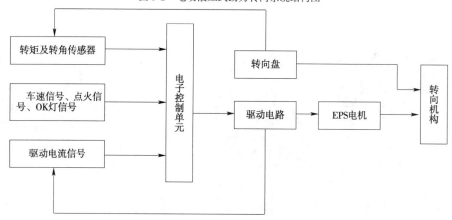

图 8-3 比亚迪电动汽车助力转向系统结构框图

北汽电动汽车电机助力转向控制系统组成如图 8-4 所示，其组成与比亚迪电动汽车电机助力转向系统基本相同，主要区别在于车速信号的输入方式不同。比亚迪电动汽车车速信号直接传输到转向系统电子控制单元，而北汽电动汽车的车速信号先传输到整车控制器，整车控制器接收到车速信号后通过汽车网络再传输到转向系统电子控制单元。

3. 电动汽车转向系统主要控制部件安装布置

1) 电动液压助力泵

电动液压助力泵主要用于电动汽车的电动液压转向助力系统，其主要功用是在低速转向时为转向系统提供转向助力油压。电动液压助力泵安装位置因车而异,比亚迪电动汽车电动液压助力泵安装在 DC/DC 下部,如图 8-5 所示。

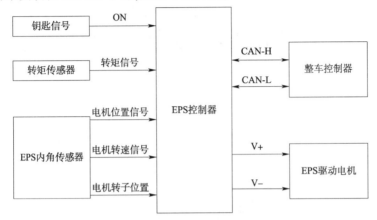

图 8-4　北汽电动汽车转向控制系统结构框图

2）转向助力电机

转向助力电机主要用于电动汽车的转向助力系统,其主要功用是在低速转向时为转向系统提供转向助力。电机安装位置因车而异,安装位置一般在转向齿条、转向小齿轮、转向柱等处,比亚迪电动汽车转向助力电机安装在转向器齿条上,如图 8-1 所示。

3）转矩及转角传感器

转矩及转角传感器的功用是探测驾驶人在转向操作时转向盘产生的转矩或转角的大小和方向,为转向控制单元计算助力电机的控制电流和转向提供依据,或为电动液压助力泵的转速控制提供依据。转矩及转角传感器一般安装在转向柱上,如图 8-6 所示。

图 8-5　电动液压助力泵安装位置

图 8-6　转矩及转角传感器安装位置

（二）电动汽车制动控制系统

1. 电动汽车制动系统功能

电动汽车制动系统的功用是使行驶中的汽车能够随时按照驾驶人的意愿减速甚至停车,使汽车下坡行驶的速度保持稳定;以及使汽车驻停时保持不动。与传统汽车制动系统相比,电动汽车制动控制系统真空源的产生方式与控制过程有所不同,传统汽车制动系统真空源由发动机进气管路产生,电动汽车制动系统真空源由电子真空泵产生,如图 8-7 所示。

项目四 电动汽车辅助控制系统

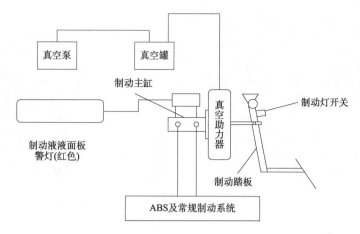

图8-7 电动汽车制动系统组成

2. 电动汽车制动控制系统组成

电动汽车制动控制系统组成除传统汽车制动控制系统外,主要由真空泵、真空罐、真空压力传感器和控制 ECU 等组成,如图8-8 所示。比亚迪电动汽车制动控制系统组成如图8-9所示,北汽电动汽车控制系统组成如图8-10 所示。

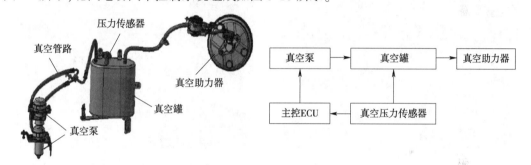

图8-8 真空助力控制系统组成

图8-9 比亚迪电动汽车制动控制系统组成　　图8-10 北汽电动汽车制动控制系统组成

3. 电动汽车制动系统主要控制部件安装布置

1) 电子真空泵

电子真空泵的作用是产生和维持制动系统的真空动力源,其安装位置因车而异。比亚迪电动汽车真空泵安装在机舱左侧驱动电机控制器旁,其安装位置如图8-11 所示,真空泵外观如图8-12 所示。

2) 真空罐

真空罐的作用主要是存储真空度,在电子真空泵不工作的情况下保障制动系统有3~5次真空助力功能。真空罐的安装位置因车而异,一般安装在机舱后部。比亚迪电动汽车真空罐安装在驱动电机控制器后部,如图8-13 所示。

图 8-11　比亚迪电动汽车电子真空泵安装位置

图 8-12　比亚迪电动汽车电子真空泵外观

3) 真空压力传感器

真空压力传感器主要用于检测真空罐的真空压力大小,并把检测信号传输给控制 ECU。真空压力传感器一般安装在真空罐上,比亚迪电动汽车的真空压力传感器安装位置如图 8-14 所示。

图 8-13　比亚迪电动汽车真空罐安装位置

图 8-14　真空压力传感器安装位置

(三) 电动汽车空调控制系统

1. 电动汽车空调系统功能

电动汽车空调系统是对汽车室内进行制冷、加热、换气和净化空气的装置,该装置可调节车室内空气的温度、湿度、流速、流向和空气的清洁度,能为驾驶人和乘员创造一个比较清新舒适的乘车环境,降低驾驶人的疲劳强度,同时也能保障乘员的健康。此外,该装置还能预防或除去车窗玻璃上的雾、霜和冰雪,减少汽车驾驶干扰,提高行车安全。

2. 电动汽车空调控制系统组成

电动汽车空调系统主要由制冷系统、暖风系统、送风系统三部分组成。其空调制冷控制系统与传统汽车空调控制系统的制冷原理及结构上基本相同,不同之处在于压缩机的驱动方式不同,电动汽车的空调压缩机采用电机驱动,有别于内燃机由曲轴皮带驱动的方式。此外,电动汽车取暖则采用 PTC 加热器控制供暖的方式进行取暖,其采暖控制系统与传统汽车的发动机冷却水余热采暖也有所不同。空调控制系统由各种传感器、AC 控制 ECU 及各种执行器组成,如图 8-15 所示。比亚迪电动汽车空调控制系统组成如图 8-16 所示,北汽电动汽车空调控制系统组成如图 8-17 所示。

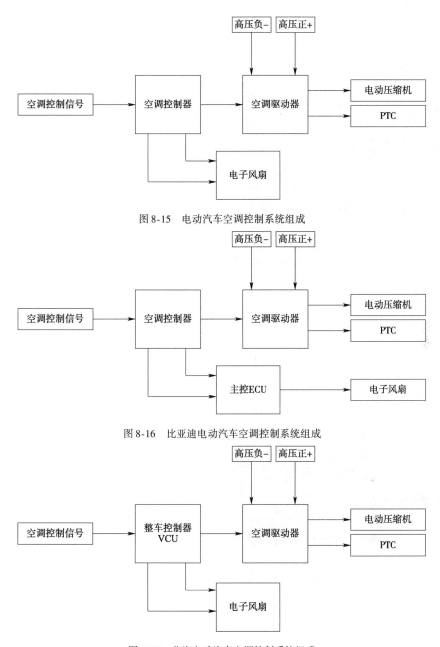

图 8-15 电动汽车空调控制系统组成

图 8-16 比亚迪电动汽车空调控制系统组成

图 8-17 北汽电动汽车空调控制系统组成

3. 电动汽车空调系统主要控制部件安装布置

1）电动压缩机

电动压缩机是制冷系统的心脏,它从进气管吸入低温低压的制冷剂气体,通过电机运转带动活塞对其进行压缩后,向排气管排出高温高压的制冷剂气体,为制冷循环提供动力,从而实现压缩→冷凝→膨胀→蒸发(吸热)的制冷循环。电动汽车电动压缩机安装布置因车而异,一般安装在机舱的空调散热器管路前端。比亚迪电动汽车电动压缩机安装在驱动电机控制器下方,如图 8-18 所示。

2）采暖 PTC

PTC 主要用于加热空气或冷却液进行采暖需求，PTC 空气加热器一般安装在采暖进气道上，如图 8-19 所示；PTC 水加热器安装位置因车而异，比亚迪电动汽车 PTC 水加热器安装在机舱左后侧，如图 8-20 所示。

图 8-18　电动压缩机安装位置　　　　　图 8-19　PTC 空气加热器安装位置

（四）电动汽车冷却控制系统

1. 电动汽车冷却系统功能

电动汽车冷却系统主要对驱动电机、动力电池、电机控制器、DC/DC 控制器及车载充电器等多个电器单元进行冷却，如图 8-21 所示。

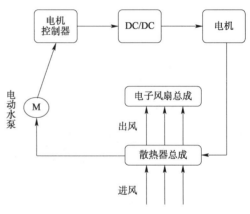

图 8-20　PTC 水加热器安装位置　　　　　图 8-21　电动汽车冷却系统功能

2. 电动汽车冷却控制系统组成

电动汽车冷却控制系统由冷却液温度传感器、电子水泵、电子风扇总成及电子水泵与电子风扇的控制 ECU 组成，如图 8-22 所示。比亚迪电动汽车冷却控制系统组成如图 8-23 所示，北汽电动汽车冷却控制系统如图 8-24 所示。

3. 电动汽车冷却系统主要控制部件安装布置

1）电子水泵

电子水泵的作用是使冷却系统的冷却液加压后循环流动，通过冷却液的循环流动带走热源体产生的多余热量。电子水泵一般安装在冷却系统的管路中，安装位置因车而异。比亚迪电动汽车的电子水泵安装在驱动电机右下前方，如图 8-25 所示。

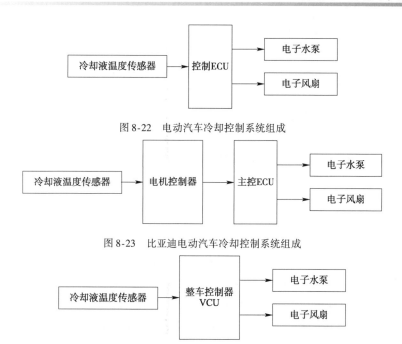

图 8-22　电动汽车冷却控制系统组成

图 8-23　比亚迪电动汽车冷却控制系统组成

图 8-24　北汽电动汽车冷却控制系统组成

2）冷却液温度传感器

电动汽车冷却液温度传感器的作用是检查冷却系统中冷却液的温度高低,转为电子信号输送给相关电脑,电子风扇控制器通过冷却液温度信号控制电子风扇的运转及高低转速。电动汽车冷却液温度传感器一般安装在电机冷却水道中,安装位置因车而异。

3）电子风扇

电动汽车电子风扇的作用是强制降低散热器中的冷却液温度,使冷却系统中的冷却液温度保持在可控范围内。电动汽车电子风扇的安装位置与传统汽车一样,一般安装在汽车机舱最前部,如图 8-26 所示。

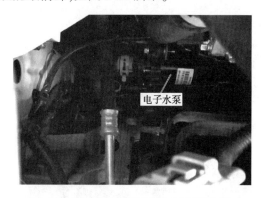

图 8-25　比亚迪电动汽车电子水泵安装位置

图 8-26　电子风扇安装位置

二、任务实施

（一）准备工作

(1) 防护用品：机舱防护三件套,车辆室内五件套。

(2)车辆:比亚迪 e6 或其他纯电动汽车。
(3)台架及总成:纯电动汽车实验台架总成。
(4)检测设备:比亚迪新能源汽车专用诊断仪 VDS1000、VDS2000 或其他诊断仪、工作照明灯。
(5)拆装工具:无。

(二)技术要求与注意事项

(1)正确、规范操作使用解码器,防止损坏。
(2)正确、规范操作使用万用表,避免用电阻挡检测带电体。
(3)做好实训安全操作准备,如做好车辆举升、安全防护和提示、准备好检测设备和拆装工具等工作。
(4)结束后恢复实训场地,如解除车辆举升状态,收拾清洁检测和拆装工具设备,清洁清扫场地。

(三)操作步骤

本操作任务主要对电动汽车(以比亚迪 e6B 车型为例)辅助控制系统进行故障码和数据流读取、了解各辅助控制系统组成,同时对电动汽车各辅助控制系统的主要控制部件进行查找识别,从而进一步加强了解电动汽车各辅助控制系统的组成及安装布置特点。

1. 识别电动汽车转向控制系统主要控制部件

1)识别电动液压助力泵

(1)打开车门,安装车内五件套。
(2)将车辆移到举升车位。
(3)将起动开关置于 OFF 挡位置。
(4)拉动机舱打开拉手,弹起机舱盖。
(5)检查、安装举升机支撑臂。
(6)举升支撑臂至车辆支撑位置。
(7)检查、调整举升机支撑臂位置。
(8)举升车辆至车轮离开地面。
(9)按压机舱打开开关,打开并顶好机舱盖。
(10)安装机舱作业防护三件套,如图 8-27 所示。
(11)举升车辆至适合高度位置,按下锁止保险,锁止举升机。
(12)使用工作照明灯,在机舱左下侧找到转向电动液压助力泵,如图 8-28 所示。

图 8-27 安装机舱三件套

图 8-28 电动液压助力泵安装位置

(13) 观察电动液压助力泵安装特点及线束特点。
(14) 收整工作照明灯。
(15) 向上举升车辆，解锁举升机。
(16) 降下车辆至车轮刚与地面接触位置。

2) 识别转矩和转角传感器
(1) 打开车门，找到转向柱。
(2) 使用工作照明灯，在转向柱上找到转矩和转角传感器，如图 8-29 所示。
(3) 观察转矩和转角传感器安装特点及线束特点。
(4) 收整工作照明灯。

2. 识别电动汽车制动控制系统主要控制部件

1) 识别电子真空泵
(1) 在面对机舱左侧找到电子真空泵，如图 8-30 所示。
(2) 识别电子真空泵安装特点及线束特点。

图 8-29 转矩和转角传感器安装位置

图 8-30 电子真空泵安装位置

2) 识别真空罐
(1) 使用照明工作灯，在面对机舱左后部找到真空罐，如图 8-31 所示。
(2) 识别真空罐安装特点及管路连接特点。

3) 识别真空压力传感器
(1) 使用照明工作灯，在真空罐上部找到真空压力传感器，如图 8-32 所示。

图 8-31 真空罐安装位置

图 8-32 真空压力传感器安装位置

(2)识别真空压力传感器安装特点及线束特点。

3. 识别电动汽车空调控制系统主要控制部件

1)识别电动压缩机

(1)举升车辆至适合高度位置,按下锁止保险,锁止举升机。

(2)使用工作照明灯,在机舱右下侧,电机控制器下方找到电动压缩机,如图8-33所示。

(3)识别电动压缩机安装特点及线束特点。

(4)收整工作照明灯。

(5)向上举升车辆,解锁举升机。

(6)降下车辆至车轮刚与地面接触位置。

2)识别PTC

(1)在面对机舱左侧找到PTC水加热器,如图8-34所示。

图8-33 电动压缩机安装位置

(2)识别PTC水加热器安装特点及线束特点。

图8-34 水加热PTC安装位置及外观

4. 识别电动汽车冷却控制系统主要控制部件

1)识别电子水泵

(1)使用照明灯,在面对机舱左下侧找到电子水泵,如图8-35所示。

图8-35 电子水泵安装位置

(2) 识别电子水泵安装特点。
(3) 识别电子水泵管路连接特点。
(4) 识别电子水泵线路连接特点。
2) 识别电子风扇
(1) 正对机舱前部找到电子风扇,如图 8-36 所示。

图 8-36　电子风扇安装位置

(2) 识别电子风扇安装特点。
(3) 识别电子风扇管路连接特点。
(4) 识别电子风扇线路连接特点。
5. 读取电动汽车转向控制系统故障码和数据流
(1) 插好无线诊断接头,如图 8-37 所示。

图 8-37　连接诊断设备

(2) 上 OK 挡电。
(3) 打开 VDS1000 或 VDS2000。
(4) 连接好诊断仪和车辆之间的通信。
(5) 选择比亚迪 e6 车型。
(6) 进入整车模块扫描,如图 8-38 所示。
(7) 选择 EPS 控制模块,进入 EPS 控制器。

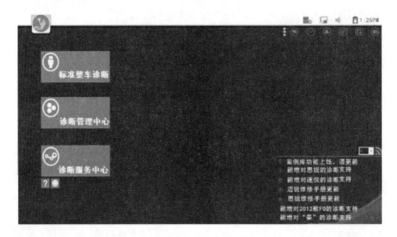

图 8-38　整车扫描

(8) 选择 EPS 控制模块故障检测功能，运行读取 EPS 控制模块故障码。

(9) 停止 EPS 控制模块故障码读取。

(10) 选择 EPS 控制模块数据流功能，运行读取 EPS 控制模块数据流。

(11) 停止并退出 EPS 控制模块数据流读取操作。

(12) 退出诊断仪操作。

6. 读取电动汽车制动系统故障码和数据流

(1) 选择主控 ECU 控制模块，进入主控 ECU 控制器。

(2) 选择主控 ECU 控制模块故障检测功能，运行读取主控 ECU 控制模块故障码。

(3) 停止主控 ECU 控制模块故障码读取。

(4) 选择主控 ECU 控制模块数据流功能，运行读取主控 ECU 控制模块制动系统数据流，如图 8-39 所示。

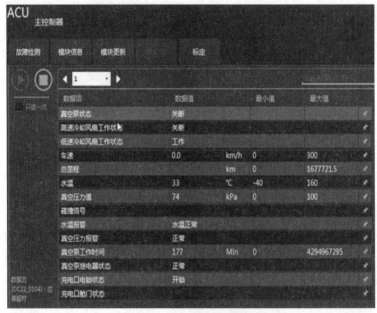

图 8-39　制动系统数据流

(5)停止并退出主控 ECU 控制模块数据流读取操作。
(6)退出解码器操作并关闭解码器运行。

7. 读取电动汽车空调控制系统故障码和数据流
(1)选择 AC1 模块,进入 1 号空调控制器。
(2)选择 1 号空调控制器故障检测功能,运行读取 AC1 故障码。
(3)停止 AC1 故障码读取。
(4)选择 1 号空调控制器数据流功能,运行读取 AC1 数据流,如图 8-40 所示。

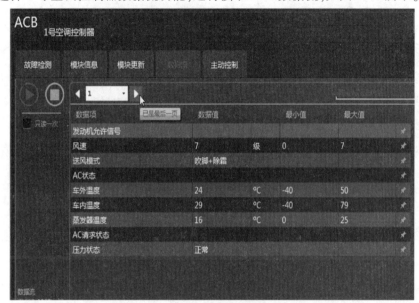

图 8-40　空调系统数据流(一)

(5)停止并退出 AC1 数据流读取操作。
(6)选择 AC2 模块,进入 2 号空调控制器。
(7)选择 2 号空调控制器故障检测功能,运行读取 AC2 故障码。
(8)停止 AC2 故障码读取。
(9)选择 2 号空调控制器数据流功能,运行读取 AC2 数据流,如图 8-41 和图 8-42 所示。
(10)停止并退出 AC2 数据流读取操作。
(11)选择 ACCP 模块,进入空调控制面板。
(12)选择 ACCP 故障检测功能,运行读取 ACCP 故障码。
(13)停止 ACCP 故障码读取。
(14)选择 ACCP 模块数据流功能,运行读取 ACCP 数据流,如图 8-43 所示。
(15)停止并退出 ACCP 数据流读取操作。
(16)选择 PTC 模块,进入 PTC 控制模块。
(17)选择 PTC 模块故障检测功能,运行读取 PTC 模块故障码。
(18)停止 PTC 模块故障码读取。
(19)选择 PTC 模块数据流功能,运行读取 PTC 模块数据流,如图 8-44 所示。
(20)停止并退出 PTC 模块数据流读取操作。

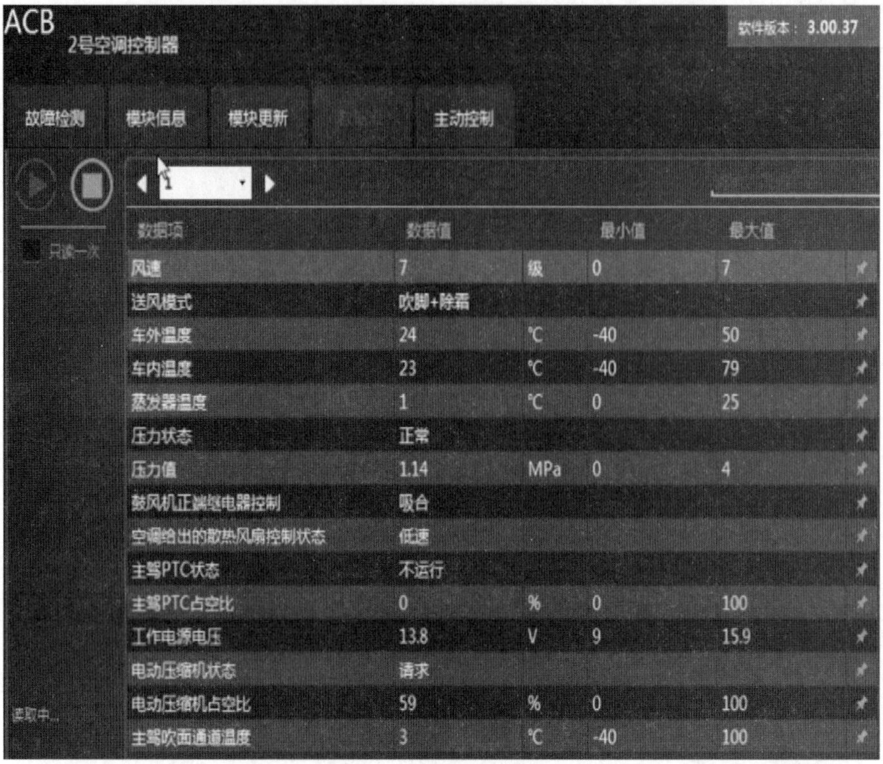

图 8-41 空调系统数据流(二)

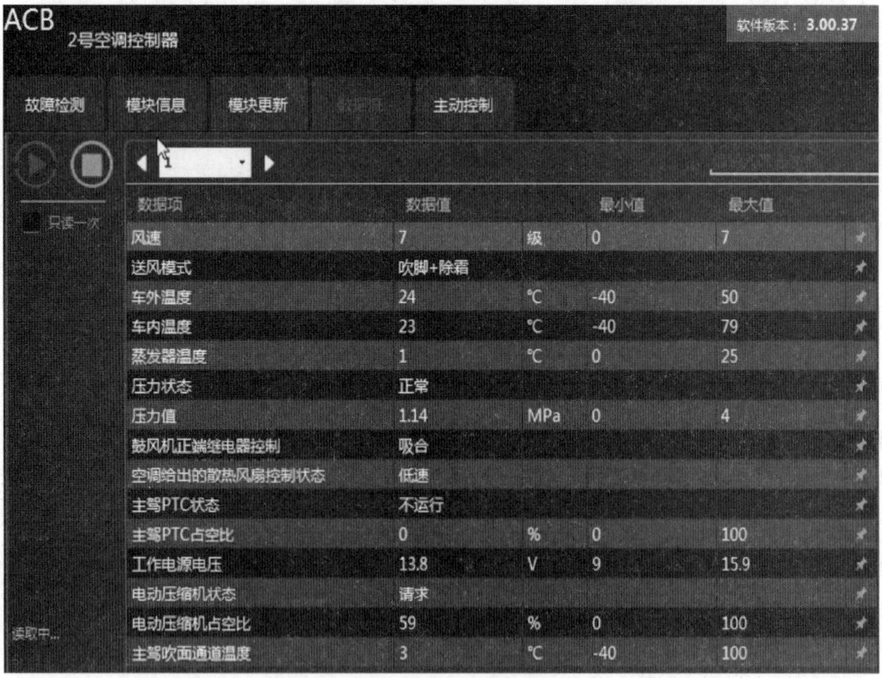

图 8-42 空调系统数据流(三)

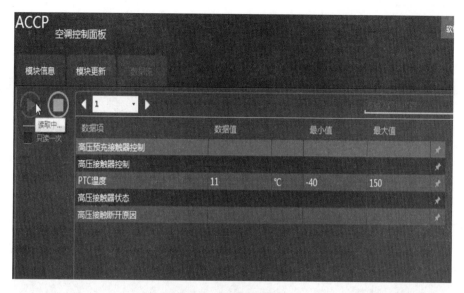

图 8-43 空调系统数据流(四)

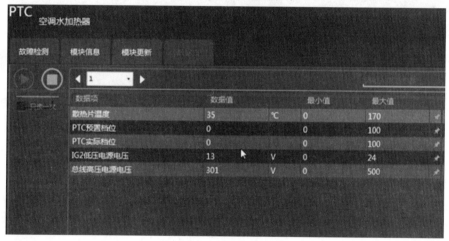

图 8-44 空调系统数据流(五)

8. 读取电动汽车冷却系统故障码和数据流

(1)选择主控 ECU 控制模块,进入主控 ECU 控制器。

(2)选择主控 ECU 控制模块故障检测功能,运行读取主控 ECU 控制模块故障码。

(3)停止主控 ECU 控制模块故障码读取。

(4)选择主控 ECU 控制模块数据流功能,运行读取主控 ECU 控制模块冷却系统数据流,如图 8-45 所示。

(5)停止并退出主控 ECU 控制模块数据流读取操作。

(6)退出解码器操作并关闭解码器运行。

(7)收拾、整理诊断设备。

(8)举升机复位。

(9)收整室内五件套和机舱三件套。

（10）机舱、车门复位。

（11）清洁、整理场地。

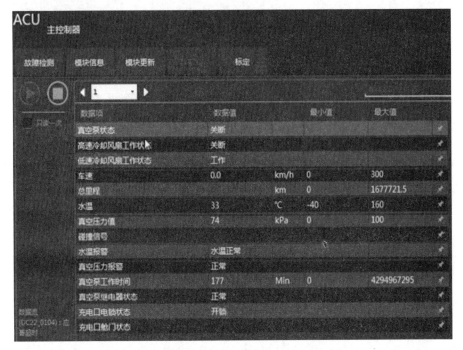

图 8-45　冷却系统数据流

三、技能考核标准

电动汽车辅助控制系统实操考核标准如表 8-1 所示。

电动汽车辅助控制系统实操考核标准　　　　表 8-1

序号	项目	操作内容	规定分	评分标准	得分
1	转向系统主要控制部件识别	防护用品使用	3分	未安装三件套和五件套不得分，安装漏一样扣2分	
		举升机使用	5分	无两次以上安全检查不得分，举升后无锁止不得分	
		照明工作灯使用	3分	未使用不得分，使用完未收整扣2分	
		液压助力泵识别	3分	未能正确找到不得分	
		转矩和转角传感器识别	3分	未能正确找到不得分	

续上表

序号	项目	操作内容	规定分	评分标准	得分
2	制动系统主要控制部件识别	照明工作灯使用	3分	未使用不得分,使用完未收整扣2分	
		电子真空泵识别	3分	未能正确找到不得分	
		真空罐识别	3分	未能正确找到不得分	
		真空压力传感器识别	3分	未能正确找到不得分	
3	空调系统主要控制部件识别	照明工作灯使用	3分	未使用不得分,使用完未收整扣2分	
		电动压缩机识别	3分	未能正确找到不得分	
		PTC识别	3分	未能正确找到不得分	
4	冷却系统主要控制部件识别	照明工作灯使用	3分	未使用不得分,使用完未收整扣2分	
		电子水泵识别	3分	未能正确找到不得分	
		电子风扇识别	3分	未能正确找到不得分	
5	转向系统故障码和数据流读取	诊断仪连接	4分	不能进行诊断接口连接、网络连接不得分	
		诊断仪操作	4分	不能进行诊断仪的品牌、车型操作不得分	
		转向系统故障码读取	3分	不能读取EPS模块故障码不得分	
		转向系统数据流读取	3分	不能读取EPS模块数据流不得分	
6	制动系统故障码和数据流读取	诊断仪操作	3分	不能进行诊断仪的品牌、车型操作不得分	
		制动系统故障码读取	3分	不能读取主控ECU模块故障码不得分	
		制动系统数据流读取	3分	不能读取主控ECU模块数据流不得分	
7	空调系统故障码和数据流读取	诊断仪操作	3分	不能进行诊断仪的品牌、车型操作不得分	
		空调系统故障码读取	3分	不能读取1号和2号空调控制器、空调控制面板故障码不得分	
		空调系统数据流读取	3分	不能读取1号和2号空调控制器、空调控制面板数据流不得分	

续上表

序号	项目	操作内容	规定分	评分标准	得分
8	冷却系统故障码和数据流读取	诊断仪操作	3分	不能进行诊断仪的品牌、车型操作不得分	
		冷却系统故障码读取	3分	不能读取主控ECU模块故障码不得分	
		冷却系统数据流读取	3分	不能读取主控ECU模块数据流不得分	
9	5S管路	举升机复位	2分	举升机未复位不得分	
		车辆复位	2分	车辆未复位不得分	
		诊断仪收整	2分	诊断仪未复位不得分	
		五件套收整	2分	五件套未收整不得分	
		三件套收整	2分	三件套未收整不得分	
		场地清洁	2分	场地未清洁不得分	
	总分		100分		

四、思考与练习

(一)填空题

1. 比亚迪电机助力转向系统主要由_____、_____、起动钥匙信号、_____、电子控制单元和_____等组成。

2. 电动汽车制动控制系统组成除传统汽车制动控制系统外,主要由_____、_____、_____和控制ECU等组成。

3. 空调控制系统由各种_____、_____及各种_____组成。

4. 电动汽车冷却控制系统由_____、_____、_____、电子水泵与电子风扇的_____组成。

5. 电动汽车冷却系统主要对_____、动力电池、_____、_____及车载充电器等多个电器单元进行冷却。

(二)选择题

1. 电动汽车与传统汽车转向系统的区别主要在于(　　)的不同。
   A. 助力电机　　B. 转向器　　C. 液压助力泵　　D. 传感器功能

2. 比亚迪电动汽车和北汽电动汽车转向控制系统的主要区别在于(　　)的不同。
   A. 车速信号的输入方式　　　　B. 转向器结构
   C. 助力电机结构　　　　　　　D. 传感器功能

3. 电动汽车与传统汽车制动系统的区别主要在于(　　)的不同。
   A. 真空助力器结构　　　　　　B. ABS系统
   C. 常规制动系统　　　　　　　D. 真空助力源的产生方式

4. 电动汽车与传统汽车空调制冷系统的区别主要在于(　　)的不同。
   A. 冷凝器功能结构　　　　　　B. 压缩机驱动方式

C. 膨胀阀功能结构　　　　　　　　D. 蒸发箱功能结构
5. 电动汽车与传统汽车冷却系统的区别主要在于(　　)的不同。
A. 冷却液使用　　　　　　　　　　B. 电子水泵功能结构
C. 电子风扇功能结构　　　　　　　D. 热源

(三)判断题
1. 电动汽车辅助控制系统与传统汽车辅助控制系统一样,其功能主要是增强增加汽车驾驶的舒适性和安全性。　　　　　　　　　　　　　　　　　　　　　　(　　)
2. 电动汽车制动系统的功能是按照驾驶人的意愿改变汽车的行驶方向和保持汽车稳定的直线行驶。　　　　　　　　　　　　　　　　　　　　　　　　　(　　)
3. 电动汽车转向系统的功用是使行驶中的汽车能够随时按照驾驶人的意愿减速甚至停车。　　　　　　　　　　　　　　　　　　　　　　　　　　　　　(　　)
4. 电动汽车空调系统是对汽车室内进行制冷、加热、换气和净化空气的装置。(　　)
5. 电子风扇控制器通过冷却液温度信号控制电子风扇的运转及高低转速。(　　)
6. 电子水泵一般安装在冷却系统的管路中,安装位置因车而异。(　　)
7. PTC水加热器一般安装在采暖进气道上。(　　)
8. 控制ECU根据真空压力传感器信号控制真空泵的工作。(　　)
9. 比亚迪电动汽车转向助力电机安装在转向器齿条上。(　　)
10. 电动液压助力泵主要用于电动汽车的电机助力转向系统。(　　)

(四)简答题
1. 简述电动汽车转向系统与传统汽车转向系统的不同。
2. 简述电动汽车制动系统与传统汽车制动系统的不同。
3. 简述电动汽车空调系统与传统汽车空调系统的不同。
4. 简述电动汽车冷却系统与传统汽车冷却系统的不同。
5. 简述比亚迪电动汽车和北汽电动汽车转向控制系统的异同。
6. 简述比亚迪电动汽车和北汽电动汽车制动控制系统的异同。
7. 简述比亚迪电动汽车和北汽电动汽车空调控制系统的异同。
8. 简述比亚迪电动汽车和北汽电动汽车冷却控制系统的异同。

任务9　电动汽车转向系统控制及检修

学习目标

❖ 知识目标
1. 能描述电动汽车转向系统结构原理;
2. 能描述电动汽车转向系统控制原理;
3. 能描述电动汽车转向系统主要部件检修方法。

❖ **能力目标**

1. 能使用诊断仪读取电动汽车转向系统的故障码和数据流;
2. 能对电动汽车转向系统主要部件进行检修。

建议课时

8课时。

任务描述

一客户到4S店咨询,他的比亚迪e6在行驶过程中转动转向盘感觉比朋友的比亚迪e5的转向盘沉好多。技师将如何向客户介绍两款车的转向结构?

一、理论知识准备

(一)电动汽车转向系统结构原理

电动助力转向系统按助力方式分电动液压助力转向系统和电动机助力转向系统。

1. 电动液压助力转向系统结构原理

1)电动液压助力转向系统组成

电动液压助力转向系统,简称EHPS,由转向操作机构、转向传动机构、电动机、液压泵、转向机、转向角速度传感器、转向控制单元、转向控制阀、EHPS警告灯以及助力油储液罐等部件组成。相对于传统的液压助力转向系统,其转向油泵是由电子控制单元(ECU)电机带动工作的。

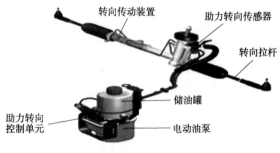

图9-1 电动液压助力转向系统

如图9-1所示的电动液压助力转向系统的转向控制单元和电动机及液压泵通常安装在一起。比亚迪e6车型液压助力转向系统的液压泵和控制单元安装在一起,转向助力储液罐则独立安装,其助力电机工作时最大电压为27V,最大电流可达67.5A。用高压管路系统搭建的H桥电路,它最大可以承受100V的电压。

2)电动液压助力转向系统工作原理

电动转向油泵电机为无位置传感器内转子永磁同步电机,它所采用的液压泵不再靠发动机皮带直接驱动,而是采用一个电动泵,它所有的工作状态都是由电子控制单元根据车辆的行驶速度、转向角度等信号计算出的最理想状态,在低速转向时,电子控制单元驱动电子液压泵以高速运转输出较大功率,使驾驶人打方向省力;汽车在高速行驶时,液压控制单元驱动电子液压泵以较低的速度运转。

2. 电动机助力转向系统

1)电动机助力转向系统的类型及组成

电动机助力转向系统,简称EPS,根据电动机助力输出范围,以及空间布置的限制条件,助力模块(电动机、控制单元、减速机构)在各种电动转向系统中安装的位置不同,它可以分为转向柱助力式(C-EPS)、转向小齿轮助力式(SP-EPS 和 DP-EPS)和齿条助力式(R-EPS)三种类型,如图 9-2 所示。转向柱助力式(C-EPS)的电动机固定在转向轴一侧,通过减速机构与转向柱相连,直接驱动转向柱助力转向;齿轮助力式(SP-EPS 和 DP-EPS)的电动机和减速机构与小齿轮相连,直接驱动齿轮助力转向;齿条助力式(R-EPS)的电动机和减速机构,则直接驱动齿条提供助力。比亚迪 E5 电动汽车通常使用齿条助力式结构,即 REPS 电子助力转向器,如图 9-3 所示。

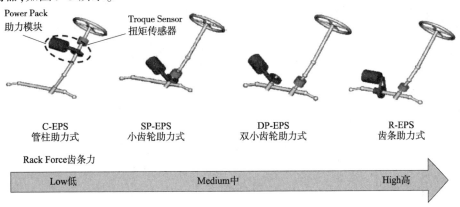

图 9-2　电动助力式转向器的类型

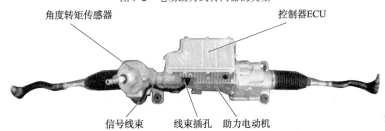

图 9-3　比亚迪秦电动助力转向器 REPS

电动助力转向系统使用的电动机分为有刷电动机和无刷电动机两种。如图 9-4 所示的有刷电动机。安装在转向器上的电动机总成由一个蜗杆、一个蜗轮和一个直流电动机组成,当蜗杆与安装在转向器输出轴上的蜗轮啮合时,它降低电动机转速,并把电动机输出转矩传递到输出轴上。其额定电压为 20V,额定工作电流正常状况为 60A,当在极端转向状况下的最大负载电流可达 80A,输出的额定转矩为 3N·m,电动机的额定转速为 2500r/min。转子上有换向器及炭刷,电动机定子有红黑两根粗线,与转向模块 ECU 相连来供电。

图 9-5 为免维护、无炭刷式电动机,这种电动机利用电子方式实现整流,而且没有炭刷的磨损,因此具有很好的可靠性和较长的使用寿命。当不需要提供转向助力时,电动机在很小的电流驱动下转动,这样当需要较大的转向助力时,电动机就可以立即提高转速以提供所需要的助力。

2)电动机助力转向系统工作原理

电动转向是用电动机直接提供助力,助力大小由 EPS 电控单元控制的动力转向系统。转矩传感器与转向轴连接在一起,当转向轴转动时,传感器工作,将信号传给 EPS 电控单元,

EPS电控单元根据转向传感器位置信号和车速传感器信号,确定转向助力的大小和方向,并驱动电动机辅助转向操作,以保证汽车在低速时驾驶轻便,高速时稳定可靠。

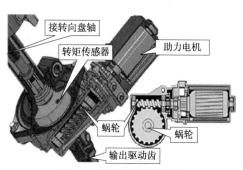

图9-4 电动助力有刷电动机

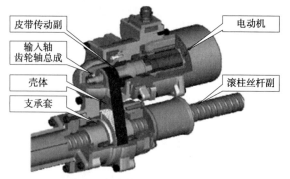

图9-5 REPS电动助力无刷电动机

电动助力转向系统常采用永磁式直流电动机,电动助力转向电动机旋向原理如图9-6所示,图中A1、A2为触发信号输入端,触发信号由计算机根据转向信号提供。当A1端得到高电位触发信号时,晶体管VT3导通,同时VT2得到基极电流导通,电流经VT2、电机M和VT3形成回路,使电动机正转。同理,当A2端得到触发信号时,将使电动机反转。计算机控制触发信号电流的大小,即可控制通过电动机电流的大小及助力力矩的大小。在需要最大转向助力时,晶体管将工作在饱和导通状态;当需要较小转向助力时,晶体管将处于非饱和导通状态。

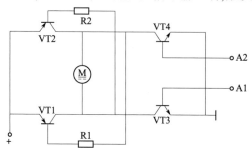

图9-6 电动机正、反向和转矩控制电路

(二)电动汽车转向助力电动机控制

1. 电动液压助力转向系统控制原理

比亚迪e6电动汽车使用的电动液压助力转向系统和电动机助力转向系统的工作原理相同,线路控制原理如图9-7所示。转动转向盘时,转角和转矩信号、点火和车速信号等传递给主控单元ECU,主控制器控制相应的电流到EHPS驱动电动机。电动机驱动液压泵,电能转换成液压力,推动转向器液压活塞产生当前行驶需要的转向助力作用。在正常情况下,驾驶人操纵EHPS液压助力转向盘转向时,一方面提供转向所需的一小部分能量;另一方面则同时带动转向传感器工作,主控ECU控制器根据当前的车速信号、转角传感器信号、转矩传感器信号等数据,由转向控制模块输出的电流驱动电动机对液压油加压,或电动机提供转向所需的大部分能量。

当车辆点火锁处于ON挡时,ON挡继电器吸合后,即IG1线路通电,将电供给电动助力电动机,开始工作。转向控制器在供电200ms内完成自检,供电200ms后可以与CAN总线交换信号,供电300ms后,输出信号。当电动助力转向系统检测到故障时,通过CAN总线或硬线向主控制器ECU发送故障信号,并采取相应的措施。

2. 电动机助力转向系统控制原理

1) 比亚迪电动汽车电动机助力转向系统控制原理

汽车转向时,转向管柱上的转矩及转角传感器把检测到的转矩及角度信号的大小、方向经处理后传给 EPS 主控制单元,EPS 主控制单元同时接收车速传感器检测到的车速信号的大小,然后根据存储的五组特性曲线图(0km/h、15km/h、50km/h、100km/h、250km/h)进行对比,计算决定电动机的旋转方向和助力扭矩的大小,向电动机控制器发出指令,使电动机输出相应大小和方向的转向助力转矩,通过离合器和减速机构将辅助动力施加到转向系统(转向轴)中,同时电流传感器检测电路的电流,对驱动电路实施监控,最后流经驱动电路的电流驱动 EPS 电动机工作,从而产生辅助动力实施助力转向,其工作原理如图9-8所示。电动助力转向系统的助力作用受控制单元计算机控制,在低速转向的助力作用最强,比如在车辆静止时,转动转向盘虽然有助力电动机也要费力,此时,EPS 控制器向电动机输出较大的电流,电动机转速加快,产生的助力较大;但随着车速的升高,控制单元计算机向电动机输出的电流相应的减少,电动机的助力作用逐渐减弱,当达到一定车速不转向时,电子控制单元不向电动机控制器发出指令,电动机不工作,转向变成完全靠驾驶人操纵。电动助力转向系统在低速转向时,可获得较轻便的转向特性,而在高速转向时,则可获得完全的转向"路感",具有优越的控制特性,保证车辆行驶的安全。

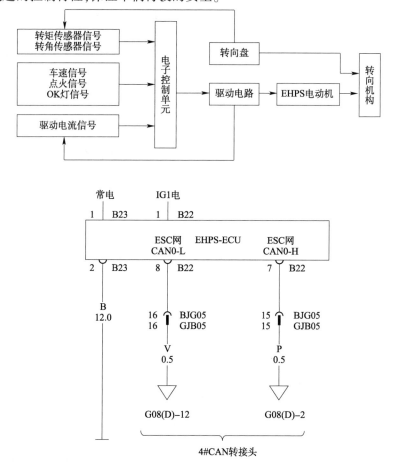

图9-7 比亚迪 e6 EHPS 电动机工作原理电路图

2)北汽电动汽车电动机助力转向系统控制原理

当转动转向盘时,位于转向轴上的转向角传感器和转矩传感器把测得转向盘上的角位移信号和作用在其上的转矩信号传送至整车控制器，整车控制器根据转角、转矩、车速、轴重信号等进行计算，得出助力电动机的转向和助力电流的大小，完成转向助力控制，实现在全速范围内的最佳控制，如图9-9电机原理电路图所示。在低速行驶时，减轻转向力，保证汽车转向灵活、轻便；在高速行驶时，根据当前行驶转向工况适当增加阻尼控制，保证转向盘操作稳重、安全可靠。随着车速提高，EPS控制器根据自身标定的输出助力曲线（0km/h、15km/h、50km/h、100km/h、250km/h），实时调整助力电动机的输出转矩，保证驾驶人在任何车速下均能获得最佳的转向助力，即低速行驶时，能使转向轻便，高速行驶时，能保证转向稳重。

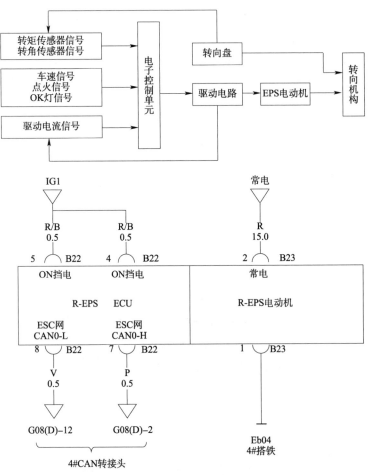

图9-8 比亚迪REPS电动机工作原理电路图

当EPS检测到故障时通过CAN总线向整车控制器发送故障信息，并采取相应的处理措施。如果车辆在行驶过程中由于故障而导致转向助力失效，就回到机械转向系统状态，一般来说还能由驾驶人独立承担汽车转向任务，但此时，转向比较沉重，不会出现转向机构卡死的现象。

（三）电动汽车助力转向系统主要控制部件检修

1. 电子助力转向系统REPS电动机常见故障码

电子助力转向系统REPS电动机控制系统常见的故障码如表9-1所示。

项目四 电动汽车辅助控制系统

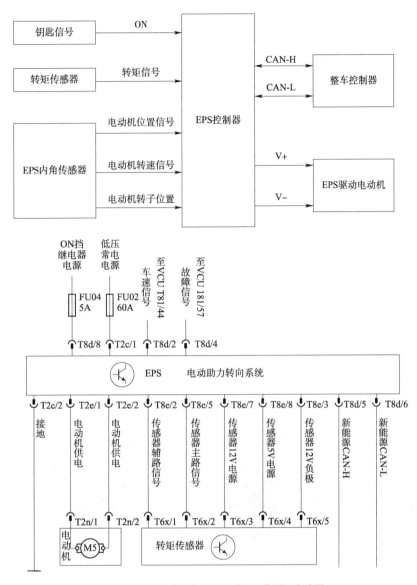

图 9-9 北汽电动汽车 EPS 电动机工作原理电路图

REPS 常见故障码及故障类型　　　　表 9-1

序号	故障代码	故障类型	备注
1	C1B0200	ECU 故障	
2	C1B0400	转矩信号故障	
3	C1B0D00	电源电压高	
4	C1B0E00	电源电压低	
5	C1B0B00	转角信号故障	
6	U029D00	与 ESP 失去通信故障	
7	U011000	与电动机控制器失去通信	

· 195 ·

2. 电动汽车转向系统电控部件常见故障

当起动点火开关后,EPS 指示灯会点亮,并保持 2～3s 后熄灭,此时说明 EPS 指示灯及系统运行正常。点火开关起动后,如果系统有任何问题,则故障报警灯立即点亮显示。电动汽车转向系统常见的故障有:

(1) 控制系统线束插接件接触不良或短路、断路故障。
(2) 电路系统熔断丝烧断、继电器、电磁阀损坏。
(3) EPS 控制器或转角转矩传感器损坏。
(4) 助力电机损坏。

3. 机舱助力油、EHPS 熔断丝、电动机电源线束检查

1) 检查转向助力油

对 EHPS 液压助力转向系统的车辆,检查储油壶周围及各管路接口,是否有漏油现象,是用车当中的例行检查内容,如图 9-10 左图所示。若有漏油,即要查明原因,并进行处理修复;并检查转向助力油管有无碰擦,管路走向是否正常。用抹布擦净助力油壶外部,拧出油盖油尺观察油质和油量。上 ON 挡电源,左右转动转向盘,观察油壶内油液液面的情况,并用油尺的油滴滴在手指上,用两手指互捏感觉有无颗粒,有颗粒则要更换助力油液;若无颗粒,再将油滴滴在白纸面上,观察是否为褐色。若为黑色,就要彻底进行更换助力油液,并排除管路中的空气;若为褐色,为正常。

图 9-10 助力油油罐安装位置及量油尺

检查油面高度,油面必须保持在刻度尺上的 Min 与 Max 标记之间,如图 9-10 右图所示,若量不够,需要添加适量的助力油,添加时要加注同品牌助力油油液。

2) 液压泵 EHPS 助力电动机无电检查

比亚迪 E6 电动汽车在机舱左侧低压蓄电池旁,找到总保险盒,打开盒盖,检查 EHPS 熔丝是否完好,如图 9-11 所示,若熔丝坏,更换熔丝。

3) 电动机电源线束检查

检查 EHPS 电源线束是否导通,用万用表电阻挡测量检查线路,是否有短路现象,查明故障,及时修复处理,如图 9-12 所示。

4. 转向角度传感器检修

1) 转向角度传感器作用、结构原理及电路

(1) 转向角度传感器作用及结构。转向角度传感器通常是集成模块式传感器,内置于转

向盘或转向机输入轴内,持续监控转动角度,把采集到的转角信号直接在内部转换成 CAN 信号,供给以作为转向控制单元(REHP 或 ESP)模块控制助力的参考依据。其安装在比亚迪 e6 转向轴与十字节之间,如图 9-13 所示,其上端有 4 线束接插件,红色为电源线、粉红和粉蓝为左右转角信号 CAN 线、黑色为搭铁线,即两根电源线,两根 CAN 线。

图 9-11　检查 EHPS 熔丝

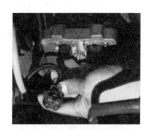

图 9-12　检查 EHPS 液压泵电源线束

图 9-13　转向角度传感器

(2)转向角度传感器电路。转向传感器电路如图 9-14 所示,当起动点火锁,ON 挡继电器吸合后,即 IG1 线路通电,将 12V 电源给转角传感器集成模块,当转动转向盘时,粉红和粉蓝色 CAN 线将左右转向的信号,通过线束传到控制器的 7 号和 8 号针脚,控制器 ECU 即控制相应旋向的电流供助力电动机旋转,产生当前转向盘转动方向的助力。

2)转向角传感器检修

当车辆在行驶过程中,转动转向盘感觉左右转向轻重不同时,检查轮胎气压和检修部件没有故障时,应随即对转角传感器线束的信号电源进行检测,判断故障进行修理。

(1)找到转角传感器,拔下插头,用大头针将所测插孔线束的电源引出,如图 9-15 所示。

(2)上 ON 挡电,用万用表测量输入转角传感器插孔的电源是否为 12V 电源,即插头的红色线和黑色线插孔。

· 197 ·

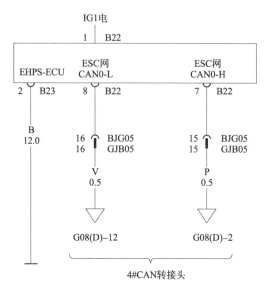

图 9-14 转向角传感器 CAN 线路图

 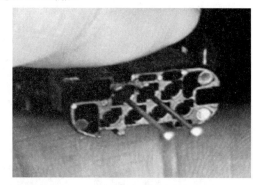

图 9-15 转角传感器安装位置及其插头

(3)测量插孔 2 号和 3 号 CAN 线,2 号和 4 号 CAN 线的电压是否为 2.5V 范围。如图 9-16 所示,2 号和 3 号 CAN 线信号电压为 2.370V,2 号和 4 号 CAN 线的电压为 2.343V。万用表中"－"为反向电压。

5. 转矩转角传感器检修

1)转矩转角传感器结构类型及原理

(1)结构类型。转矩转角传感器用来检测转向盘的转矩和方向,采用电位计式传感器。它输出两个彼此独立的电压信号:主信号和副信号,控制单元用副信号来检查主信号是否正确。转矩传感器由扭力弹簧元件和电测元件组成,分有触点滑动电阻式转矩传感器和无触点电磁感应式扭力传感器两种类型,其安装在比亚迪 e5 转向器输入轴上端壳体内,位置如图 9-17 所示。传感器由两个带孔圆环、线圈、线圈盒及电路板组成。

(2)控制原理。转矩转角传感器获取转向盘上操作力的大小和方向信号,并把它们转换为电信号,传递到电动助力转向系统的 EPS 主控制器。两个带孔圆环一个安装在输出轴上,一个安装在输入轴上。当输入轴相对于输出轴转动时,电路板计算出输入轴相对于输出轴的旋转方向和旋转量。当转动转向盘时,转矩被传递到扭力杆,输入轴和输出轴之间出现角度偏差,电路板检测出角度偏差及方向,通过计算得到转矩和方向并转换为电压信号传递到电动助力转向系统 EPS 控制单元。

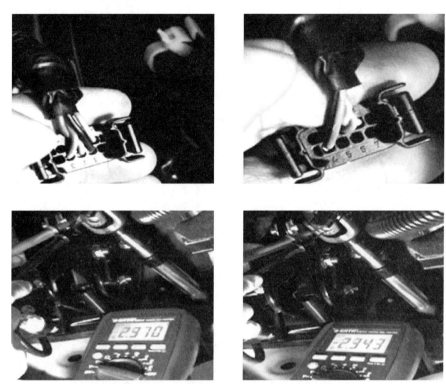

图 9-16 助力转向角传感器 CAN 线信号电压检测

图 9-17 转矩转角传感器及安装位置

2)转矩转角传感器电路

如图 9-18 所示,转向系统 EPS 控制单元中的 D3 端子得到转矩转角传感器第 4#针脚传递的主信号,EPS 的 D8 端子得到转矩转角传感器的第 5#针脚传递的副信号。转矩转角传感器电位计原理如图 9-19 左图所示,两个输入端通过线路连接电控单元(ECU)的 VCC 和 GND 端口,分别是 +5V 和 0V,转矩传感器的两个输出端,即主扭 IN + 和副扭 IN − ,通过线路分别连接 ECU,其输出特性如图 9-19 右图所示。当转向盘处于中间位置时,转矩传感器的主扭和副扭的输出电压均为 2.5V;当转向盘向右旋转时,主扭(IN +)端口的电压小于

· 199 ·

2.5V;当转向盘向左旋转时正好相反。这里设计了双回路输出,其中 IN-信号用于与控制转向助力的 IN+信号进行比较,对 IN+信号异常与否进行判别。

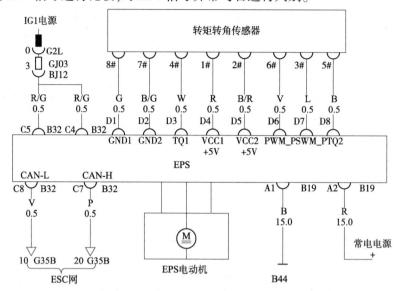

图 9-18 转矩转角传感器电路图

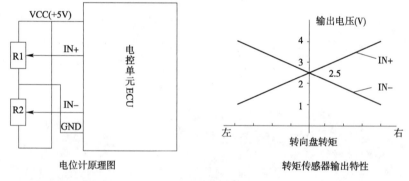

图 9-19 转矩转角传感器信号原理图

6. 转向控制单元

1) 转向控制单元的功能

汽车在行驶过程中,因路况、车况、车速等不同因素,转向电动机在转向控制单元计算机的控制下,根据需要实现实时的转向助力。

转向控制单元计算机是汽车转向系统的核心部件,汽车在不同行驶状况下的转向助力是通过存储在控制单元中不变的特性图程序控制的,如图 9-20 所示,控制单元计算机中最多可存储 16 种不同的特性曲线图。

特性曲线表明:由电动机给予的助力转向力矩的总量是由输入的转向力矩和车速来决定的。

特性曲线图是在生产厂根据不同的整车装备分别设置的(如整车重量等),如果控制单元或转向系统发生了改变,可以用 VDS2000 诊断仪表进行数据匹配设置。

根据车辆的载荷不同,又分轻型汽车和重型汽车两类特性曲线,每类特性曲线图由五种不同速度的特性曲线组成,如0km/h、15km/h、50km/h、100km/h、250km/h。

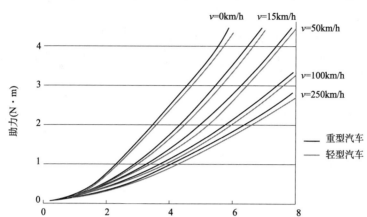

图9-20　汽车转向特性曲线图

2)转向控制单元控制原理

转向控制单元具有接收和处理各个传感器的信号、输出执行信号以及监控系统工作状态等多种功能,其电路原理如图9-21所示。

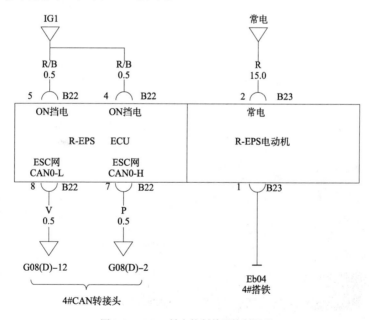

图9-21　REPS转向控制单元控制原理

(1)转向控制单元接收来自电动机控制单元的车速信号,或电动机的转速信号,以及来自转向角度传感器的角速度信号,并计算出理想的控制电流输出给电动机,以控制助力力矩的大小和方向。

(2)当系统存在故障时,转向控制单元会存储故障码,并点亮仪表板上的EPAS警告灯。当监测到系统内电动机等部件出现严重故障时,转向控制单元会切断助力转向系统,此时机械转向系统仍然正常。

（3）为了保护电动机等部件，转向控制单元在适当的时候会起动临界状态控制程序。例如，当转向机转动到极限位置时，由于此时助力转向系统的电动机不能转动，所以通过电动机的电流就会达到最大值，为了避免持续大电流导致电动机和控制单元损坏，所以当较大电流连续通过30s后，转向控制单元就会控制电流逐渐减小。当这种状态消失后，转向控制单元就会根据需要控制电流逐渐增大，直到达到正常工作电流值。

3) 转向控制策略

电动汽车在采用电动助力转向过程中对转向控制单元和转向扭矩转角传感器的技术指标要求如表9-2和表9-3所示。

控制器主要技术指标　　　　　　　　　　　　　　　　　表9-2

工作温度	工作电压	最大允许电流	最小可控电流	最小转矩输出
-40 ~ +105℃	9 ~ 16V	75A	0.1A	0.1N·m

传感器技术指标　　　　　　　　　　　　　　　　　　表9-3

	工作温度	测量范围	全量程精度	转角分辨率
转矩传感器	-40 ~ +155℃	±4°	1%	0.01°
转向盘转角传感器	-40 ~ +85℃	-720° ~ +720°	±2.5°	0.1°

7. 电动汽车助力转向系统电机端子作用

1) EHPS 液压泵及其线束端子作用

比亚迪e6电动汽车转向EHPS液压泵总成由内部集成的控制单元ECU、电机总成和油泵总成组成，安装在机舱DC/DC控制器下方，其外部有两个线束插接件端子，如图9-22所示。其中一个端子内，粗的两根为电源接线柱，即1#接线柱为电源负极接线柱，2#接线柱为电源正极接线柱。另一个插接件端子内部有三个针脚，其中一个针脚为IG1电源线（电门火线红夹黑），两个针脚为CAN网络线（可用针脚号接合线的颜色判断）。

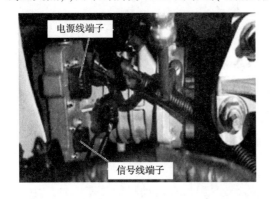
电源线端子
信号线端子

信号线端子
（三针角）

电源线端子
（两接柱）

图9-22　EHPS泵及其线束端子

2) REPS 电子助力电动机及其线束端子作用

比亚迪e5汽车转向系统REPS电动助力转向电动机，电源由前舱熔断盒输出，其REPS电动机插接件外观如图9-23所示。电动机电源输入端子、白色的整车CAN线信号端子和黑色的传感器信号端子插接件定义，如图9-24所示。

项目四　电动汽车辅助控制系统

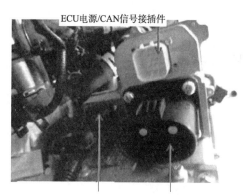
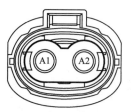

测试端子	端子说明
D1-车身	搭铁
D2-车身	搭铁
D3-车身	扭矩主信号
D4-车身	电源正
D5-车身	电源正
D6-车身	转角S信号
D7-车身	转角P信号
D8-车身	转矩辅信号
C4-车身	IG1电源
C5-车身	IG1电源
C7-车身	CAN-H
C8-车身	CAN-L
A1-车身	搭铁
A2-车身	电源正极

图 9-23　REPS 助力电机电源插接件位置　　　图 9-24　REPS 转向助力电动机线束端子及其名称

二、任务实施

（一）准备工作

（1）防护用品：机舱防护三件套，车辆室内五件套。

（2）车辆：比亚迪 e6 或其他纯电动汽车。

（3）台架及总成：纯电动汽车实验台架总成。

（4）检测设备：比亚迪新能源汽车专用诊断仪 VDS1000、VDS2000 或其他诊断仪、万用表、自由行程测量仪。

（5）拆装工具：通用工具、工具盘、零件盘、毛巾。

（二）技术要求与注意事项

（1）正确、规范操作使用解码仪，防止损坏。

（2）正确、规范操作使用万用表，避免用电阻挡检测带电体，正确使用行程测量仪。

（3）做好实训安全操作准备，如做好车辆举升、安全防护和提示、准备好检测设备和拆装工具等工作。

（4）实训前，拆卸转向管柱附近护板，便于测量转向角传感器 CAN 线束电压。

（5）实训结束后恢复实训场地，如解除车辆举升状态，收拾清洁检测和拆装工具设备，清洁清扫场地。

（三）操作步骤

本操作任务主要对电动汽车（以比亚迪 e6B 车型为例）液压助力转向系统故障码和数据流读取、测量转角信号线电压值，并对助力油油质、油量和转向系统主要部件进行检查操作，从而进一步加强了解电动汽车助力转向系统控制原理及主要部件检修方法。

1. 读取 EHPS 控制单元及主控 ECU 故障码和数据流

（1）打开车门，铺设好座椅、转向盘、挡杆、脚垫四件套，如图 9-25 所示。

图 9-25　车室内四件套

· 203 ·

(2)插好无线诊断接头,如图9-26所示。

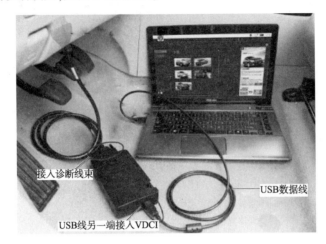

图9-26 连接诊断设备

(3)上OK挡电。

(4)打开VDS1000或VDS2000。

(5)连接好诊断仪和车辆之间的通信。

(6)选择比亚迪e6车型。

(7)进入整车模块扫描。

(8)选择主控ECU模块,进入主控器。

(9)选择主控ECU故障检测功能,运行读取主控ECU故障码。

(10)停止主控ECU故障码读取。

(11)选择主控ECU数据流功能,运行读取主控ECU数据流。

(12)停止并退出主控ECU数据流读取操作。

(13)退出解码器操作并关闭解码器运行。

(14)关闭诊断仪电源,拆卸数据连接线,整理回收诊断设备。

2. 用万用表检查测量转向角传感器CAN线电压

(1)找到转角传感器安装位置,并从转角传感器上取下插接线端子,如图9-27所示。

图9-27 转角传感器安装位置

(2)认识插头针脚1#、2#、3#、4#含义,并用大头针插入将要测量的线束插孔,便于将电压引出测量,如图 9-28 所示。

(3)检查调校好万用表后,上 OK 挡电,用万用表测量 CAN 线 2#和 3#针脚信号电压(两针脚的标准电压为 2.5V),如图 9-29 所示。

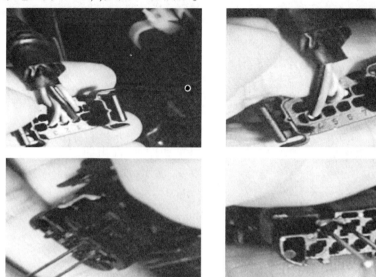

图 9-28　测量转向角传感器电压

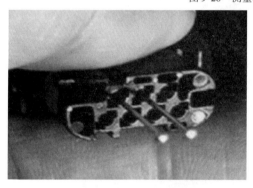 

图 9-29　测量 CAN 线 2#和 3#针脚信号电压

(4)测量 CAN 线 2#和 4#针脚信号电压,与标准电压对比,如图 9-30 所示("－"为反向电压)。

(5)测量完毕,回收大头针,将插接线复位稳固。

(6)5S 管理:关闭万用表电源,收回万用表,车辆退电,收整。

3. 检查电动液压助力转向系统液位高度

(1)打开机舱盖,铺好防护垫,抠起机舱盖开启拉扣,机舱盖随即弹起,用手解开熔丝卡扣,并支撑稳固机舱盖,安装好机舱三件套,如图 9-31 所示。

(2)用毛巾擦净储油壶外表的灰尘,检查油质和油面,操作流程如下:

①油质检查:将拧出油尺上的油滴滴在两手指间互捏,有颗粒,则要更换;将油滴滴在白纸上面,若为褐色,为正常,若为乌黑色,即要更换。

图 9-30　测量 CAN 线 2#和 4#针脚信号电压

图 9-31　开启机舱盖并铺好保护垫

②油面检查：拧出储油壶盖和测量尺查看，如图 9-32 所示，油面必须处于 Max 与 Min 之间，低于 Min 时，需要添加同品牌的助力油，添加到上（Max）下（Min）刻线正中时为止，合格后拧紧盖子。

4. 检查转向助力电动机

（1）查询比亚迪电动汽车液压助力转向系统电动助力泵控制电路图，如图 9-7 所示。

（2）在熔丝安装盒左侧处找到 1 号 EHPS 熔丝，检查熔丝的状况，如图 9-11 所示。

图 9-32　检查油面

（3）将车辆移动到举升机中间，将 4 条举升臂调整支点支于车辆下方的举升位置处。

（4）举升车辆离开地面 10cm，到车前后晃动车身检查车辆是否平衡稳固。

（5）确定安全，随即举升车辆至 1.6m 高左右，并上好保险装置。

（6）进入机舱下方，拆卸机舱底部护板。

（7）检查储油罐、转向器、转向油泵连接油管接头处是否漏油，并用毛巾擦净。

（8）查找 EHPS 液压泵电源线束，并取下插接件识别插头端子，如图 9-33 所示。

（9）用调校好的万用表电阻自动挡检查电机电源线与低压蓄电池保险线之间电阻，标准为 0Ω，熔丝线束导通正常，如图 9-34 左图所示。

项目四　电动汽车辅助控制系统

图 9-33　EHPS 液压泵及线束端子

图 9-34　检查电动机正负极电源母线导通状况

（10）用调校好的万用表电阻自动挡检查电机负极与搭铁之间电阻，标准为 0Ω，线束导通正常，如图 9-34 右图所示。

（11）降举升机到离地 10cm 位置，进入车室上 OK 挡电。

（12）升举升机到 1.6m 高左右，并上好熔丝装置。

（13）穿戴好防护手套，用万用表电压自动挡检查电动机电压电源正极与搭铁之间电压，标准为 20~42V。测量完成后，安装线束插接件复位，回收万用表。

（14）检查液压泵油管走向有无碰擦、管路接口有无油滴漏油现象，安装底盘护板。

（15）取消举升机保险装置，放下车辆，复位举升机举升臂及胶垫。

（16）5S 管理：收整工、量具，收整实训场地。

三、技能考核标准

实操技能考核标准如表 9-4 所示。

实操技能考核标准　　表 9-4

序号	项　目	操作内容	规定分	评分标准	得分
1	读取主控 ECU 故障码、数据流	车室内安装四件套	4 分	能正确按要求安装四件套，漏装一项扣 2 分	
		连接操作解码器	5 分	能正确连接解码器，不能连接通讯扣 5 分	
		主控 ECU 故障码和数据流读取	10 分	能按要求读取主控 ECU 故障码和数据流，不正确或漏操作一次扣 2 分	

续上表

序号	项目	操作内容	规定分	评分标准	得分
2	测量转向角传感器	取下转向角线束插接件,并用大头针引出	6分	能按要求取下线束插接件,能正确地用大头针将信号线引出	
		识别转向角传感器电路图	6分	通过电路图识别后,不能找到转向角CAN线针脚序号不得分	
		测量CAN线电压	8分	能按要求正确地测量两CAN线电压	
		用万用表测量转向角CAN线电压	5分	万用表使用错误一次扣2分	
				不能正确检测并读出检测数值,不得分	
3	检查液压油	开机舱盖	2分	能正确按要求打开机舱盖,顺序不对扣2分	
		安装三件套	3分	能安装三件套,漏装一项扣1分,不装不得分	
		检查液压油油质	5分	能按要求检查油质,并说出理由	
		检查液压油油面	5分	能按要求检查油量并能添加	
4	检查转向助力电动机	找到熔丝盒、检查EHPS熔丝	5分	能找动熔丝安装位置,能开盖检查	
		能安全规范地举升车辆,并上好保险装置	5分	操作不规范一项扣2分	
		找到EHPS电动机电源线束、并用万用表测量正负极电源线电阻	5分	不能按要求拔插线束不得分,不清楚线束含义一项扣2分,不能正确检查测量不得分	
		上电,并用万用表电压挡测量电机正负极电压	5分	能规范降下、举升举升机,规范上电,规范测量电源电压值	
		检查EHPS油管有碰擦、接头无漏油	5分	漏检一处扣2分	
		能安全规范地降落车辆	4分	操作不规范一项扣2分	

续上表

序号	项目	操作内容	规定分	评分标准	得分
5	5S 管理	诊断仪收整	2分	未关闭诊断仪电源扣1分，未收整不得分	
		万用表收整	2分	未关闭万用表电源扣1分，未收整不得分	
		车辆恢复	2分	未恢复车辆一项扣1分，未收整车辆扣2分	
		防护用品收整	2分	未收防护用品一样扣1分，未收整不得分	
		场地清洁	4分	未认真清洁实训场地扣2分，未清洁不得分	
	总分		100分		

四、学习拓展

(一)转向系统机械部件综合故障

汽车转向系统常见的故障有转向盘沉重、转向盘发抖、转向盘回位不足、转向盘转向间隙过大和转向传动机构发出异常响声等机械故障。

维修经验总结，将其归纳制成故障排除表，如表9-5所示，有助于找到故障的原因，表中的数字表明了引起故障的可能顺序，请按顺序检查每一个零件。必要时，请修理或更换有故障的零件或进行调整。

转向系统故障排除表 表9-5

症 状	可 能 原 因
转向沉重	1.轮胎充气不足；2.前轮定位不正确；3.转向节磨损；4.转向管柱总成有故障；5.电动助力转向器总成有故障
回位不足	1.轮胎充气不当；2.前轮定位不正确；3.转向管柱总成弯曲；4.电动助力转向器总成有故障
转向游隙过大	1.转向节磨损；2.中间轴、滑动节叉磨损；3 转向器有故障
异常噪声	1.减速机构磨损；2.转向节磨损；3 电动助力转向器总成有故障
转向盘抖动	1.电动助力转向器总成有故障；2.转向管柱总成有故障

(二)转向盘自由行程检查

1. 停放车辆,安装仪器

将车辆停在平地，处于直线行驶位置，两前轮处于正前方。将行程测量仪的分度盘和指针分别夹持在转向管柱和转向盘上，如图9-35左图所示。

2. 检测

向左或向右转动转向盘至稍有阻力感觉时，指针对好刻度盘的零位，再反向转动至稍有阻力时为止，此时指针在分度盘上的读数即为自由行程。转向盘最大自由行程不大于30mm，如图9-35右图。如果自由行程超过最大值，需检查转向系统。

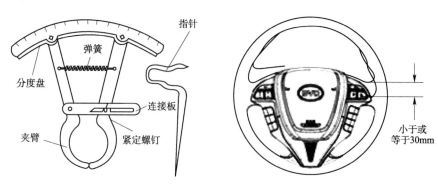

图 9-35 行程测量仪结构及转向盘自由行程检查示意图

五、思考与练习

(一)填空题

1. 电动助力转向系统按助力方式分_____转向系统和_____转向系统。
2. 电动机助力转向系统,按电动机安装位置不同,可分为_____助力式;_____助力式和_____助力式三种类型。
3. DC/DC 转换器将动力电池组_____电转换为_____电,供给电动助力转向系统 EPS 等使用。
4. 转向角度传感器是_____传感器,内置于_____或转向机_____内。
5. 转矩传感器由_____元件和电测元件组成,分_____式转矩传感器和_____式扭力传感器两种类型。
6. 转矩转角传感器用来检测转向盘的_____和_____,采用_____传感器。
7. 转矩转角传感器它输出两个彼此独立的_____信号和_____信号,控制单元用_____信号来检查_____信号是否正确。
8. 比亚迪 e6 转向 EHPS 液压泵,内部集成有_____、_____和_____组成。
9. 汽车的转向助力是通过存储在_____中不变的_____控制。
10. 电动助力转向系统使用的电动机分为_____电动机和_____电动机两种。
11. 转向油泵通常采用_____液压泵或_____液压泵。

(二)选择题

1. 比亚迪电动汽车液压助力转向系统助力电机的电压为( )。
   A. 360~330V   B. 220~180V   C. 42~20V   D. 24~12V
2. 比亚迪 e5 电动助力转向器 REPS 的额定工作电流正常状况为( ),电机的额定转速为( )。
   A. 80A、2500r/min   B. 60A、2000r/min
   C. 60A、1500r/min   D. 60A、2500r/min
3. 检查转向助力油油质时,若油的颜色为( )色时需要更换。
   A. 红   B. 黑   C. 白   D. 褐
4. 为了避免持续大电流导致电动机和控制单元损坏,所以当较大电流连续通过( )s 后,转向控制单元就会控制电流逐渐减小。

A. 30　　　　　　B. 20　　　　　　C. 10　　　　　　D. 5

5.转矩转角传感器获取转向盘上操作力的大小和方向信号,并把它们转换为(　　),传递到电动助力转向系统的 EPS 主控制器。

A.助力力矩　　　B.电信号　　　　C.电流　　　　　D.电压

(三)判断题

1. DC/DC 将低压蓄电池的电压经变压器降压成直流电压供转向助力电动机使用。
(　　)
2. 转向控制器在供电 200ms 内完成信号输出,供电 300ms 与 CAN 线交换信号。
(　　)
3. 转矩转角传感器用来检测转向盘的转矩和方向,采用霍尔传感器。(　　)
4. 轻型汽车转向控制单元计算机中最多可存储 16 种不同的特性曲线图。(　　)
5. 转向系统的蜗杆和蜗轮传动,用于空间交错 20°左右的两轴之间传递动力。(　　)
6. 转向液压泵的助力油为制动液压油,都起到将液压能转变为机械能的作用。(　　)
7. 特性曲线是由电机给予的助力转向力矩的总量来决定的。(　　)
8. 转矩转角传感器的控制单元用副信号来检查主信号是否正确。(　　)
9. e6 转向液压泵控制单元端子中,有一个针脚为 IG1 电源线。(　　)
10. 重型汽车的特性曲线,有五种不同速度的特性曲线组成。(　　)

(四)简答题

1. 简述转向助力电动机的旋转原理。
2. 简述 EHPS 液压助力转向系统的组成部件。
3. 简述转向控制单元的控制原理。
4. 转向系统常见的故障有哪些?
5. 完善比亚迪 e5 电动助力 REPS 电机端子接线各端子含义。

REPS 插接件端子定义

测试端子	端子说明	测试端子	端子说明
D1 – 车身		D8 – 车身	
D2 – 车身		C4 – 车身	
D3 – 车身		C5 – 车身	
D4 – 车身		C7 – 车身	
D5 – 车身		C8 – 车身	
D6 – 车身		A1 – 车身	
D7 – 车身		A2 – 车身	

6. EHPS 液压油如何检查,有什么要求?
7. 如何检查转向盘自由间隙?

任务10　电动汽车制动系统控制及检修

学习目标

❖ **知识目标**

1. 能描述电动汽车制动系统工作原理；
2. 能描述电动汽车制动系统控制原理；
3. 能电动汽车制动系统主要控制部件检修方法。

❖ **能力目标**

1. 能使用诊断仪读取电动汽车制动系统故障码和数据流；
2. 能对电动汽车制动系统主要控制部件进行检修。

建议课时

8课时。

任务描述

某一电动汽车客户进厂咨询维修人员，为什么车辆一起动就会听到一个电机运转的声音，如果你是被问的维修人员，该如何向客户解释这个现象？

一、理论知识准备

（一）电动汽车制动系统工作原理

1. 电动汽车制动系统组成

如图 10-1 所示，电动汽车制动系统主要由制动器总成、真空助力器装置、制动压力调节装置 ABS、制动管路、真空泵及真空罐、制动踏板等几部分组成。

从汽车制动系统的组成结构而言，电动汽车制动系统与传统汽车制动系统最大的不同就在于真空助力源的产生方式。电动汽车真空助力源由真空泵产生，传统汽车真空助力源由发动机产生，传统汽车制动系统组成如图 10-2 所示。

2. 电动汽车制动系统工作原理

电动汽车制动系统工作过程如图 10-3 所示，当驾驶人起动汽车时，12V 电源接通，电子控制装置系统模块开始自检，如果真空罐内的真空度小于设定值（50kPa）时，真空压力传感器输出相应电压值至控制器，此时控制器控制电子真空泵开始工作，真空度达到设定值后，真空压力传感器输出相应电压值至控制器，此时控制器控制真空泵停止工作，当真空罐内的真空度因制动消耗，真空度小于设定值（50kPa）时，电子真空泵再次开始工作，如此循环。

（二）电动汽车制动系统控制原理

电动汽车制动系统控制与传统汽车制动系统控制相比，区别主要在于有无对真空泵的工作控制和制动能量回收控制。因此,除制动能量回收控制外,电动汽车制动系统控制就是在传统汽车制动系统的控制基础上对电子真空泵的工作进行控制的过程,其真空助力部件组成如图10-4所示。

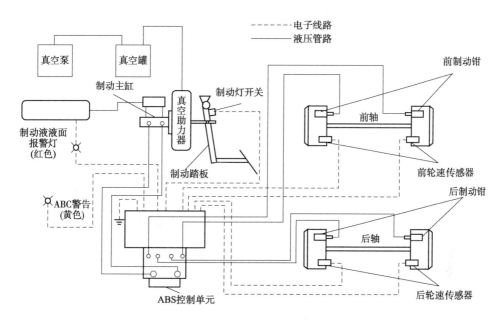

图10-1 电动汽车制动系统组成示意图

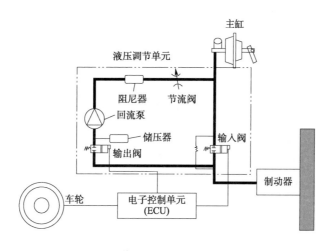

图10-2 传统汽车制动系统结构原理图

1. 比亚迪电动汽车制动系统控制原理

1)电子真空泵控制电路

比亚迪电动汽车电子真空泵控制电路如图10-5所示,电子真空泵的工作由主控ECU根据真空罐上的压力传感器信号,通过控制电子真空泵继电器K3-2或K3-3进行工作。电子真空泵的工作电源由低压蓄电池或铁电池提供,由两个继电器控制工作的目的是保证安全。

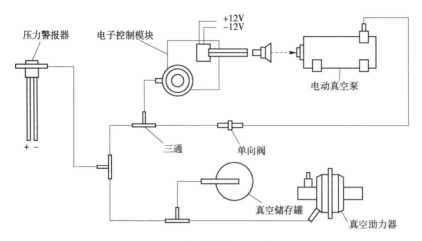

图 10-3　电动汽车制动系统工作原理

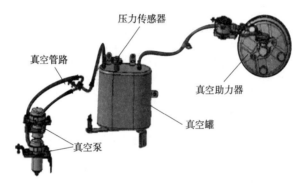

图 10-4　电动汽车制动系统真空助力部件组成

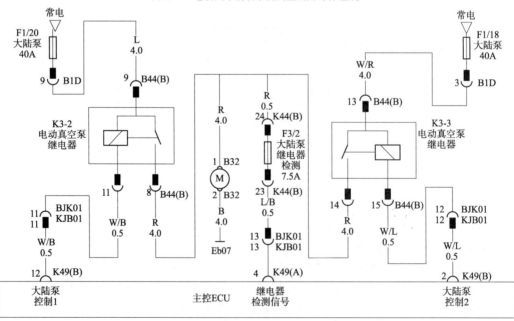

图 10-5　比亚迪电动汽车电子真空泵控制电路

2)电子真空泵控制原理

(1)电子真空泵起停条件如下:

①车速<60km/h:真空度低于60kPa时起动,达到75kPa时关闭;

②车速≥60km/h:真空度低于70kPa时起动,达到75kPa时关闭。

(2)电子真空泵控制策略如下:

①正常模式:电子真空泵工作如图10-6所示,在满足开启条件时起动,一般在上电后,踩两次制动踏板,主控ECU便控制电机运转,抽取真空。当真空度超出范围后,主控ECU断开驱动电机电路,电机停止运转。

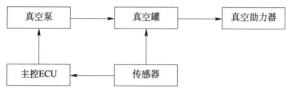

图10-6 比亚迪电动汽车电子真空泵工作原理示意图

②异常模式:当电子真空泵系统失效或系统严重漏气时,开启电子真空泵,电子真空泵不受真空度关断条件的限制。

(3)异常模式判断方法如下:

①外围器件故障:无制动且电子真空泵处于工作状态,5s内真空度无变化,则判断为电子真空泵系统失效。有制动且电子真空泵处于工作状态,10s内真空度无变化,则判断为电子真空泵系统失效。

②系统漏气:严重漏气。在外围器件无故障时,车速>10km/h,无行车制动,电子真空泵处于工作状态,在这个条件下5s后开始检测真空度,若真空度<30kPa,则认为系统严重漏气。一般漏气。若同时满足条件"真空泵不工作"和"无行车制动信号1s后"条件,且检测真空度从67kPa下降到61kPa时间小于30s,则判断为一般漏气。主控ECU本身损坏:主控自检MOS管是否烧毁。

(4)异常模式处理方法如下:

①若电子真空泵系统失效或系统严重漏气,则发出严重告警信号,同时进入真空泵控制策略中的异常模式;

②若检测电子真空泵系统一般漏气,则发出一般警告信号,这时仍按真空泵控制策略中的正常模式控制;

③报警后期处理。一般报警和严重报警都执行断电后重新检测的原则,若重新检测后发现无同类故障,则取消报警并把前次报警记录在历史故障中。

2.北汽电动汽车制动系统控制原理

1)电子真空泵控制电路

如图10-7所示为电子真空泵工作原理图,电子真空泵的供电电压(12V)由蓄电池经过30A低压熔丝(SB6)之后到整车控制器第4脚,经过其内部控制电路后到真空泵正极,电子真空泵负极直接与蓄电池负极相接。电子真空泵是否起动受整车控制器控制,其控制依据是根据真空压力传感器送入的信号电压的大小来决定是否起动电子真空泵。当满足真空泵起动条件后,整车控制器第3脚输出12V电压,给电子真空泵供电,电子真空泵即开始工作。真空压力传感器与整车控制器的连接关系是:传感器的供电和搭铁由整车控制器完成,分别接入整车控制器的第 92 脚和 50 脚,信号电压由传感器送入整车控制器(第 27 脚)。

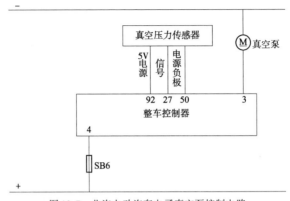

图 10-7 北汽电动汽车电子真空泵控制电路

2)电子真空泵的工作原理

电子真空泵工作原理如图 10-8 所示,整车控制器根据真空传感器反馈的真空度信号,确定电子真空泵的起动和停止时间。当真空度低于 50kPa 时,整车控制器使电子真空泵起动;当真空度高于 75kPa 时,整车控制器使电子真空泵停止;当真空度低于 34kPa 时,整车控制器报警。

图 10-8 北汽电动汽车电子真空泵工作原理示意图

(三)电动汽车制动系统主要控制部件检修

1. 制动液液位检查

制动液液位检查需要根据制动摩擦片磨损情况来进行。如果制动摩擦片磨损将要达到极限,而液位在最小标记或略高处时,无须添加制动液。如果制动摩擦片是新的或没有达到摩擦片磨损极限,那么制动液的液位必须位于最小和最大标记之间,如图 10-9 所示。如果液位降低到了最小标记之下,必须在添加制动液之前检查制动系统。检查制动液管路是否泄漏,检查制动液液面,必要时补充。制动液型号为 DOT4,液面高度在 MAX~MIN 之间,更换周期为 2 年或 5 万 km。

2. 电子真空泵电源检查

1)检查北汽电动车电子真空泵电机的供电

检查电子真空泵电机的供电是否正常的步骤如下:

(1)检查发动机舱电器盒是否损坏,如损坏则更换。

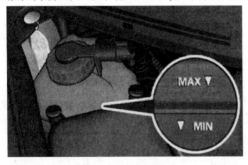

图 10-9 制动液高度标识

(2)检查发动机舱电器盒线束插件是否接触不良。

(3)检查发动机舱电器盒真空泵电机熔丝30A是否接触不良,位置如图10-10所示。

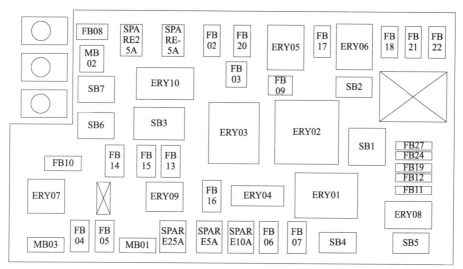

图10-10 北汽电动汽车熔丝布置

(4)根据电子真空泵控制电路图10-7,使用万用表测量发动机舱电器盒真空泵电机熔丝SB6(30A)是否烧损,如果损坏,更换处理;否则测整车控制器的4脚是否有12V电压。如无则整车控制器线束损坏,更换该线束。

2)检查比亚迪电动车电子真空泵电机的供电

检查电子真空泵电机的供电是否正常的步骤如下:

(1)检查发动机舱电器盒是否损坏,如损坏则更换。

(2)检查发动机舱电器盒线束插件是否接触不良。

(3)检查发动机舱电器盒真空泵电机熔丝F1/18和F1/20是否接触不良,熔丝位置如图10-11所示。

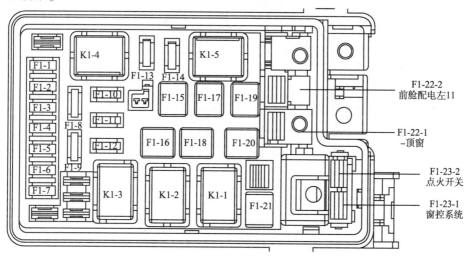

图10-11 比亚迪电动汽车熔丝位置

(4)根据电子真空泵控制电路图10-5,使用万用表测量发动机舱电器盒电子真空泵继电器熔丝F1/18和F1/20是否烧损,如果损坏,更换处理;否则检测主控ECU的K49(A)16脚是否有12V电压,针脚接线如图10-12所示。如无,则主控ECU线束损坏,更换该线束。

3. 检查电动汽车电子真空泵

1)检查北汽电动汽车电子真空泵

(1)检查电子真空泵供电是否正常。如图10-7所示,用万用表量电子真空泵插件第1脚到整车控制器线束端81芯插件(A)3脚线束针脚是否导通。若导通,使用万用表测量电子真空泵线束端应该有12~13V电压,如达不到,初步判定整车控制器损坏。

(2)检查电子真空泵搭铁是否正常。使用万用表测量电子真空泵插件第2脚到低压电机线束总成搭铁针脚是否导通,如图10-7所示。

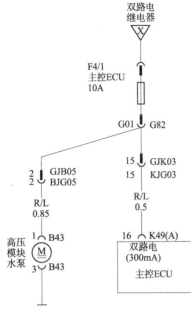

图10-12 主控ECU电压针脚

(3)检测电子真空泵泄漏。通过踩制动踏板在看真空泵是否常工作,用真空表测试制动真空压力或读数据流进行判断。当压力低于55kPa时,没有在8s内恢复,检查电子真空泵是否漏气,如连接管路无漏气,则判定电子真空泵损坏。

(4)电子真空泵达到正常工作压力后应停止工作。如不停止工作,检查真空储存罐单向阀连接管路是否漏气、真空储存罐单向阀胶圈是否损坏,单向阀位置如图10-13红色箭头所示。

2)检查比亚迪电动汽车电子真空泵

(1)检查电子真空泵供电是否正常。在OK挡状态,踩几次制动踏板后,检测电子真空泵黑红针脚应有12~13V电压,如无,初步判定电子真空泵电源故障,如图10-14所示。

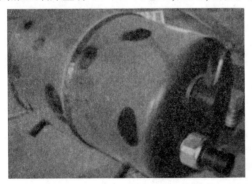

图10-13 北汽电动汽车真空罐

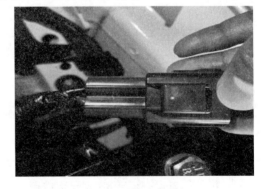

图10-14 电子真空泵针脚

(2)检查电子真空泵搭铁是否正常。使用万用表测量电子真空泵插件黑线针脚与搭铁针脚是否导通,若未导通,判断为搭铁线路故障,如图10-14所示。

(3)检测电子真空泵泄漏。通过踩制动踏板在看真空泵是否常工作,电子真空泵安装位置如图10-15所示。无制动且电子真空泵处于工作状态,5s内真空度无变化,则判断为电子真空泵系统失效。有制动且电子真空泵处于工作状态,10s 内真空度无变化,则判断为电子真空泵系统失效。

图 10-15　比亚迪电动汽车电子真空泵安装位置

(4) 电子真空泵在达到正常工作压力后应停止工作。如不停止工作,检查真空储存罐单向阀连接管路是否漏气,真空储存罐单向阀胶圈是否损坏,真空罐连接管路如图 10-16 所示。

图 10-16　比亚迪电动汽车真空罐连接管路

4. 压力传感器检查

1) 检查北汽电动汽车真空压力传感器

(1) 检查传感器与整车控制器之间的线束,操作流程如下:

① 用万用表测量真空压力传感器插件第 1 脚到整车控制器线束端 121 芯插件(B)92 脚线束针脚供电线是否导通,如图 10-17 所示。

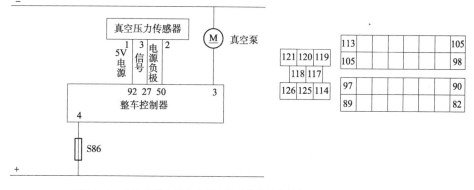

图 10-17　北汽电动汽车真空压力传感器与整车控制器 B 插头针脚示意图

②用万用表测量真空压力传感器插件第 2 脚到整车控制器线束端 81 芯插件(A)50 脚线束针脚搭铁线是否导通,如图 10-18 所示。

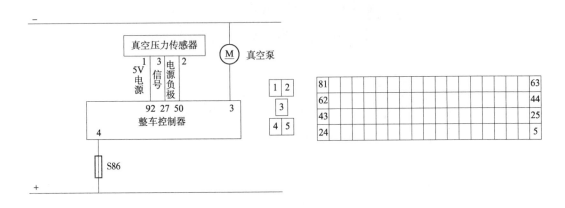

图 10-18　北汽电动汽车真空压力传感器与整车控制器 A 插头针脚示意图

③用万用表测量真空压力传感器插件第 3 脚到整车控制器线束端 81 芯插件(A)27 脚线束针脚信号线是否导通,如图 10-18 所示。

(2)检查真空压力传感器供电是否正常。在 OFF 挡电状态下,用万用表测量真空压力传感器插件第 1 脚到整车控制器线束端 121 芯插件(B)92 脚线束针脚导通后,如图 10-17 所示。在 ON 挡电状态下,用万用表测量真空压力传感器线束端第 1 脚是否有 5 V 左右电压,如达不到,初步判定整车控制器损坏。

(3)检查真空压力传感器的信号输出是否正常。在 OFF 挡电状态下,用万用表测量真空压力传感器插件第 3 脚到整车控制器线束端 81 芯插件(A)27 脚线束针脚导通后,如图 10-18 所示。在 ON 挡电状态下,用万用表测量真空压力传感器线束端第 3 脚是否有 0.5 ~ 5V 输出电压,如达不到,初步判定真空压力传感器损坏。

2)检查比亚迪电动汽车真空压力传感器

(1)检查真空压力传感器供电是否正常。如图 10-19 所示,在 ON 挡电状态下,用万用表测量真空压力传感器线束端第 1 脚是否有 5 V 左右电压,如达不到,初步判定主控 ECU 故障。

(2)检查真空压力传感器的信号电压。如图 10-19 所示,在 ON 挡电状态下,用万用表测量真空压力传感器线束端第 3 脚是否有 0.5 ~ 5V 输出电压,如达不到,初步判定真空压力传感器故障。

(3)检查真空压力传感器负极线路。如图 10-19 所示,在 OFF 挡电状态下,用万用表测量真空压力传感器线束端第 2 脚与搭铁之间的阻值,标准为 <1.5Ω,如达不到,初步判定负极线路故障。

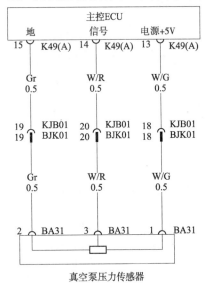

图 10-19　比亚迪 e5 电动汽车真空压力传感器电路

5. 真空助力器检查

通过踩制动踏板,真空泵正常工作后,达到规定压力将停止工作,检查真空助力器及连接管路有无漏气,如图10-20所示。连续踩制动踏板以后踩住制动踏板,听真空助力器是否有漏气声,确定故障点。

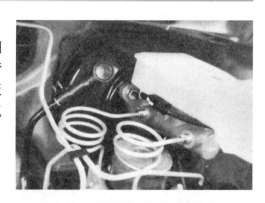

图10-20 真空助力器管路泄漏点检查

二、任务实施

(一)准备工作

(1)防护用品:机舱防护三件套,车辆室内五件套。

(2)车辆:比亚迪 e6 或其他纯电动汽车。

(3)台架及总成:纯电动汽车实验台架总成。

(4)检测设备:比亚迪新能源汽车专用诊断仪 VDS1000、VDS2000 或其他诊断仪、万用表。

(5)拆装工具:小一字螺钉旋具。

(二)技术要求与注意事项

(1)正确、规范操作使用解码器,防止损坏。

(2)正确、规范操作使用万用表,避免用电阻挡检测带电体。

(3)做好实训安全操作准备,如做好车辆举升、安全防护和提示、准备好检测设备和拆装工具等工作。

(4)结束后恢复实训场地,如解除车辆举升状态,收拾清洁检测和拆装工具设备,清洁清扫场地。

(三)操作步骤

本操作任务主要对电动汽车(以比亚迪 e6B 车型为例)制动系统故障码和数据流读取、制动液位和制动系统主要部件进行检查操作,从而进一步加强了解电动汽车制动系统控制原理及主要部件检修方法。

1. 读取主控 ECU 故障码和数据流

(1)安装车辆室内五件套。

(2)插好无线诊断接头,如图10-21所示。

(3)接通 OK 挡。

(4)打开 VDS1000 或 VDS2000。

(5)连接好诊断仪和车辆之间的通信。

(6)选择比亚迪 e6 车型。

(7)进入整车模块扫描,如图10-22所示。

(8)选择主控 ECU 模块,进入主控器。

(9)选择主控 ECU 故障检测功能,运行读取主控 ECU 故障码。

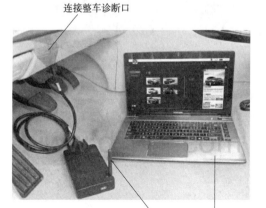

图10-21 连接诊断设备

(10) 停止主控 ECU 故障码读取。

(11) 选择主控 ECU 数据流功能,运行读取主控 ECU 数据流,如图 10-23 所示。

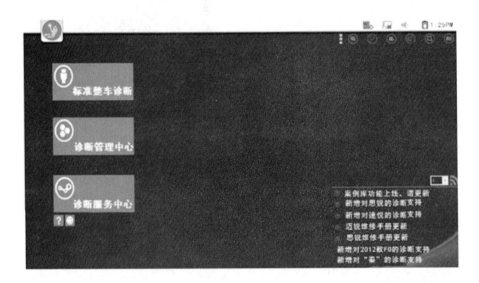

图 10-22　整车扫描

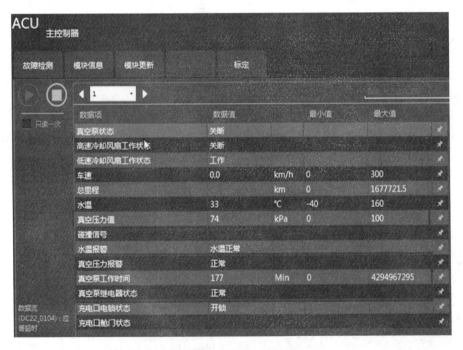

图 10-23　主控 ECU 数据流

(12) 停止并退出主控 ECU 数据流读取操作。

(13) 退出解码器操作并关闭解码器运行。

(14) 退出 OK 挡电,使车辆处于 OFF 挡状态。

(15)收拾、整理诊断设备。

2.制动液位检查

(1)将起动开关置于 OFF 挡位置。

(2)拉动机舱打开拉手,弹起机舱盖。

(3)按压机舱打开开关,打开并顶好机舱盖。

(4)安装机舱作业防护三件套,如图 10-24 所示。

(5)在制动主缸处找到制动液储液罐安装位置。

(6)检查制动液高度位置,制动液高度应在 MAX 和 MIN 之间,如图 10-25 和图 10-26 所示。若制动液高度位置低于 MIN,需添加补充符合规定要求的制动液。

图 10-24　安装机舱三件套

图 10-25　制动液位最低位置

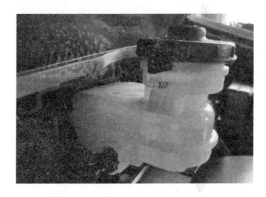

图 10-26　制动液位最高位置

3.电动汽车制动系统工作状态检查

(1)在机舱左侧找到电子真空泵,如图 10-27 所示。

(2)按操作流程上 OK 挡电。

(3)检查电子真空泵是否运转,若不运转或一直运转,可初步判定电动汽车制动系统故障或漏气。

(4)车辆复位。退出 OK 挡,使车辆置于 OFF 挡状态。

4.电子真空泵检查

(1)检查车辆置于 OFF 挡状态。

(2)在机舱左侧找到电子真空泵。

(3)在电子真空泵里侧找到电源插头,如图 10-28 所示。

(4)用小一字螺钉旋具向下拨动电子真空泵电源插头锁紧装置,脱开插头,如图 10-29 所示。

(5)识别电子真空泵插头线束颜色,黑色为搭铁线,黑红色为电源线。

(6) 用万用表电阻自动挡检查黑色线与搭铁之间的阻值,标准为 <1.5Ω,如图 10-30 所示。

图 10-27 电子真空泵安装位置

图 10-28 电子真空泵电源插头位置

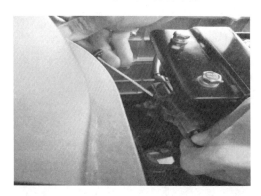

图 10-29 压电子真空泵电压插头锁紧装置

图 10-30 电子真空泵搭铁线检测

(7) 上 OK 挡电,使车辆置于 OK 挡状态。

(8) 用万用表直流电压自动挡检测黑红线与搭铁之间的电压,标准为 12V 左右,如图 10-31 所示。

(9) 退出 OK 挡电,使车辆处于 OFF 挡状态。

(10) 电子真空泵插头复位。

(11) 5S 管理。

①收整万用表。

②收整场地。

5. 真空压力传感器检查

(1) 检查车辆置于 OFF 挡状态。

(2) 在机舱驱动电机控制器后下部找到真空罐,在真空罐上部找到真空压力传感器,如图 10-32 所示。

(3) 下压真空压力传感器锁紧装置,脱开传感器插头。

(4) 识别真空压力传感器插头,2 脚为空脚,1 脚为负极,3 脚为电源,4 脚为信号,如图 10-33 所示。

(5) 用万用表电阻自动挡检测 1 脚与搭铁之间电阻,正常阻值为十几欧,如图 10-34

所示。

（6）按操作流程上 OK 挡电。

（7）用万用表直流电压自动挡检测 3 脚与搭铁之间电压，电压值正常为 5V 左右，如图 10-35 所示。

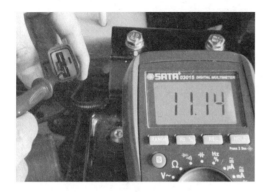

图 10-31　电子真空泵电压检测

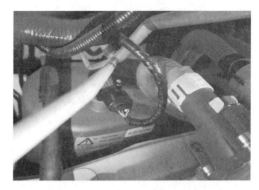

图 10-32　真空压力传感器安装位置

图 10-33　真空压力传感器插头针脚

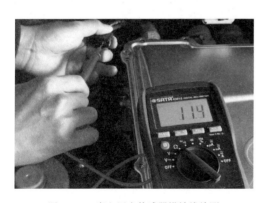

图 10-34　真空压力传感器搭铁线检测　　　　图 10-35　真空压力传感器电压检测

（8）用万用表直流电压自动挡大头针检测 4 脚与搭铁之间电压，电压值正常为 0.5~5V 左右，如图 10-36 和图 10-37 所示。

（9）退出 OK 挡电，使车辆处于 OFF 挡状态。

· 225 ·

图 10-36　测量用大头针　　　　　图 10-37　真空压力传感器信号检测

(10) 真空压力传感器插头复位。

(11) 5S 管理,操作如下:

①收整万用表。

②收整场地。

三、技能考核标准

实操技能考核标准如表 10-1 所示。

实操技能考核标准　　　　　　　　　表 10-1

序号	项目	操作内容	规定分	评分标准	得分
1	读取主控 ECU 故障码和数据流	车辆室内五件套安装	3 分	能正确按要求安装五件套,漏装一项扣 2 分	
		解码器连接操作	3 分	能正确连接解码器,不能连接通讯扣 3 分	
		主控 ECU 故障码和数据流读取	3 分	能按要求读取主控 ECU 模块的故障码和数据流,不正确或漏操作一次扣 2 分	
2	制动液液位检查	机舱三件套安装	3 分	能按要求正确安装三件套,漏装一项扣 2 分,不装不得分	
		制动液储液罐液位刻线识别	3 分	不能找到制动液储液罐液位刻线不得分,不清楚含义一项扣 2 分	
		制动液液位高度检查	4 分	不能判断液位是否合适不得分	

· 226 ·

续上表

序号	项 目	操作内容	规定分	评 分 标 准	得分
3	电动汽车制动系统工作状态检查	电子真空泵安装位置识别	3分	不能准确找到电子真空泵不得分	
		上电操作	4分	不能按操作流程操作不得分	
		制动系统工作状况判断	4分	不能正确判断出制动系统工作状况,不得分	
		车辆复位操作	4分	车辆未复位不得分	
4	电子真空泵检查	电子真空泵插头安装位置识别	3分	不能识别电子真空泵电源插头安装位置,不得分	
		脱开电子真空泵插头	4分	不能正确脱开电子真空泵电源插头不得分	
		电子真空泵插头针脚识别	3分	不会识别电子真空泵针脚顺序不得分	
		检查电子真空泵负极线路	4分	不能正确检测并读出检测数值,不得分	
		电动汽车上电操作	3分	不能按规范操作流程进行上电操作,扣3分	
		检查电子真空泵电压	4分	不能正确检测并读出检测数值,不得分	
		断开OK挡电	3分	未能进行断电操作,扣3分	
		电子真空泵插头复位	3分	未断开OK挡电复位电子真空泵插头,不得分	
5	真空压力传感器检查	找到真空压力传感器安装位置	3分	不能准确找到真空压力传感器不得分	
		脱开真空压力传感器插头	3分	不能正确脱开真空压力传感器插头,不得分	
		识别真空压力传感器插头针脚	3分	不能正确识别真空压力传感器插头针脚的序号,不得分	
		万用表使用	3分	万用表使用错误一次扣2分	
		真空压力传感器搭铁线检查	4分	不能正确检测并读出检测数值,不得分	
		真空压力传感器电源检查	4分	不能正确检测并读出检测数值,不得分	
		真空压力传感器信号电压检查	4分	不能正确检测并读出检测数值,不得分	

续上表

序号	项目	操作内容	规定分	评分标准	得分
6	5S 管理	诊断仪收整	3分	未关闭诊断仪电源扣2分，未收整不得分	
		万用表收整	3分	未关闭万用表电源扣2分，未收整不得分	
		车辆恢复	3分	未恢复车辆一项扣2分，未收整车辆不得分	
		防护用品收整	3分	未收防护用品一样扣2分，未收整不得分	
		场地清洁	3分	未认真清洁实训场地扣2分，未清洁不得分	
	总分		100分		

四、学习拓展

（一）制动系统管路排空气

1. 制动系统排空气的目的

制动系统在检修、更换制动液之后，或拆卸了制动主缸、制动轮缸和油管重新装配后，便会有空气渗入制动系统管路，使制动效能明显降低，因此必须将制动系统内部渗入的空气排除干净。

2. 制动系统管路有空气进入的判断

第一次踩下制动踏板，软绵无力；连续踩数次，制动踏板逐次升高，升高后踏下不动并感到有弹力，则表明制动系统中有空气，容易发生气阻现象，必须对液压传动装置排气。

3. 制动系统管路人工排放空气方法

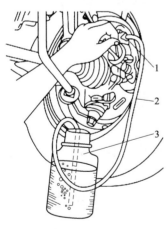

图 10-38 排气管路连接
1-排气螺钉；2-油管；3-容器

进行人工排气时，需两人配合进行。排除空气的顺序应由远到近，一般为右后轮→左后轮→右前轮→左前轮。在对有两个制动轮缸的车轮制动器进行排气时，应先排下制动轮缸空气，后排上制动轮缸空气，每个制动轮缸的排气方法均相同。

（1）取下放气阀上的防尘罩，在放气阀上装上适当长度的透明油管，一头插入容器中，油管的下口不得露出液面，如图 10-38 所示。

（2）一个人踩制动踏板数次，然后用力将制动踏板踩下不动，另一个人将制动轮缸放气阀上的排气螺钉旋松 1/2 圈，此时空气伴随着油液一起排出，当制动踏板位置下降到行程的终点后，立即把排气螺钉拧紧，注意两人配合要准确，排气操作如图 10-39 所示。

（3）重复进行上述操作，即可排净制动系统内的空气，直到流出没有气泡的制动液为止,然后拧紧排气螺钉,装复防尘罩。

(4)在排气过程中,要随时检查制动主缸制动液面高度,如不足应予以补充制动液。

注:排出的制动液不能继续使用,因为制动液可能与空气长期接触,制动液吸收了大量水分,这样会影响制动效能。

(二)手动更换制动液

1. 抽油

将车辆停放在平地上,熄火,打开机舱盖,使用注射器将储油罐中的油抽出来,抽到罐底,如图10-40所示。

图10-39 排气操作

图10-40 抽油

2. 注油

将新的制动液注满油壶,倒注时尽量使用漏斗以免洒漏到机舱上,制动液具有腐蚀性,如图10-41所示。

3. 拆卸右后车轮

使用千斤顶将车辆顶起,先从右后轮开始,卸掉轮胎,如图10-42所示。

图10-41 添加新制动液

图10-42 拆卸右后车轮

4. 拆卸排油口防尘帽

找到制动分泵的放油螺钉,取掉上面的橡胶防尘帽,如图10-43所示。

5. 排油准备

使用扳手拧松放油螺钉,把橡胶管套在上面,另外一头连接到放油瓶内,如图10-44所示。

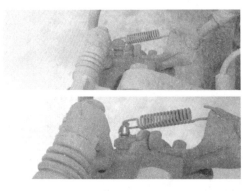 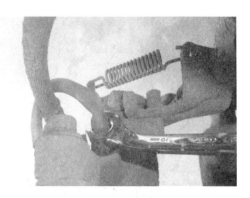

图 10-43　放油螺钉位置　　　　　　　图 10-44　拧松放油螺钉

6. 排放旧制动液

如果是两人操作的话,可一人去踩制动踏板,一人观察放油。注意橡胶管内制动油的颜色,旧油颜色较深,新油颜色较浅,如发现橡胶管内排出的已是较浅的新油则此轮的换油已完成,如图 10-45 所示。停止踩制动踏板,装上轮胎,然后按离制动总泵从远到近的顺序重复操作剩余的三个车轮。

7. 检查添加制动液

四轮全部排放完毕后,观察机舱内储油罐的油量是否已达到下限,储油罐上有上、下限标识,如图 10-46 所示,如果达到可适当添加新的制动油。

8. 试车

在相对安全的地方起动车辆进行制动试验。

图 10-45　换油　　　　　　　　　　　图 10-46　补充添加制动液

五、思考与练习

(一) 填空题

1. 电动汽车制动系统主要由_____、真空助力器装置、_____、制动管路、_____、制动踏板等几部分组成。

2. 电动汽车制动系统控制与传统汽车制动系统控制相比,区别主要在于有无对_____的工作控制和_____控制功能。

3. 若同时满足条件_____和_____条件,且检测真空度从 67kPa 下降到 61kPa 时间小于30s,则判断为一般漏气。

4.整车控制器根据_____反馈的真空度信号,确定_____的起动和停止时间。

5.制动液型号为_____,液面高度在_____之间,更换周期为_____或_____。

(二)选择题

1.比亚迪电动汽车制动系统的电子真空泵有两个继电器控制其工作的主要目的是(　　)。
　A.保证安全
　B.电子真空泵功率需要
　C.有两个电子真空泵
　D.保障电子真空泵在汽车行驶时一直运转

2.电动汽车电子真空泵工作正常与否的初步判断是上电后通过(　　)来判断。
　A.读取故障码　　　　　　　　B.读取数据流
　C.踩制动踏板　　　　　　　　D.检查电子真空泵电源保险

3.电动汽车制动系统的电子真空泵是根据(　　)的信号来决定是否起动。
　A.真空压力传感器　　　　　　B.制动踏板开关
　C.车速　　　　　　　　　　　D.A/C开关

4.比亚迪电动汽车制动系统的电子真空泵的工作受(　　)控制。
　A.电池管理器BMS　　　　　　B.整车控制器VCU
　C.主控ECU　　　　　　　　　D.真空压力传感器

5.北汽电动汽车制动系统的电子真空泵的工作受(　　)控制。
　A.电池管理器BMS　　　　　　B.整车控制器VCU
　C.主控ECU　　　　　　　　　D.真空压力传感器

(三)判断题

1.电动汽车制动系统与传统汽车制动系统最大的不同就在于真空助力源的产生方式。
(　　)

2.除制动能量回收控制外,电动汽车制动系统控制就是在传统汽车制动系统的控制基础上对电子真空泵的工作进行控制的过程。(　　)

3.比亚迪电动汽车电子真空泵的工作由主控ECU根据真空罐上的压力传感器信号进行控制。(　　)

4.比亚迪电动汽车主控ECU可根据真空罐的压力变化判断电子真空泵的好坏。
(　　)

5.北汽电动汽车电子真空泵由整车控制器控制其工作。(　　)

6.电动汽车真空泵在车辆起步后一直运转。(　　)

7.比亚迪电动汽车电子真空泵有两套工作控制线路。(　　)

8.北汽电动汽车电子真空泵有两套工作控制电路。(　　)

9.制动液液位检查不需要根据制动摩擦片磨损情况来进行。(　　)

10.当电子真空泵系统失效或系统严重漏气时,开启电子真空泵,电子真空泵不受真空度关断条件的限制。(　　)

(四)简答题
1. 简述电动汽车制动系统的工作原理。
2. 简述比亚迪电动汽车制动系统控制原理。
3. 简述北汽电动汽车制动系统控制原理。
4. 简述比亚迪电动汽车电子真空泵的检查内容。
5. 简述北汽电动汽车电子真空泵的检查内容。
6. 简述比亚迪电动汽车真空压力传感器的检查内容。
7. 简述北汽电动汽车真空压力传感器的检查内容。

任务 11　电动汽车空调系统控制及检修

学习目标

❖ **知识目标**
1. 能描述电动汽车空调系统结构原理;
2. 能描述电动汽车空调制冷系统控制原理;
3. 能描述电动汽车空调采暖系统控制原理;
4. 能描述电动汽车空调系统主要控制部件检修方法。

❖ **能力目标**
1. 能使用诊断仪读取电动汽车空调系统故障码和数据流;
2. 能对电动汽车空调系统进行绝缘性能检修;
3. 能对空调取暖部件空调压缩机及PTC进行阻值检测。

建议课时

12课时。

任务描述

某4S店反映,有一进场维修的电动汽车客户咨询维修人员,电动汽车的空调制冷和采暖系统和传统汽车一样吗?如果你是该车维修人员应如何回答客户?

一、理论知识准备

(一)电动汽车空调系统结构原理

1. 汽车空调的功能

汽车空调是对汽车车厢内空气进行调节的装置,其主要作用是创造出车内环境的舒适性,保持车内空气的温度、湿度、流速、洁净度等在热舒适性的标准范围内,将车内的空气调节到使人感到舒适的程度。

1) 调节车内空气的温度

汽车空调通过暖风装置使车内温度在冬季达 18℃以上,并能除去风窗玻璃上的霜或雾;汽车空调通过制冷装置使车内温度在夏季保持在 25℃左右。

2) 调节车内空气的湿度

通过制冷装置和暖风装置可以进行除湿,它通过制冷装置冷却,去除空气中的水分,再由采暖装置升温以降低空气中的相对湿度,保持车内湿度合适。

3) 调节车内空气流动

汽车空调能使车内的气体以一定的风速和方向流动,并进行换气,保持车内有足够的新鲜空气和适合的风速,气流速度一般为 0.25m/s 左右。

4) 净化车内空气

车内空气中含有的灰尘及一些有害物质,可通过空调的净化装置进行滤除或吸附处理。

2. 汽车空调结构原理

汽车空调由制冷系统和采暖系统组成。制冷系统的作用是利用制冷剂蒸发时吸收热量来降低车内温度。采暖系统的作用是将冷空气送入加热器芯加热,并将热空气送入车厢内进行取暖。

1) 制冷系统结构原理

(1) 制冷系统组成。如图 11-1 所示,汽车空调制冷系统由压缩机、冷凝器、集液器或集液干燥器、孔管或膨胀阀、蒸发器、鼓风机、压力开关、高低压检修阀和制冷管道等组成。

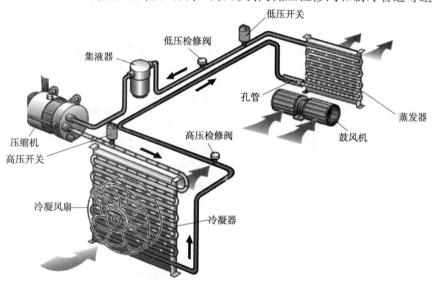

图 11-1 制冷系统结构

(2) 制冷系统工作原理。如图 11-1 所示,汽车空调压缩机由发动机(电动机)驱动旋转,由压缩机排出的高温高压制冷剂蒸气,通过高压软管进入空调的冷凝器。由于高温高压的制冷剂蒸气温度高于车外的空气温度,因此借助冷凝器风扇使冷凝器中制冷剂蒸气的热量被车外空气带走,使高温高压的制冷剂蒸气冷凝成为较高温度的高压液体,通过高压软管流入干燥储液器,经干燥和过滤后,流过膨胀阀。在膨胀阀的节流作用下,制冷剂变成低温低压的液体而进入汽车空调的蒸发器,在定压下汽化并吸收蒸发器管外空气中的热量,使流经蒸发器的车内循环空气的温度降低成为冷气,通过鼓风机送入车内,降低车内的空气温度。汽化后的制冷剂蒸汽,由压缩机吸入进行压缩,又变成高温高压的制冷剂气体,通过高压软管压入汽车空调的冷凝器,完成了汽车空调的一个制冷循环。此循环周而复始地进行,就可以使车内的温度维持在舒适的状态。

制冷系统通过制冷剂的气液两相转换时所形成的吸热和放热过程实现制冷。围绕制冷剂的气液转换,制冷工作循环可归纳为压缩、放热、节流和吸热四个过程,如图11-2所示。

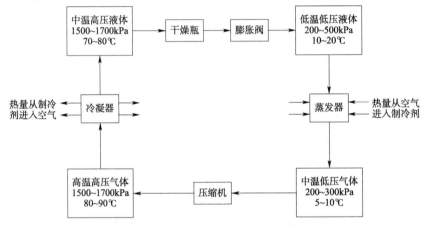

图11-2 制冷系统原理

2)采暖系统结构原理

(1)采暖系统组成。汽车空调的采暖系统分为余热式和独立式两类,传统汽车主要采用余热式采暖系统。汽车空调取暖系统主要由控制阀、鼓风机和加热器芯等组成,其结构组成如图11-3所示。

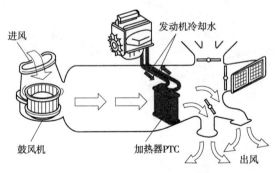

图11-3 汽车空调取暖系统

(2)采暖系统工作原理。如图11-3所示,鼓风机将新鲜空气从进气口泵入由发动机冷却水为热源的加热器芯,新鲜空气流经加热器芯后产生热交换,空气被加热,被加热的空气由控制阀控制从不同的进气口进入车辆内部,车辆内部空间温度升高,实现车内取暖功能。

3. 电动汽车空调结构原理

电动汽车空调的结构原理与常规汽车空调的结构原理基本类似,不同之处主要在于电动压缩机及制热。

在常规车辆上,对于制冷系统,制冷压缩机多采用活塞式或斜板式类型,其主要靠皮带轮,通过发动机曲轴带动转动。其转速只能被动的通过发动机转速来调节,空调系统无法主动的对压缩机转速进行调节。对于采暖系统,通过发动机冷却液的热量来制热,其局限在发动机起动、暖机阶段制热效果不好。

在电动车辆上,电动汽车空调系统采用机电一体化压缩机制冷及 PTC 制热模块采暖,如图 11-4 所示。对于制冷系统,压缩机为电动压缩机,其驱动靠高压电驱动,其转速可被系统主动的调节。其调节范围在 0 ~ 4000r/min,这样保证了良好的制冷效果,同时也节省了电能。对于采暖系统,通过约 3000W 的 PTC 制热模块制热,同时可调节制热量。

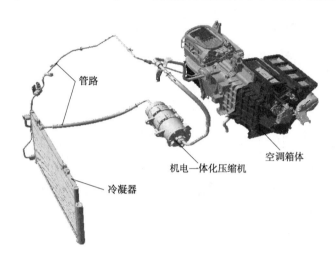

图 11-4 电动汽车空调系统组成

1) 空调压缩机结构原理

(1) 空调压缩机结构。涡旋式汽车空调压缩机的结构如图 11-5 所示,涡旋式电动空调压缩机的核心部件由一固定涡轮盘和一运动涡轮盘组成。运动涡轮和固定涡轮的结构十分相似,都是由端板和由端板上伸出的渐开线型涡旋齿组成,两者偏心配置且相差 180°,固定涡轮静止不动,而运动涡轮在专门的防转机构的约束下,由曲柄轴带动作偏心回转平动,如图 11-6 所示。

图 11-5 电动压缩机结构　　　　　图 11-6 涡轮结构

(2) 空调压缩机工作原理。

工作时气体通过压缩机的吸气口吸入,进入吸气室。吸气室的气体通过啮合涡旋盘的吸气口进入压缩腔,如图 11-7 所示,气体被压缩以后通过涡旋盘的排气口进入压缩机后部的背压腔,然后通过开设在背压腔上的压缩机排气口排出。压缩机的吸气口与空调系统的回气管相连,排气口与空调系统的进气管相连。

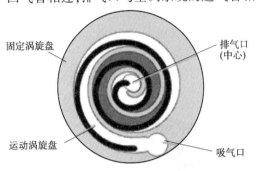

图 11-7 涡旋式空调压缩机工作原理

在工作规程中,气体从开始吸入到完全排出,运动涡轮要运转三周,运动涡轮运转的每一周,同时存在吸气过程、压缩过程、排气过程,如图 11-8 所示。

2)PTC 结构原理

电动汽车采暖系统多采用 PTC 加热空气或 PTC 加热冷却水制热。采用 PTC 空气加热器加热空气的制热方式,PTC 空气加热器取代传统车上的暖风芯体。采用 PTC 加热冷却水制热方式,则保留了传统空调的暖风芯体。

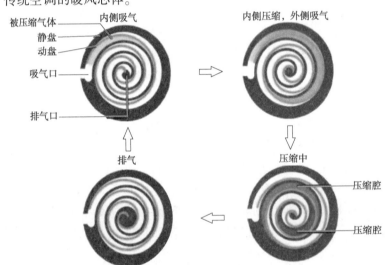

图 11-8 电动压缩机工作原理

(1)PTC 空气加热器结构原理。PTC 空气加热器结构如图 11-9 所示,工作原理如图 11-10 所示。当鼓风机将新鲜空气从进气口泵入由 PTC 为热源的加热器芯,新鲜空气与加热器芯 PTC 产生热交换,空气被加热升温,相对的高温空气由控制阀控制从不同的进气口进入车辆内部,车内温度升高,实现车内取暖功能。

比亚迪 e6 和北汽 EV200 电动汽车采用 PTC 空气加热器采暖,北汽 EV200 电动汽车 PTC 功率为 4kW。

(2)PTC 水加热器结构原理。PTC 水加热器结构如图 11-11 所示,工作原理如图 11-12 所示。采暖时,PTC 加热器先加热冷却水,再通过冷却水加热鼓风机从进气口泵入的新鲜空气,空气被间接加热,相对的高温空气由控制阀控制从不同的进气口进入车辆内部,车内温度升高,实现车内取暖功能。

比亚迪 e5 电动汽车供暖系统采用 PTC 水加热模块,额定功率 6kW,PTC 加热冷却液后供给暖风芯体,空调电子水泵安装在电动压缩机上端。

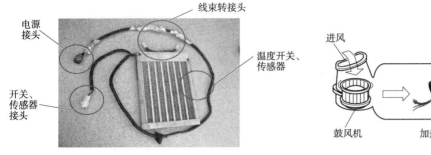

图11-9 PTC空气加热器外形结构

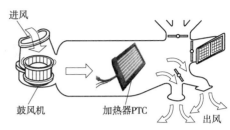

图11-10 PTC工作原理

图11-11 PTC水加热器外形结构

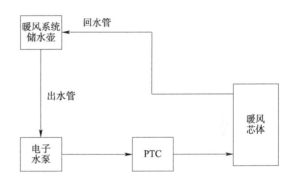

图11-12 PTC水加热器工作原理

(二)电动汽车空调制冷系统控制原理

1. 比亚迪e6电动汽车空调制冷系统控制原理

如图11-13所示,比亚迪e6电动汽车空调压缩机和空调控制器独立布置。制冷时通过开启空调按钮后,空调控制器根据控制信号控制空调驱动器将动力电池320V电经过变压后为空调压缩机供电,使其能够正常制冷。在制冷工作过程中,散热风扇由空调控制器根据控制信号,通过控制主控制器控制其运转;其余部件均由空调控制器根据控制信号直接控制工作,如控制鼓风机、循环控制电动机、出风模式电动机等部件工作。

2. 北汽EV200电动汽车空调制冷系统控制原理

在北汽EV200电动汽车中,整车控制器控制空调功能的开启与关闭,如图11-14所示。点火开关旋至ON挡后,按下A/C按钮,表示空调制冷功能请求输出。此时,整车控制器会接到A/C请求,同时开关上的工作状态指示灯点亮,整车控制器根据内部程序控制制冷系统工作。

3. 冷凝风扇的控制

(1)开启条件

冷凝风扇开启条件为高低压开关闭合,且有A/C请求信号开启或电池制冷请求信号开启。

(2)关闭条件

关闭条件为高低压开关断开或A/C请求信号关闭。

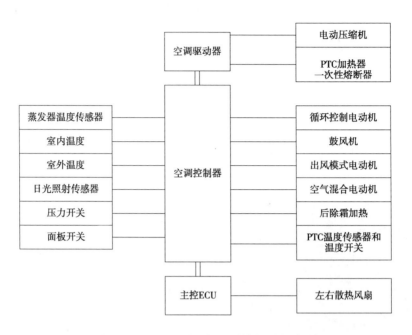

图 11-13　比亚迪电动汽车空调系统控制原理框图

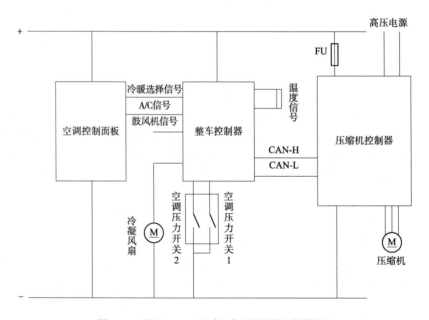

图 11-14　北汽 EV200 电动汽车空调压缩机控制原理

(3) 关闭延时控制

在待机模式下,高低压开关断开请求关闭,冷凝风扇延时 5s 关闭。在开机模式下,高低压开关断开时,冷凝风扇延时 5s 关闭。若高低压开关闭合,关闭 A/C 请求信号,则冷凝风扇延时 5s 关闭。

风扇控制与系统压力的关系见表 11-1 所示。

风扇控制与系统压力的关系　　　　　　　　表 11-1

序号	系统压力工况	系统高低压触发状态	系统中压触发状态	风扇请求状态
1	压力过低	触发	未触发	停机
2	压力正常	未触发	未触发	低速
3	压力偏高	未触发	触发	高速
4	压力过高	触发	触发	高速

(三)电动汽车空调采暖系统控制原理

1. 比亚迪 e6 电动汽车空调采暖系统控制原理

通过开启空调按钮后,空调驱动器将动力电池 320V 电经过变压后为 PTC 制热模块供电,使其能够正常制热。如图 11-13 所示,比亚迪 e6 电动汽车 PTC 由空调控制器根据 PTC 温度传感器和温度开关信号,通过控制空调驱动器控制 PTC 工作。比亚迪电动汽车 PTC 接线插头如图 11-15 所示。

2. 北汽 EV200 电动汽车空调采暖系统控制原理

1)PTC 控制

在北汽 EV200 车型上,PTC 加热电阻的工作由专门的控制模块控制,PTC 加热电路原理如

图 11-15　比亚迪电动汽车 PTC 插头

图 11-16 所示。PTC 控制模块采集加热请求,同时根据整车控制器或压缩机控制器控制信号、PTC 总成内部传感器温度反馈等信号综合控制 PTC 通断。PTC 控制模块采集信息内容包括风速、冷暖程度设置、出风模式、加热器起动请求和环境温度。

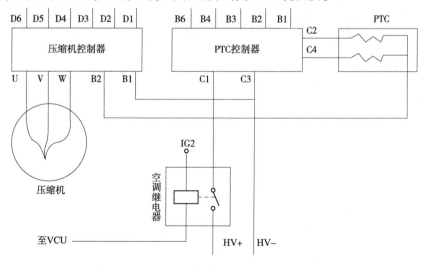

图 11-16　北汽 EV200 电动汽车 PTC 加热控制电路

2)PTC 电路

北汽 EV200 电动汽车 PTC 内部电路如图 11-17 所示,加热线圈有两组,电源由空调继电

239

器提供,负极提供 PTC 控制器搭铁。图中 PTC 热敏电阻除用作加热元件外,同时还能起到开关的作用,兼有敏感元件、加热器和开关三种功能,称之为热敏开关。电流通过元件后引起温度升高,即发热体的温度上升,当超过居里点温度后(居里点温度是指磁性材料中自发磁化强度降到零时的温度,是铁磁性或亚铁磁性物质转变成顺磁性物质的临界点。),电阻增加,从而限制电流增加,于是电流的下降导致元件温度降低,电阻值的减小又使电路电流增加,元件温度升高,周而复始。因此,PTC 热敏电阻具有使温度保持在特定范围的功能,又起到开关作用,利用这种阻温特性做成加热源。

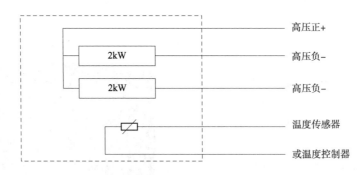

图 11-17 北汽 EV200 电动汽车 PTC 内部结构

(四)电动汽车空调系统主要控制部件检修

1. 空调系统故障检修原理

空调系统故障包括 CAN 通信故障、欠电压故障、过电压故障、过热报警和过电流保护,不同的故障原因导致出现不同的故障现象。

1) CAN 通信故障

当空调控制器接收到来自 CAN 总线的控制指令时,控制器将根据控制指令执行相应动作。压缩机在运行过程中要不断地接收到来自 CAN 总线的信息,若压缩机控制器在 5s 内未接收到有效的 CAN 指令,则认为 CAN 通信故障,压缩机将执行停机操作。

2) 欠电压故障

当空调控制器输入电压低于 DC220V 时,进入欠电压故障模式,控制器通过 CAN 信息将故障信息上传。

3) 过电压故障

当空调控制器输入电压大于 DC420V 时,进入过电压故障模式,控制器通过 CAN 信息将故障信息上传。

4) 过热报警

控制器通过内部传感器可以实时监测 IGBT 的工作温度,当 IGBT 工作温度大于 90℃时,控制器将给出停机指令,停止压缩机工作并将过热报警信息通过 CAN 总线上传。

5) 过电流保护

当控制器在运行过程中,如果载荷超过系统最大带载能力或出现较大扰动,会造成系统输出相电流变大,当相电流达到硬件设定值时,触发硬件过电流保护功能。控制器立刻停止运行并通过 CAN 通信上报故障信息。

2. 电动汽车空调系统主要部件检修

1) 空调压缩机性能检查

(1) 绝缘电阻检查。测量压缩机电动机绕组的绝缘电阻的方法如图 11-18 所示,拔下高压插接件放电后,将兆欧表的两根测量线接于压缩机的引线柱和外壳之间,用 500V 兆欧表进行测量时,其绝缘电阻值应不低于 5MΩ。若测得的绝缘电阻低于 5MΩ,则表示压缩机的电动机绕组与铁芯之间发生漏电,不能继续使用。

(2) 空调压缩机线圈电阻值检查。在高低压断电和空调压缩机控制器电容放电后,检查空调压缩机侧高压插接器正负极之间的电阻值,如图 11-19 和图 11-20 所示。北汽电动汽车直流压缩机正常阻值为 1.7~2MΩ,比亚迪电动汽车直流压缩机阻值为 1.5MΩ 左右,交流驱动压缩机阻值为 0.5~1Ω,如阻值不正常更换空调压缩机。

图 11-18 空调压缩机绝缘阻值检测

图 11-19 比亚迪电动汽车两相压缩机线圈阻值

图 11-20 比亚迪电动汽车三相压缩机线圈阻值

(3) 绝缘不良的原因。造成压缩机电动机绝缘不良有以下几种原因,若出现绝缘不良,最好更换相同规格、型号的压缩机。

① 电动机绕组绝缘层破损,造成绕组与铁芯局部短路。

② 组装或检修压缩机时因装配不慎,致使电线绝缘受到摩擦或碰撞,又经冷冻油和制冷

剂的侵蚀,导线绝缘性能下降。

③因绕组温升过高,致使绝缘材料变质、绝缘性能下降等。

2)PTC 性能检查

(1)PTC 绝缘阻值检查。PTC 加热线圈绝缘阻值检测方法如图 11-21 所示,将兆欧表的两根测量线接于 PTC 高压线路的一端和车辆搭铁之间,用 500V 兆欧表进行测量时,其绝缘电阻值应不低于 500MΩ。若测得的绝缘电阻低于 500MΩ,则表示 PTC 加热线圈与车辆搭铁之间发生漏电,不能继续使用。北汽电动汽车 PTC 高压盒为 11 芯插头,如图 11-22 所示,B 为正极、D 和 B 为负极。

图 11-21　比亚迪电动汽车 PTC 绝缘阻值检测

图 11-22　北汽 PTC 高压盒端子

(2)PTC 加热线圈阻值检测。电动汽车 PTC 损坏往往是加热线圈短路或断路所致,短路故障通过绝缘性能检查确定,断路故障可通过检查加热线圈的阻值大小进行判断。一般情况下,PTC 加热线圈阻值在室温时有固定阻值。检测方法如图 11-23 所示,用万用表 2kΩ 量程检测 PTC 高压正极和负极接线柱之间的电阻。比亚迪电动汽车室温时 PTC 高压正与高压负之间为 100~200Ω。检测时不同车型 PTC 加热线圈阻值不相同,检测时标准阻值因车而异,但 PTC 高压正与高压负之间应有适当的阻值为正常。

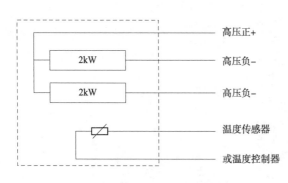

图 11-23　PTC 加热线圈阻值检测

二、任务实施

(一)准备工作

(1)防护用品:机舱防护三件套,车辆室内五件套,绝缘鞋、绝缘手套。

(2)车辆:比亚迪 e6 或其他纯电动汽车。
(3)台架及总成:纯电动汽车台架或压缩机及 PTC 总成。
(4)检测设备:比亚迪新能源汽车专用诊断仪 VDS1000、VDS2000 或其他诊断仪、万用表、兆欧表。
(5)拆装工具:常用拆装套装工具。

(二)技术要求与注意事项

(1)正确、规范操作使用解码器,防止损坏。
(2)正确、规范操作使用兆欧表,防止被兆欧表的高压电击伤。
(3)正确、规范操作使用万用表,避免用电阻挡检测带电体。
(4)做好实训安全操作准备,如做好车辆举升、安全防护和提示、准备好检测设备和拆装工具等工作。
(5)结束后恢复实训场地,如解除车辆举升状态,收拾清洁检测和拆装工具设备,清洁清扫场地。

(三)操作步骤

本操作任务主要对电动汽车(以比亚迪 e6B 车型为例)空调控制系统故障码和数据流读取、空调压缩机性能检查操作,PTC 性能检查操作,从而进一步加强了解电动汽车空调控制系统原理及主要部件检修方法。

1. 读取空调控制系统故障码和数据流

(1)安装车辆室内五件套。
(2)插好无线诊断接头,如图 11-24 所示。
(3)上 OK 挡电。
(4)打开 VDS1000 或 VDS2000。
(5)连接好诊断仪和车辆之间的通讯。
(6)选择比亚迪 e6 车型。
(7)进入整车模块扫描,如图 11-25 所示。
(8)选择 AC1 模块,进入 1 号空调控制器。

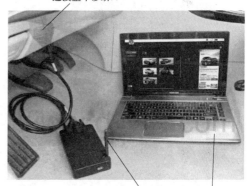

图 11-24 连接诊断设备

(9)选择 1 号空调控制器故障检测功能,运行读取 AC1 故障码。
(10)停止 AC1 故障码读取。
(11)选择 1 号空调控制器数据流功能,运行读取 AC1 数据流,如图 11-26 所示。
(12)停止并退出 AC1 数据流读取操作。
(13)选择 AC2 模块,进入 2 号空调控制器。
(14)选择 2 号空调控制器故障检测功能,运行读取 AC2 故障码。
(15)停止 AC2 故障码读取。
(16)选择 2 号空调控制器数据流功能,运行读取 AC2 数据流,如图 11-27 和图 11-28 所示。
(17)停止并退出 AC2 数据流读取操作。

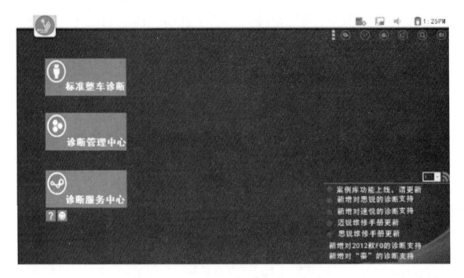

图 11-25　整车扫描

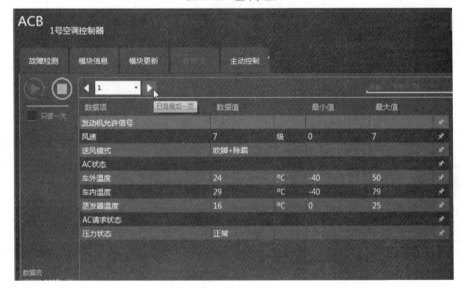

图 11-26　AC1 数据流

(18) 选择 ACCP 模块，进入空调控制面板。

(19) 选择 ACCP 故障检测功能，运行读取 ACCP 故障码。

(20) 停止 ACCP 故障码读取。

(21) 选择 ACCP 模块数据流功能，运行读取 ACCP 数据流，如图 11-29 所示。

(22) 停止并退出 ACCP 数据流读取操作。

(23) 退出解码器操作并关闭解码器运行。

(24) 收拾、整理诊断设备。

2. 空调压缩机性能检查

1) 绝缘电阻检查

(1) 将起动开关置于 OFF 挡位置。

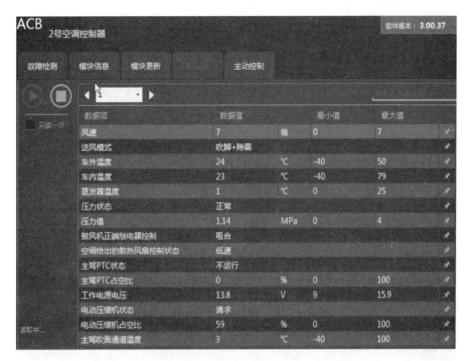

图 11-27　AC2 数据流 1

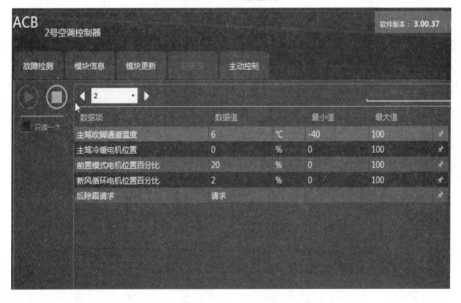

图 11-28　AC2 数据流 2

(2) 拉动机舱打开拉手,弹起机舱盖。
(3) 按压机舱打开开关,打开并顶好机舱盖。
(4) 安装机舱作业防护三件套,如图 11-30 所示。
(5) 断开低压蓄电池负极。
① 用 10 号梅花扳手松开蓄电池负极紧固螺栓,如图 11-31 所示。
② 左右摇动蓄电池负极并拔下蓄电池负极,如图 11-32 所示。

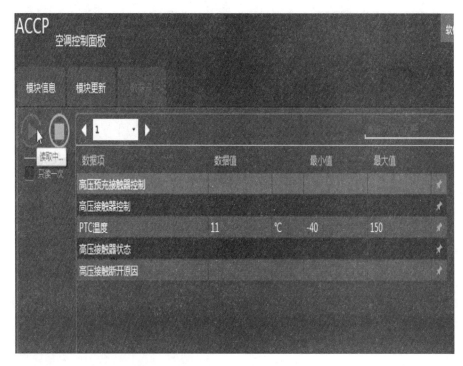

图 11-29　ACCP 数据流

图 11-30　安装机舱三件套

(6) 按下列顺序及要求断开高压维修开关。

① 打开前排座椅中央通道上的杂物箱盖,取下小盖板。

② 拆卸位于通道上的维修开关盖板螺丝及盖板,拔下对外输出电源插头和 USB 插头,并将线束置于中央通道的两侧。

③ 检查穿戴好绝缘手套和绝缘胶鞋。

④ 拉直维修开关手柄,拔下维修开关,将警示牌放置于维修开关座旁边。

⑤ 将维修开关保存在自己口袋中或置于比较安全的地方。

 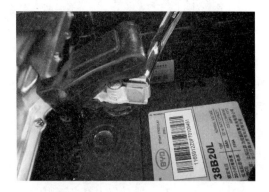

图 11-31　旋松电压蓄电池负极紧固螺母

 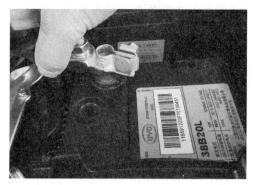

图 11-32　拆卸电压蓄电池负极

⑥盖好前排座椅中央通道上的杂物箱盖。

⑦收整高压防护用品和拆装工具。

(7)找到空调控制器和空调压缩机高压输入端子,如图 11-33 所示。

(8)脱开空调压缩机高压输入端子。

(9)检查空调压缩机高压输入端子的绝缘性。

①检查穿戴好高压防护用品。

②按要求插接好兆欧表与检测连线。

③兆欧表正极表笔插入高压线检测端,兆欧表负极与车身搭铁相连。

④选择兆欧表 200MΩ 挡,1000V 量程。

⑤按旋转方向按下检测按钮,如图 11-34 所示,标准为大于 5MΩ。

图 11-33　空调压缩机和 PTC 插头

(10)5S 管理,操作如下：

①兆欧表复位,收整兆欧表。

②收整高压防护用品。

2)空调压缩机线圈电阻值检查

(1)直流驱动空调压缩机线圈阻值检测,操作流程如下：

①找到空调压缩机高压输入插头。

②用万用表电阻自动挡测量空调压缩机高压正和高压负之间的电阻值,如图 11-35 所示,标准为 1.7~2MΩ。

(2)交流驱动空调压缩机线圈阻值检测,操作流程如下：

①找到空调压缩机高压输入插头。

②用万用表电阻自动挡测量空调压缩机 A 相和 B 相之间的电阻值,如图 11-36 所示,标准为 0~1Ω。

③用万用表电阻自动挡测量空调压缩机 B 相和 C 相之间的电阻值,如图 11-37 所示,标准为 0~1Ω。

图 11-34　检测空调压缩机高压输入端子的绝缘阻值

图 11-35　检测两相空调压缩机线圈阻值

图 11-36　检测 AB 相空调压缩机线圈阻值

图 11-37　检测 BC 相空调压缩机线圈阻值

④用万用表电阻自动挡测量空调压缩机 A 相和 C 相之间的电阻值,如图 11-38 所示,标准为 0 ~ 1Ω。

(3)5S 管理

①万用表复位,收整万用表。

②空调压缩机插头复位。

图 11-38　检测 AC 相空调压缩机线圈阻值

3. PTC 性能检查

1) PTC 绝缘阻值检查

(1)找到 PTC 高压输出端子,如图 11-33 所示。

(2)脱开 PTC 高压输出端子。

(3)检查 PTC 高压输出端子的绝缘性。

①检查穿戴好高压防护用品。

②按要求插接好兆欧表与检测连线。

③兆欧表正极表笔插入高压线检测端,兆欧表负极与车身搭铁相连。

④选择兆欧表 2GΩ 挡,1000V 量程。

⑤按旋转方向按下检测按钮,如图 11-39 所示,标准为大于 500MΩ。

(4)5S 管理,操作如下:

①兆欧表复位,收整兆欧表。
②收整高压防护用品。
2)PTC加热线圈阻值检测
(1)找到空调压缩机高压输出插头。
(2)用万用表电阻自动挡测量PTC总成或实车高压正和高压负之间的电阻值,如图11-40和图11-41所示,标准为100～200Ω。
(3)5S管理,操作如下:
①万用表复位,收整万用表。
②PTC插头复位。

图11-39 检测PTC高压输入端子绝缘阻值

图11-40 检测PTC总成加热线圈阻值

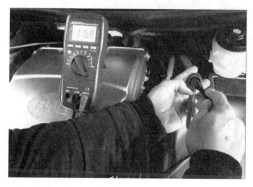

图11-41 检测PTC实车加热线圈阻值

4. 复位操作

(1)维修开关复位,操作如下:
①打开前排座椅中央通道上的杂物箱盖。
②检查穿戴好高压防护用品。
③按下图顺序安装闭合高压维修开关,如图11-42所示。
④插好对外输出电源插头和USB插头,安装位于通道上的维修开关盖板螺钉及盖板。
⑤安装小盖板,关闭前排座椅中央通道上的杂物箱盖。
⑥收整高压防护用品和拆装工具。
(2)安装蓄电池负极并加固。
(3)收整室内五件套和机舱三件套。
(4)机舱、车门复位。
(5)收整套装工具。
(6)清洁、整理场地。

三、技能考核标准

实操技能考核标准如表11-2所示。

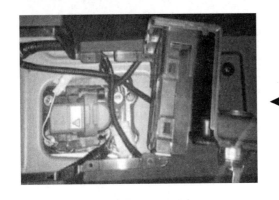
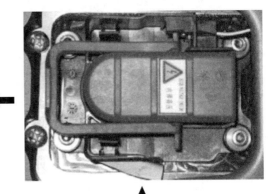

图 11-42　安装维修开关

实操技能考核标准　　　　　　　　　　　　　　　　　　　　表 11-2

序号	项　目	操作内容	规定分	评 分 标 准	得 分
1	读取空调控制系统故障码和数据流	车辆室内五件套安装	4分	能正确按要求安装五件套，漏装一项扣2分	
		解码器连接操作	4分	能正确连接解码器，不能连接通讯扣4分	
		AC1模块故障码和数据流读取	4分	能按要求读取AC1模块的故障码和数据流，不正确或漏操作一次扣2分	
		AC2模块故障码和数据流读取	5分	能按要求读取AC2模块的故障码和数据流，不正确或漏操作一次扣2分	
		ACCP模块故障码和数据流读取	5分	能按要求读取ACCP模块的故障码和数据流，不正确或漏操作一次扣2分	

续上表

序号	项目	操作内容	规定分	评分标准	得分
2	空调压缩机性能检查	三件套、五件套使用	4分	能按要求安装三件套、五件套,漏装一项扣2分	
		高压防护用品使用	4分	能正确、规范使用高压防护用品,未检测扣2分,未使用扣4分	
		断开维修开关	4分	能按操作流程规范断开维修开关,流程顺序错误或漏操作一项扣2分	
		空调压缩机绝缘性能检测	5分	能正确进行高压插头漏电检测,不会检测扣5分,漏检一项扣2分	
		兆欧表使用	5分	能按要求使用兆欧表,不会使用扣5分	
		空调压缩机线圈阻值检测	5分	能正确进行直流或交流空调压缩机线圈阻值检测,不会检测扣5分,漏检一项扣2分	
		万用表使用	4分	能正确、规范使用万用表,挡位错一次扣1分	
3	PTC性能检查	高压防护用品使用	4分	能正确、规范使用高压防护用品,未检测扣2分,未使用扣4分	
		PTC绝缘性能检测	5分	能正确进行高压插头漏电检测,不会检测扣10分,漏检一项扣3分	
		兆欧表使用	5分	能按要求使用兆欧表,不会使用扣4分	
		PTC加热线圈阻值检测	5分	能正确进行直流或交流空调压缩机线圈阻值检测,不会检测扣10分,漏检一项扣3分	
		万用表使用	4分	能正确、规范使用万用表,挡位错一次扣1分	

续上表

序号	项目	操作内容	规定分	评分标准	得分
4	5S管理	工具收整	4分	能按要求收拾、清洁工具，未收整扣3分，未认真收整扣2分	
		量具收整	4分	能按要求收拾、清洁量具，未收整扣4分，未认真收整扣2分	
		场地清洁	4分	能按要求收拾、清洁场地，未收整扣3分，未认真收整扣2分	
5	复位操作	高压维修开关复位	3分	能按操作流程规范复位维修开关，流程顺序错误或漏操作一项扣2分	
		蓄电池负极复位	3分	能按操作要求规范复位蓄电池负极，漏操作一项扣2分	
		五件套收整	3分	能按要求收拾、清洁五件套，未收整扣4分，未认真收整扣2分	
		三件套收整	3分	能按要求收拾、清洁三件套，未收整扣4分，未认真收整扣2分	
	总分		100分		

四、学习拓展

(一) 空调系统其他主要部件

1. 冷凝器的结构与原理

1) 功能

来自压缩机的热的气态制冷剂(约 50~90℃)被压入到冷凝器的上部，冷凝器的蛇形管和金属薄片会吸收热量。凉的外部空气穿过冷凝器会吸收热量，于是制冷剂气体的热量被带走而冷却下来了。在一定温度和一定压力时，制冷剂在冷却过程中会冷凝，于是气态制冷剂就变成液态的制冷剂。液态制冷剂从冷凝器的下部流出进入干燥器。

2) 结构

冷凝器由迂回的蛇形管构成，该管与薄金属片刚性连接在一起，如图 11-43 所示。在接通空调装置后，冷凝器由散热器风扇来冷却，以保证制冷环路的正常工作，冷凝器一般都安装在散热器的前方。

平行流式冷凝器由集流管、扁管、波形散热翅片以及连接管组成，是专为 R134a 提供的一种新型冷凝器。这种冷凝器的传热效率比管带式冷凝器又提高了30%~40%。在新能源汽车上，部分车型使用 R410a 制冷剂。

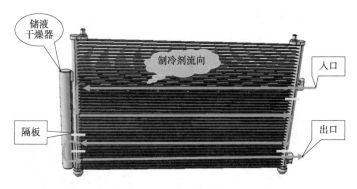

图 11-43 平行流式冷凝器

2．储液干燥器的结构与原理

1）储液干燥器的作用

储液干燥器是配合膨胀阀使用,安装在系统的高压侧,主要作用除储存、干燥、过滤制冷剂之外,还可以防止气态的制冷剂进入蒸发器。只要打开了制冷剂环路,就必须要更换制冷剂储液罐。

2）储液干燥器的结构

制冷剂储液罐在安装前应尽可能地保持在封闭状态,这样就可使得干燥器从周围空气中所吸收的水气尽可能少。在新能源汽车上,为了节省机舱空间,储液干燥器通常是集成在冷凝器的一端。从冷凝器底部留出的制冷剂直接进入干燥器,经干燥器干燥后进入到节流装置,其结构如图 11-44 所示。

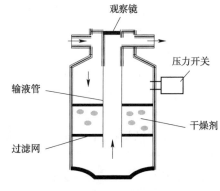

图 11-44 干燥器结构

3．节流装置

1）节流装置的作用

节流装置的主要作用是控制高压制冷剂液体进入蒸发器的流量,使制冷系统分为高压侧和低压侧,使高压液体进入低压侧膨胀汽化,达到吸热降温作用。

2）节流装置的结构

汽车上目前使用较多的节流装置是膨胀阀型节流装置,普通汽车多用传统膨胀阀如图 11-45 所示,高端汽车或电动汽车多使用电子膨胀阀节流装置,如图 11-46 所示。

3）膨胀阀作用

(1) 节流降压。它将从冷凝器来的高温高压液态制冷剂节流降压,成为容易蒸发的低温低压雾状制冷剂进入蒸发器,即分开了制冷剂的高压侧和低压侧。

(2) 自动调节制冷剂流量。由于制冷负荷的改变以及压缩机转速的改变,要求制冷剂流量作相应的调节,以保持车厢内温度稳定。膨胀阀能自动调节进入蒸发器的制冷剂流量,以满足制冷循环的要求。

(3) 控制制冷剂流量、防止液击和异常过热的发生。膨胀阀以感温包作为感温元件控制流量大小,保证蒸发器尾部有一定量的过热度,从而保证蒸发器的有效作用,避免液态制冷剂进入压缩机而造成液击现象,同时又能控制过热度在一定范围内。汽车空调制冷系统在运行过程中,制冷负荷是变化的。如系统刚开始降温时,车内的温度较高,这时就将蒸发温度升高,要求进入蒸发器的制冷剂流量增大;而当车内温度较低时,使进入蒸发器的流量减少,根据制冷负荷的变化自动调节其流量。

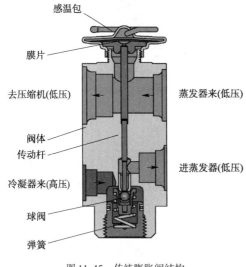

图 11-45　传统膨胀阀结构　　　图 11-46　电子膨胀阀

4. 蒸发器

1) 蒸发器

蒸发器是一个热交换器,其作用是将制冷剂低温、低压的气液混合体吸热气化,使之成为低温、低压的气体,被压缩机吸入。

2) 蒸发器结构原理

蒸发器结构如图 11-47 所示,其工作过程是将膨胀阀喷出的雾状制冷剂在蒸发器中蒸发,热空气被鼓风机强迫通过蒸发器,空气中的热量被汽化的制冷剂吸收,使其降温。这样,制冷剂液体逐渐气化最终变为饱和蒸气,从而达到降低车内空气温度的目的。

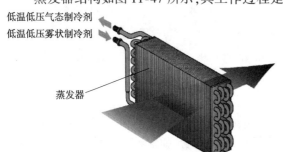

图 11-47　蒸发器结构

(二) 电动汽车空调制冷系统维修诊断

汽车空调系统故障包括:电器故障、功能部件的机械故障、制冷剂和冷冻机油引起的故障等,集中表现为系统不制冷、制冷不足、不制热、制热不足或异响等较为突出。

1. 维修空调系统时的注意事项

(1) 保养空调系统必须由专业技术人员进行。

(2) 维修前应使工作区通风,请勿在封闭的空间或接近明火的地方操作制冷剂。维修前应戴好眼罩,保持至维修完毕。

(3) 避免液体制冷剂接触眼睛和皮肤。若液体制冷剂接触眼睛和皮肤,应用冷水冲洗,并注意:不要揉眼睛或擦皮肤。在皮肤上涂凡士林软膏。严重的要立刻找医生或医院寻求专业治疗。

（4）制冷系统中如果没有足够的制冷剂,请勿运转压缩机;避免由于系统中无充足的制冷剂并且油润滑不足造成的压缩机可能烧坏的情况。

（5）压缩机运转时不要打开压力表高压阀,只能打开和关闭低压阀。

（6）冷冻油必须使用专用冷冻油。不可乱用其他品牌的润滑油代替,更不能混用(不同牌号)。

（7）S6DM 空调系统冷冻油总量为 150mL,当系统因渗漏导致冷冻油总量低于 140mL 时,就有可能造成压缩机的过度磨损,因此维修站应视情况补加冷冻油。

（8）维修时应注意,打开管路的"O"形圈必须更换,并在装配前在密封圈上涂冷冻油后按要求力矩连接。

（9）维修中严格按技术要求操作(充注量、冷冻油型号、力矩要求等),按照要求检修空调,保证空调系统的正常工作和使用寿命。

（10）因冷冻油具有较强的吸水性,在拆下管路时要立即用堵塞或口盖堵住管口,不要使湿气或灰尘进入制冷系统。

（11）在排放系统中过多的制冷剂时,不要排放过快,以免将系统中的压缩机油也抽出来。

（12）定期清洗空气过滤网,保持良好的空气调节质量。

（13）检查冷凝器散热片表面是否有脏污,不要用蒸汽或高压水枪冲洗,以免损坏冷凝器散热片,应用软毛刷刷洗。

（14）避免制冷剂过量。若制冷剂过量,会导致制冷不良。

2. 基本判断方法

基本方法是指根据看、听、摸等方式直观感觉到故障的部位。

1）看

（1）首先查看仪表板上的压力、冷却液温度、油压及各性能指示灯是否显示正常。

（2）观察冷凝器、蒸发器及管路连接处是否有油污,如有则说明有制冷剂和冷冻润滑油泄漏。

（3）系统部件和管路接头处是否有结霜、结冰现象。

（4）从储液干燥器视液窗观察制冷剂量。

2）听

耳听压缩机、送风机、排风机、冷凝器风扇运转是否有异常声音。而作为维修人员,还要仔细的了解、听取驾驶人员对故障现象的描述。

3）摸

开启制冷系统 15~20min 后,用手触摸系统部件,感受其温度。

（1）压缩机进、排气管,应有明显温差。

（2）冷凝器进、出口管应有温差,出口管温度应低于进口处温度。

（3）储液干燥器进、出口温度的比较:进口温度与出口温度相等时,表示冷气系统正常;进口温度低于出口温度时,表示制冷剂不足;进口温度高于出口温度时,表示制冷剂过多。

(4)膨胀阀进、出口温差明显。

注：在用手触摸高压区部位时要防止烫伤。如果压缩机高、低压侧之间没有明显温差，则说明制冷剂泄漏严重。

4）测

主要是借助空调压力表对制冷系统的高、低压侧进行压力测试，通过对压力的测试，来判断空调制冷系统是否正常工作。对于自动空调来说，还可以利用自诊断功能来对制冷系统进行测试，来确定故障发生的部位、原因。

(三)常见故障案例分析

1. 常见案例分析

1）故障现象

e6 先行者不制冷。

2）原因分析

(1)漏制冷剂；

(2)压缩机故障；

(3)DC-空调控制器故障。

3）检测流程

(1)检查空调高低压压力正常；

(2)读取空调驱动故障码出现：B2A04，空调电动机故障、数据流也出现电动机故障；

(3)当出现空调电动机故障时应首先排除空调压缩机三相电阻是否平衡，若不平衡可以判断为压缩机故障；

(4)排除压缩机故障，重点检查 DC-空调控制器，建议可以采用倒检法。

4）维修小结

故障检修要熟知系统工作原理，结合故障现象分析原因。

2. 电动汽车空调制冷系统常见故障

电动汽车空调制冷系统常见故障故障症状及可能部位见表 11-3 所示。

电动汽车空调制冷系统常见故障及可能发生的部位表　　　表 11-3

故 障 症 状	可能发生部位
空调系统所有功能失效	1.空调控制器电源电路;2.空调面板电源电路； 3.空调控制器； 4.CAN 通信;5.线束或插接器
仅制冷系统失效(鼓风机工作正常)	1.压缩机熔丝;2.压缩机离合器继电器； 3.压缩机;4.空调电机驱动器； 5.空调面板;6.压力开关； 7.CAN 通信;8.线束或插接器
制冷系统工作不正常(实际温度与设定温度有偏差)	1.各传感器(室内、室外温度传感器)； 2.空调控制器 3.线束和插接器

续上表

故障症状	可能发生部位
鼓风机不工作	1.鼓风机熔丝;2.鼓风机继电器; 3.鼓风机;4.调速模块; 5.空调控制器;6.线束或插接器
鼓风机风速不可调(鼓风机工作正常)	1.鼓风机调速模块;2.空调面板; 3.空调控制器;4.CAN通信; 5.线束或插接器
出风模式调节不正常	1.出风模式控制电动机 2.空调控制器; 3.线束和插接器
主驾侧温度调节不正常	1.主驾空气混合电机; 2.空调控制器; 3.线束和插接器
副驾侧温度调节不正常	1.副驾空气混合电动机; 2.空调控制器; 3.线束或插接器
内外循环调节失效	1.循环控制电动机; 2.空调控制器; 3.线束和插接器
后除霜失效	1.后除霜熔丝;2.后除霜继电器; 3.后除霜电加热丝;4.继电器控制模块; 5.CAN通信;6.线束或插接器
空气净化功能失效	1.绿净系统熔丝;2.绿净继电器; 3.空调ECU;4.线束及插接器
PM2.5检测功能失效	1.绿净系统熔丝; 2.PM2.5测试仪; 3.线束及插接器

五、思考与练习

（一）填空题

1.汽车空调保持车内空气的_____、_____、流速、_____等在热舒适性的标准范围内。

2.汽车空调制冷系统由_____、_____、集液器或集液干燥器、孔管或膨胀阀、_____、鼓风机_____、高低压检修阀和制冷管道等组成。

3.制冷工作循环可归纳为_____、_____、_____和_____四个过程。

4.汽车空调的采暖系统分为_____和_____两类,传统汽车主要采用_____采暖系统,电动汽车主要采用_____采暖系统。

5.涡旋式电动空调压缩机的核心部件由一_____涡轮盘和一_____涡轮盘组成。

(二)选择题

1.空调制冷剂通过膨胀阀等节流后变成(　　)。
  A.高温高压气体　 B.高温高压液体
  C.低温低压气体　 D.低温低压液体

2.比亚迪电动汽车直流空调压缩机阻值正常为1.5MΩ左右,交流空调驱动压缩机阻值为(　　)。
  A.0.5～1Ω　 B.5～10Ω　 C.50～100Ω　 D.无法测量

3.北汽EV200电动汽车PTC加热器工作电路由(　　)控制通断。
  A.压缩机控制器　 B.PTC控制模块
  C.整车控制器　 D.电池管理器BMS

4.空调控制系统故障包括CAN通信故障、欠电压故障、过电压故障、(　　)和过电流保护。
  A.空调压缩机故障　 B.PTC故障
  C.整车控制器故障　 D.过热报警

5.比亚迪e6电动汽车冷却风扇运转由(　　)控制。
  A.整车控制器　 B.电池管理器BMS
  C.主控ECU　 D.空调控制器

(三)判断题

1.汽车空调由制冷系统和采暖系统组成。(　　)

2.采暖系统的作用是利用制冷剂蒸发时吸收热量来降低车内温度。(　　)

3.制冷系统的作用是将冷空气送入加热器芯加热送入车厢内进行取暖。(　　)

4.电动汽车空调的结构原理与常规汽车空调的结构原理基本类似,不同之处主要在于电动压缩机及制热。(　　)

5.电动汽车采暖系统多采用PTC加热空气或PTC加热冷却水制热。(　　)

6.比亚迪e6电动汽车空调压缩机和空调控制器独立布置。(　　)

7.比亚迪e6电动汽车冷却风扇运转由整车控制器VCU控制。(　　)

8.北汽EV200电动汽车冷却风扇运转由主控ECU控制。(　　)

(四)简答题

1.简述汽车空调制冷系统基本工作原理。

2.简述汽车空调采暖系统基本工作原理。

3.简述电动汽车空调系统与传统汽车空调系统的区别。

4.简述涡旋式空调压缩机检修内容及方法。

5.简述PTC采暖原理。

6.简述PTC加热器检修内容及方法。

7.简述兆欧表使用注意事项。

任务 12　电动汽车冷却系统控制及检修

学习目标

◆ **知识目标**

1. 能描述电动汽车冷却系统结构原理；
2. 能描述电动汽车冷却系统控制原理；
3. 能描述电动汽车冷却系统主要部件检修方法。

◆ **能力目标**

1. 能使用诊断仪读取电动汽车冷却系统故障码和数据流；
2. 能对电动汽车冷却系统主要部件进行检修。

建议课时

8课时。

任务描述

某4S店反映,有一进场维修的电动汽车客户咨询维修人员,电动汽车冷却系统的常规检查与传统汽车冷却系统的常规检查一样吗？如果你是该车维修人员应如何回答客户？

一、理论知识准备

（一）电动汽车冷却系统结构原理

在电动汽车中,冷却系统主要分为两部分:一是对动力系统的驱动电机、车辆控制器和DC/DC等部件进行冷却的部分,二是对供电系统的动力电池进行冷却的部分。本任务主要探讨对动力系统的驱动电机、车辆控制器和DC/DC等部件的冷却控制。

1. 电动汽车冷却系统功用

电动汽车的冷却系统的功能要求与传统汽车的基本相同,但是由于两者之间的结构和原理的差异导致了热源及其散热方式的不同。纯电动汽车关键零部件电池、电机、电机控制器及充电机的效率不能达到100%,在能量转化过程中产生大量的热量,这些产生的热量如果不能够及时地散发出去,将导致车辆限扭运行甚至导致零件的损坏。电动汽车冷却系统如图12-1所示,其功用是将电机、电机控制器及DC控制器等产生的热量及时散发出去,保证它们在规定的温度范围内稳定高效地工作。

2. 电动汽车冷却系统组成

电动汽车冷却系统主要由散热器总成、冷却风扇总成、电子水泵总成、防冻液、冷却软管、电动机水道、电机控制器水道、空调控制器及DC/DC水道、膨胀水箱等部件组成,如图12-2所示。

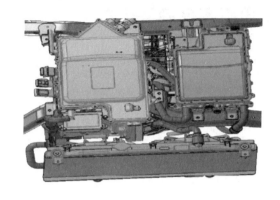

图 12-1　比亚迪 e6 电机冷却系统　　图 12-2　比亚迪电动汽车冷却系统组成

3. 工作原理

比亚迪电动汽车电机冷却系统工作原理如图 12-3 所示，冷却水经电子水泵加压后，先流经电机控制器和 DC/DC 转换器，对电机控制器和 DC/DC 转换器进行冷却，再流到驱动电机壳体，吸收驱动电机所产生的热量后，流到散热器，在散热器中，车辆行驶的迎头风或风扇的作用下，空气流经散热器表面，将系统所产生的热量带走，之后进行下一个循环，实现对需冷却部件的冷却。

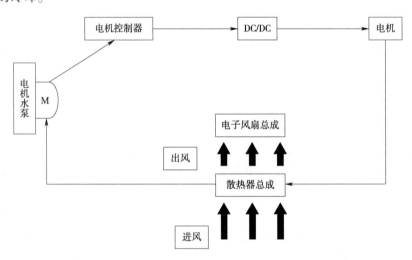

图 12-3　比亚迪电动汽车电机冷却系统工作原理

(二) 电动汽车冷却系统控制原理

1. 比亚迪电动汽车冷却系控制原理

1) 电子水泵

(1) 电子水泵结构。电子水泵如图 12-4 所示，是冷却液循环的动力元件，电子水泵的作用是对冷却液加压，促使冷却液在冷却系统中循环，带走系统散发的热量。冷却电子水泵安装在电机前部底端，如图 12-5 所示，冷却系加注乙二醇型长效防锈防冻液（常温性：冰点 -25℃，适用于南方全年及北方夏季。耐寒性：冰点 -40℃，适用于北方冬季）。

项目四　电动汽车辅助控制系统

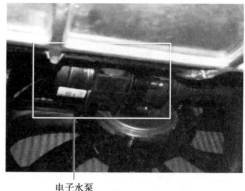

图 12-4　电子水泵　　　　　　　图 12-5　电子水泵安装位置

(2)电子水泵控制。比亚迪电动汽车冷却系电子水泵由主控 ECU 根据驱动电机控制器冷却液温度信号控制工作,如图 12-6 所示。电子水泵电器插接件位于水泵后盖上,插接件为两线,分别为正极和负极。电子水泵控制电路如图 12-7 所示,当双路继电器接通时电子水泵运转,根据控制电路图,电子水泵在上电和充电过程中均运转。

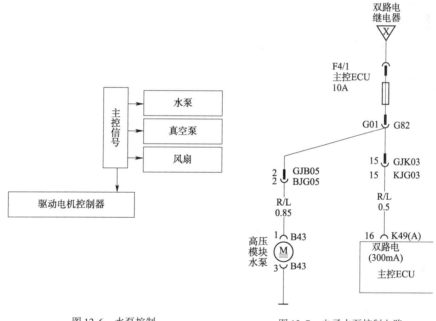

图 12-6　水泵控制　　　　　　　图 12-7　电子水泵控制电路

2)电子风扇控制

(1)电子风扇结构。比亚迪电动汽车电子风扇总成采用吸风式双风扇,通过串联调速电阻的方式来实现风扇的高低速挡分级,外观结构如图 12-8 所示。

(2)电子风扇控制原理。比亚迪电动汽车电子风扇由主控 ECU 通过控制风扇高、低速继电器进行控制,如图 12-9 所示。主控 ECU 通过对冷却液温度传感器的检测,并且参考空调请求状态共同决定对冷却风扇和冷凝风扇的控制,确保各系统在正常温度下工作。具体控制过程如下:

①当电机冷却液温度为 47～64℃时,低速请求;当电机冷却液温度 > 64℃时,高速请求;

②当 IPM 冷却液温度为 53～64℃时,低速请求;当 IPM 冷却液温度 > 64℃时,高速请求;

③当 IGBT 冷却液温度为 55～75℃时,低速请求;当 IGBT 冷却液温度 > 75℃时,高速请求;

④当电机冷却液温度为 90～110℃时,低速请求;当电机冷却液温度 > 110℃时,高速请求;

⑤若满足 3 个低速请求,电子风扇低速转;

⑥若满足 1 个高速请求电子风扇高速转。

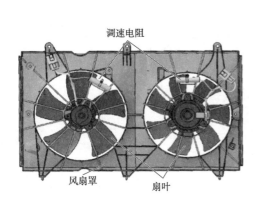

图 12-8 电子调速风扇

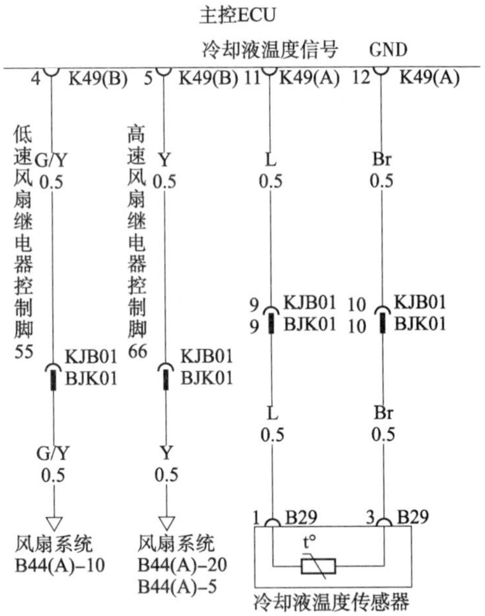

图 12-9 电子风扇控制电路

2. 北汽电动汽车冷却系控制原理

1)电子水泵

(1)电子水泵结构。北汽 EV200 电动汽车电子水泵结构如图 12-10 所示,电子水泵安装在车身右纵梁前部下方,位于整个冷却系统较低的位置,如图 12-11 所示。

图 12-10 电子水泵

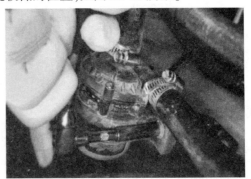

图 12-11 电子水泵安装位置

电子水泵采用的是永磁无刷直流电机,电子水泵剖面如图 12-12 所示,整个部件中没有动密封,浮动式转子与叶轮注塑成一体。严禁电子水泵在没有冷却液的情况下空载运行,否则将导致转子、定子的磨损,并最终导致水泵的损坏。

电子水泵电器插接件位于水泵后盖上,插接件为两线,分别为正极和负极。

(2) 电子风扇结构。如图12-13为北汽EV200电子风扇,它的作用是提高流经散热器、冷凝器的空气流速和流量,以增强散热器的散热能力,并冷却发动机舱其他附件。电子风扇下部卡接在散热器水室上,上部通过两个 Q2736313A

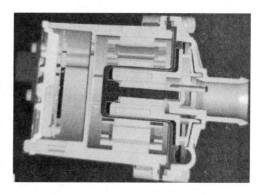

图12-12 北汽电动汽车电子水泵结构

(十字槽大半圆头自攻螺钉F型)装配在散热器水室上,紧固力矩为9~11N·m。

电子风扇采用左右双风扇构架,采用半径为125mm、6叶不对称结构的扇叶,采用两挡调速风扇,双风扇均由整车电源提供电能。电子风扇电器插接件为四线,如图12-14所示,分别为两"+"和两"-"。

图12-13 电子风扇

图12-14 电子风扇插头

2) 电子水泵和电子风扇控制原理

(1) 电子水泵和电子风扇控制原理。北汽电动汽车冷却系统电子水泵与散热器风扇都由整车控制器控制,电源供给均为低压蓄电池,如图12-15所示。整车控制器通过控制水泵继电器使水泵工作运行或者关闭,水泵根据整车热源(电机、电机控制器和充电器)温度进行控制。电机冷却系统处于较低温度时,冷却液泵不工作。温度上升后,冷却液泵工作。冷却液泵的工作温度不能超过75℃,最合适的工作温度应该低于65℃。整车控制器通过控制高速风扇继电器或者低速风扇继电器,使得风扇1和风扇2同时开启或者关闭。风扇高速运转时,两"+"接正极,两"-"接负极;风扇低速运转时,两"+"接正极,一"-"接负极。

(2) 电子风扇控制模式。电子风扇在充电模式与上电工作模式下均可能运转,其具体的工作控制模式见表12-1。

由于散热器风扇同时给冷凝器、散热器提供强制冷却风,故散热器风扇运行策略受空调压力与整车热源温度双向控制,控制运转原则是:两者择高不择低。

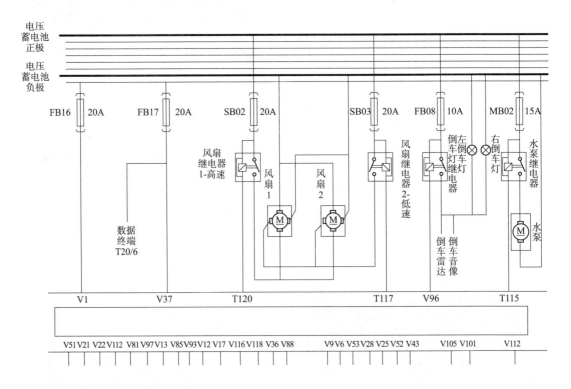

图 12-15 北汽 EV200 电子风扇控制电路

北汽电动汽车冷却系统工作控制模式 表 12-1

工作模式	控制单元	热源	风扇挡位	ON/℃	OFF/℃
充电模式	水泵	充电器	—	55	45
	风扇	充电器	低速	65	60
			高速	75	70
工作模式	水泵	电机控制器	—	-30	-35
		电机	—	-30	-35
	风扇	电机控制器	低速	45	43
			高速	50	48
		电机	低速	75	73
			高速	80	78

(三) 电动汽车冷却系统主要部件检修

1. 电机冷却系常见故障码

电机冷却系常见故障及故障码如表 12-2 所示,据表可知,电机冷却系统常见故障主要集中在电机过温、IGBT 过温、冷却液温度过高等几方面。

电机冷却系常见故障码　　　　　　　　表12-2

编号	DTC	故障码(ISO15031-6)	描　述	备　注
1	1B0200	P1B0200	电机过温报警	
2	1B0300	P1B0300	IGBT过温报警	
3	1B0400	P1B0400	冷却液温度过高报警	

2. 电机冷却系常见故障及维修策略

1) 电机过温告警

检查高压冷却回路,不正常,冷却回路故障;正常,检查电机→不正常,电机故障,正常,更换驱动电机控制器与DC总成。

2) IGBT过温告警

检查高压冷却回路,不正常,冷却回路故障;正常,更换驱动电机控制器与DC总成。

3) 水温过高报警

检查高压冷却回路,不正常,冷却回路故障;正常,更换驱动电机控制器与DC总成。

4) IPM散热器过温告警

IPM散热器过温告警,不正常,冷却回路故障;正常,更换驱动电机控制器与DC总成。

3. 冷却液液位检查

冷却液液位的检查是在电动机冷却状态下,通过查看透明的冷却液膨胀水箱液位高度进行的。膨胀水箱中的冷却液液位在"MAX"和"MIN"标记线之间,则符合要求,如图12-16所示。如果液位低,须加注冷却液。膨胀水箱中的冷却液液位将随电动机的温度变化而变化。但是,如果液位在"MIN"线或以下,则须加注冷却液,使液位达到"MIN"线与"MAX"之间。在加注冷却液之后,如果冷却液液位在短时间内下降,则系统可能有泄漏。须目视检查散热器、软管、散热器盖和放泄旋塞以及水泵。如果没有发现泄漏,则须由汽车厂家授权服务店测试盖压以及检查冷却系统有无泄漏。

图12-16　冷却液检查位置

4. 温度传感器检测

比亚迪电动汽车冷却系统的电子风扇由主控ECU根据冷却液温度传感器信号控制风扇运转,冷却液温度传感器针脚序号及定义如表12-3所示,检测时按表中定义进行检测。常温下温度传感器阻值是140kΩ左右,其阻值随温度变化而变化。温度开关常温导通,阻值接近零;当电机温度超过最大允许温度时(水温>75℃),温度开关断开,电机停止工作。温度开关和温度传感器控制电路如图12-17所示。

双向逆变充放电式电机控制器温度传感器信号引脚定义　　　表12-3

引脚编号	信号标号	信号定义	备 注
3	GND1	电机温度开关地	
19	EMACHINE-TEMP	电机温度开关	低电平有效<1V
32	GND1	电机模拟温度地	
46	STATOR-T-IN	电机绕组温度	

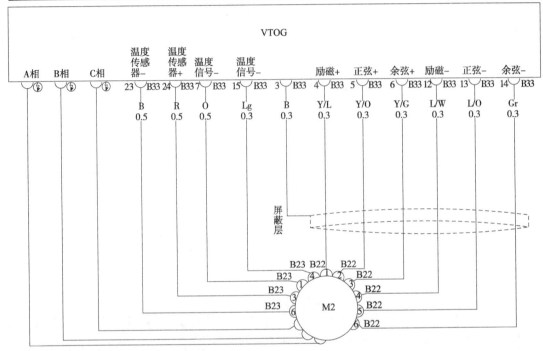

图 12-17　温度开关和温度传感器电路

5. 电子水泵检测

冷却系统电子水泵故障时按照以下流程检测水泵好坏:

(1) 诊断仪读取驱动电机控制器数据流,水泵状态是否开启(水泵状态:开启)。

(2) 用万用表测量电子水泵工作电源是否正常,判断标准为上电时电压值为9~16V,电子水泵及针脚定义如图12-18所示。

6. 散热器和风扇检查

散热器从外观看类似蜂窝状,做成这种形状是为了增加水箱的散热面积,以增强散热效果。当出现冷却液温度过高时,通常要检查散热片是否有变形、固定是否可靠、散热片有无倒片现象,有无污染物,如图12-19所示。冷却风扇的安装有正面安装和侧面安装两种,汽车在高速行驶过程中,冷却风扇将外面的空气吸引进来,利用自然风,起到冷却的作用。如果出现电动风扇不转,先检查和更换熔丝、或检修温度传感器、或检查电机调速电阻、必要时查看电动风扇本体有无损坏。

脚位	定义
1	电源
2	搭铁

图 12-18　电子水泵检测

图 12-19　散热器检查

7. 冷却系统泄露检查

1）检查原因

由于冷却系统的管路主要使用的是橡胶管，同时使用卡箍紧固，随着车辆使用时间和行驶里程的增加，橡胶管路会出现老化、龟裂、破损等现象，导致冷却系统发生泄漏故障。因此，在对冷却系统进行检修时，必须对管路进行检查，特别是当驾驶人反映要经常添加冷却液时，更要重点检查。

2）检查方法

进行冷却系统泄漏检查时，主要检查管路有无老化、开裂、破损、走向是否正常，有无运动干涉，同时检查橡胶管路连接处是否有泄漏，如果有，必须要进行维修处理或更换橡胶管路。比亚迪电动汽车冷却系统管路分布及连接如图 12-20 所示。

3）检查部位

（1）检查膨胀水箱和连接管路是否有泄漏，如图2-21所示。

图12-20　冷却系统水管分布

图12-21　膨胀水箱管路泄漏检查

（2）检查热水器盖是否有泄漏。

（3）检查电子水泵连接管路及连接处是否有泄漏。

图12-22　驱动电机控制器及DC控制器管路

（4）检查散热器上下管路及连接处是否有泄漏。

（5）检查驱动电机控制器管路及连接处是否有泄漏，如图12-22所示。

（6）检查DC/DC控制器管路及连接处是否有泄漏，如图12-22所示。

（7）检查驱动电机管路及连接处是否有泄漏。

8.电动汽车冷却系统典型故障诊断

1）冷却系统冷却液温度过高

（1）故障原因如下：

①冷却液不够。

②风扇传动带断裂或调整过松，降温作用消失或减弱。

③电机机体、电机控制器机体、DC/DC转换器机体的水套内、散热器内水垢较多，散热性能降低。

④电子水泵工作不正常，水流循环不畅通。

⑤散热器散热片倾倒或连接软管吸瘪。

⑥冷却液温度表及温度传感器失效。

（2）故障检修方法如下：

①及时添加冷却液，若散热器泄漏应进行修补或更换。

②调整风扇传动带的松紧度或更换新传动带。

③对冷却系统进行清洗，排除水垢。

④检修或更换电子水泵。

⑤检查出水管，如吸瘪应排除，修复散热器散热片。

⑥检修或更换冷却液温度表、传感器。

2)冷却系统典型故障诊断

(1)故障现象如下:

客户反馈北汽 EV200 车辆在行驶中仪表显示电机过热故障,车辆行驶几公里以后,出现限速 9km/h 现象,仪表显示电机控制器过热。出现此故障后需将点火开关关闭,故障现象才会暂时消除,但行驶一段时间后故障还会重复出现。

(2)故障诊断与排除方法:

分析其故障现象可能的原因为冷却液缺少、电子水泵故障、散热器风扇故障、冷却循环管路堵塞、电机温度传感器故障等。

①首先目测,检查冷却液是否缺少,管路有无泄漏等现象。

②若无①现象,连接诊断仪,选择对应的车型和系统,进入整车控制器的数据流界面,选择所需的数据选项,读取电机和电机控制器温度的变化,判断具体的故障原因。

③分析冷却系统部分电路图,如图 12-15 所示,检查水泵工作是否正常,MB02 熔丝是否损坏,如有,应更换;检查水泵继电器工作是否正常;检查水泵本体。

④检查风扇工作是否正常,检查熔丝 SB02 和 SB03 是否损坏,如有,应更换;检查风扇继电器 1-高速和风扇继电器 2-低速工作是否正常;检查电机温度传感器工作是否正常;检查风扇本体。

⑤观察膨胀水箱是否存在冷却液循环不畅现象,进一步对冷却系统进行水道堵塞排查。采用压缩空气对散热器、管路和电机控制器进行疏通检查,若有堵塞,找到堵塞点用高压空气将电机控制器内部异物吹出,恢复冷却系统管路,加注冷却液后进行试车。

二、任务实施

(一)准备工作

(1)防护用品:机舱防护三件套,车辆室内五件套。

(2)车辆:比亚迪 e6 或其他纯电动汽车。

(3)台架及总成:纯电动汽车实验台架总成。

(4)检测设备:比亚迪新能源汽车专用诊断仪 VDS1000、VDS2000 或其他诊断仪、万用表。

(5)拆装工具:无。

(二)技术要求与注意事项

(1)正确、规范操作使用解码器,防止损坏。

(2)正确、规范操作使用万用表,避免用电阻挡检测带电体。

(3)做好实训安全操作准备,如做好车辆举升、安全防护和提示、准备好检测设备和拆装工具等工作。

(4)结束后恢复实训场地,如解除车辆举升状态,收拾清洁检测和拆装工具设备,清洁清扫场地。

(三)操作步骤

本操作任务主要对电动汽车(以比亚迪 e6B 车型为例)冷却系统故障码和数据流读取、

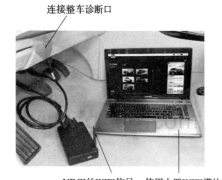

图 12-23 连接诊断设备

冷却液位和冷却系统主要部件进行检查操作,从而进一步加强了解电动汽车冷却系统控制原理及主要部件检修方法。

1. 读取主控 ECU 故障码和数据流

(1)安装车辆室内五件套。

(2)插好无线诊断接头,如图 12-23 所示。

(3)上 OK 挡电。

(4)打开 VDS1000 或 VDS2000。

(5)连接好诊断仪和车辆之间的通讯。

(6)选择比亚迪 e6 车型。

(7)进入整车模块扫描,如图 12-24 所示。

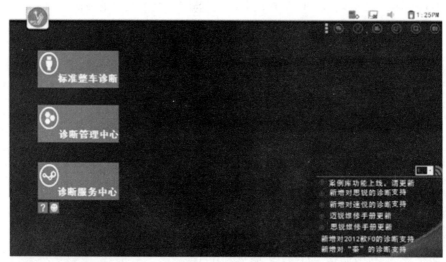

图 12-24 整车扫描

(8)选择主控 ECU 模块,进入主控器。

(9)选择主控 ECU 故障检测功能,运行读取主控 ECU 故障码。

(10)停止主控 ECU 故障码读取。

(11)选择主控 ECU 数据流功能,运行读取主控 ECU 数据流,如图 12-25 所示。

(12)停止并退出主控 ECU 数据流读取操作。

(13)退出解码器操作并关闭解码器运行。

(14)收拾、整理诊断设备。

2. 冷却液位检查

(1)将启动开关置于 OFF 挡位置。

(2)拉动机舱打开拉手,弹起机舱盖。

(3)按压机舱打开开关,打开并顶好机舱盖。

(4)安装机舱作业防护三件套,如图 12-26 所示。

(5)在冷却风扇背面找到冷却液膨胀水箱安装位置,如图 12-27 所示。

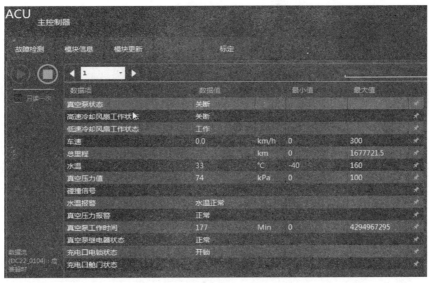

图 12-25　主控 ECU 数据流

（6）检查冷却液高度位置，冷却液高度应在 MAX 和 MIN 之间，如图 12-28 所示。若冷却液高度位置低于 MIN，需添加补充符合规定要求的冷却液。

图 12-26　安装机舱三件套

图 12-27　膨胀水箱位置

3. 温度传感器检查

（1）在驱动电机控制器处找到并脱开控制器低压控制插头，操作如下：

①下压插接件锁止按钮，脱开拆装拉手，如图 12-29 所示。

图 12-28　冷却液位标尺

图 12-29　脱开拆装拉手

②向后拉动拆装拉手,拔下驱动电机控制器低压控制插头,如图12-30所示。

图12-30　拆卸驱动电机控制器低压控制插头

(2)识别驱动电机控制器低压控制插头针脚顺序,如图12-31所示。

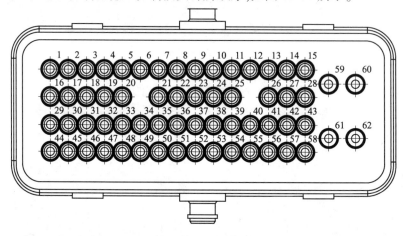

图12-31　驱动电机控制器低压控制插头针脚序号

(3)查阅温度传感器电路图12-17,确定温度传感器和温度开关连接针脚序号。

(4)使用万用表电阻自动挡和大头针检测温度传感器针脚32和46之间的电阻值(根据电路图针脚序号,若序号>25,针脚数需减小2后为检测针脚序号,如温度传感器电路中原针脚数为34和48,减2后为32和46),在室温状态标准为140kΩ,如图12-32所示。

(5)使用万用表电阻自动挡和大头针检测温度开关针脚3和19之间的电阻值,正常情况为导通,阻值接近0Ω,如图12-33所示。

图12-32　检测温度传感器　　　　　　　　图12-33　检测温度开关

(6)恢复驱动电机控制器插头操作如下:

①拆装拉手拉到最后端,低压控制插头对正插孔。
②向前方拉动拆装拉手,并观察驱动电机控制器插头装配状况,若不正常调整安装位置。
③驱动电机控制器插头装配成功后,下压拆装拉手,直至锁死。
(7)5S 管理操作如下:
①收整万用表。
②收整场地。

4. 电子水泵电压检测

(1)安装车内五件套。
(2)关闭起动开关至 OFF 挡。
(3)在驱动电机控制器左下侧找到电子水泵。
(4)压下锁止卡,脱开电子水泵插头。
(5)识别电子水泵插头针脚,1 脚为电源,2 脚为搭铁,如图 12-34 所示。
(6)电动汽车上 OK 挡电。
(7)用万用表直流电压自动挡检测电子水泵 1 脚和搭铁之间的电压,正常值为 12V 左右,如图 12-35 所示。

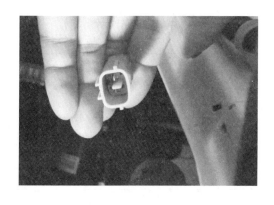

图 12-34　电子水泵插头针脚识别

图 12-35　电子水泵电压检测

(8)电动汽车退出 OK 电至 OFF 挡。
(9)恢复电子水泵插头。
(10)5S 管理,操作如下:
①收整万用表。
②收整五件套、三件套,收整场地。
③关闭机舱盖。

三、技能考核标准

实操技能考核标准如表 12-4 所示。

实操技能考核标准　　　　　　　　表 12-4

序号	项目	操作内容	规定分	评分标准	得分
1	读取主控 ECU 故障码和数据流	车辆室内五件套安装	4 分	能正确按要求安装五件套，漏装一项扣 2 分	
		解码器连接操作	4 分	能正确连接解码器，不能连接通信扣 4 分	
		主控 ECU 故障码和数据流读取	4 分	能按要求读取主控 ECU 模块的故障码和数据流，不正确或漏操作一次扣 2 分	
2	冷却液液位检查	机舱三件套安装	4 分	能按要求正确安装三件套，漏装一项扣 2 分，不装不得分	
		膨胀水箱液位刻线识别	4 分	不能找到膨胀水箱液位刻线不得分，不清楚含义一项扣 2 分	
		冷却液液位高度检查	5 分	不能判断液位是否合适不得分	
3	温度传感器与温度开关检查	脱开驱动电机控制器低压控制插头	5 分	不能正确脱开不得分	
		识别驱动电机控制器低压控制插头	5 分	不能正确识别驱动电机控制器低压控制插头的序号，不得分	
		识别温度传感器和温度开关电路图	5 分	通过电路图识别后，不能找到温度传感器和温度开关针脚序号，不得分	
		万用表使用	4 分	万用表使用错误一次扣 2 分	
		温度传感器阻值检测	4 分	不能正确检测并读出检测数值，不得分	
		温度开关阻值检测	4 分	不能正确检测并读出检测数值，不得分	

续上表

序号	项目	操作内容	规定分	评分标准	得分
4	电子水泵电压检测	电子水泵位置识别	4分	不能准确找到电子水泵不得分	
		脱开电子水泵插头	4分	不能正确脱开电子水泵电源插头不得分	
		电子水泵插头针脚识别	4分	不会识别电子水泵针脚顺序不得分	
		电动汽车上电操作	4分	不能按规范操作流程进行上电操作,扣3分	
		检查电子水泵低压	4分	不能正确检测并读出检测数值,不得分	
		断开OK挡电	4分	未能进行断电操作,扣4分	
		电子水泵插头复位	4分	未断开OK挡复位电子水泵插头,不得分	
5	5S管理	诊断仪收整	4分	未关闭诊断仪电源扣2分,未收整不得分	
		万用表收整	4分	未关闭万用表电源扣2分,未收整不得分	
		车辆恢复	4分	未恢复车辆一项扣2分,未收整车辆扣2分	
		防护用品收整	4分	未收防护用品一样扣2分,未收整不得分	
		场地清洁	4分	未认真清洁实训场地扣2分,未清洁不得分	
	总分		100分		

四、学习拓展

(一)防冻液的使用

1. 选好防冻液冰点

汽车厂家一般都推荐相应品牌、型号的冷却液,必须根据环境温度选择合适的冷却液型号加注到冷却系统中,使用不适当的冷却液将损坏电动机冷却系统。冷却液的使用要根据当地的气候条件选择好防冻液的冰点,防冻液的冰点要求一般比当地最低气温低 5~10℃。冰点标识如图 12-36 所示。

2. 添加时使用同品牌的防冻液

防冻液是一种含有特殊添加剂的冷却液,电动汽车在添加防冻液时,不同生产厂商的防冻液不能混用,如图 12-37 所示。不同厂家的防冻液之间的配方都会有一定的差异,因此,混合使用防冻液可能会出现某些不良的化学反应,从而影响防冻液使用的防冻效果和冷却效果。

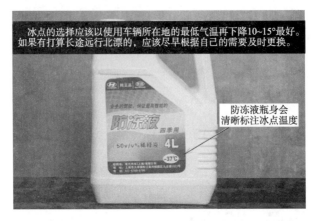

图 12-36　防冻液冰点

图 12-37　防冻液类型

3. 防冻液使用注意事项

(1) 当电动机热态的时候,注意请勿触摸散热器或冷凝器,防止被灼伤。

(2) 当电动机热态的时候,请勿取下散热器盖,防止被灼伤。

(3) 防冻液不足时请勿添加过量清水,防止冬天冰点过高损坏电动机冷却系统。

(4) 各种防冻液一般均为有毒物质,切勿入口。

(5) 乙二醇型防冻液具有较强的吸湿性能,存放在容器内必须密封。

(6) 由于防冻液具有较强的渗透性能,在更换防冻液前,必须检查并紧固冷却系统的各支管、接头,特别是各种软管等容易产生渗漏的部件。

(7) 在使用过程中由于蒸发而使防冻液减少时,只需添加软水,否则会有添加剂析出,并堵塞冷却系统,影响散热性能。

(二) 冰点检查

1. 冰点检测方法

检查冷却液的冰点时,使用冰点检测仪进行检测,检测时只需要用吸管吸取几滴冷却液滴在棱镜上,然后向着光源观察,就可以快速读出冷却液的测量值。冰点检测仪可以检测以乙二醇为基础的冷却液的冰点和汽车前窗玻璃清洁液的冰点,同时还可以检测蓄电池电解液的比重及使用状态。冰点检测仪的测量范围一般为:防冻液冰点:0～-50℃;电池液比重:1.10～1.40;玻璃液冰点:0～-40℃。

2. 冰点检测仪使用

冰点检测仪实物如图12-38所示,使用时,掀起冰点仪棱镜的盖板,用柔软绒布将棱镜表面擦拭干净;用吸管吸取干净清水滴在棱镜上,盖下盖板,用小起子调节冰点仪上端的调节螺钉,将冰点仪的刻度调校到0刻度;冰点检测仪校准后将待测冷却液用吸管滴于棱镜表面,合上盖板轻轻按压,将折射计对向明亮处,旋转目镜使视场内刻度线清晰,读出明暗分界线在标示板上相应标尺上的数值,该数值即为检测的防冻液或玻璃清洗液的冰点数值;测试完毕后,用绒布擦净棱镜表面和盖板,清洗吸管,将仪器放还于包装盒内。此外,在测量电解液时,注意不要洒在皮肤和眼睛上,以防烧伤,测试后仔细擦净仪器。

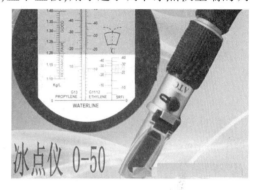

图12-38 冰点仪实物图

(三)冷却系统密闭性能检查

1. 冷却系统检漏仪

在检查冷却液液面,出现液面偏低,而且要经常加注冷却液的情况,并且从外部检查也检查不出明显的泄漏时,就需要用检漏仪对冷却系统进行压力检测,检漏仪外观如图12-39所示。

图12-39 冷却系统检漏仪

2. 检测方法

(1)将散热器盖打开,如果散热器处于高温状态时,应等候散热器冷却后再打开。假如需要在高温时打开,则需要用冷毛巾覆盖才能打开。

(2)选择合适车系的散热器测头,并扭紧于散热器口上。

(3)取出压力泵,将压力泵快速接头插入散热器测头。

(4)加压至100～150kPa。

（5）注视压力表，若指针下降，必须检查冷却系统各管路是否有漏水。

（6）检测完成后按泄压阀泄压至压力表归零（如泄压时泄压阀会喷水，等二至三分钟，待水位下降后再泄压）。

（7）使用完毕后将散热器头插入快速头内加压两到三次，使手压泵管内残留的水气排出即可。

（8）每次使用完毕，请用润滑油注入手压泵尾部气孔润滑活塞。

（9）压力检测仪必须保持清洁并小心使用勿重摔。

五、思考与练习

（一）填空题

1. 电动汽车中，冷却系统主要分为两部分：一是对动力系统的_____、_____和_____等部件冷却，二是对供电系统的_____冷却。

2. 北汽 EV200 电动汽车风扇高速运转时，两_____接正极，两_____接负极；风扇低速运转时，两_____接正极，一_____接负极。

3. 比亚迪电动汽车电子风扇由_____通过控制_____进行控制。

4. 北汽 EV200 电动汽车冷却系统电子水泵与散热器风扇都由_____控制，供电电源均为_____。

5. 电机冷却系统常见故障主要集中在_____、_____、水温过高等几方面。

6. 比亚迪 e6 冷却系统的电子风扇由主控 ECU 根据_____信号控制风扇运转。

（二）选择题

1. 电动汽车冷却系统一般不需要冷却（　　）。
   A. 电机　　　　　　B. 电机控制器　　　C. DC/DC 转换器　　D. 车载充电机

2. 出现以下哪个情况不会导致电动汽车冷却液温度过高的（　　）。
   A. 冷却水不够　　　　　　　　　B. 电子水泵工作不正常
   C. 冷却液温度表及温度传感器失效　　D. 车辆处于长时间怠速

3. 比亚迪 e6B 电动汽车驱动电机上安装的温度开关作用是（　　）。
   A. 产生电子水泵是否能工作的信号　　B. 产生电子风扇是否能工作的信号
   C. 产生驱动电机是否能工作的信号　　D. 监控驱动电机的工作状况

4. 比亚迪 e6B 电动汽车冷却系统的电子水泵在上 OK 电后的工作状态是（　　）。
   A. 一直运转　　　　　　　　　　B. 根据整车热源运转
   C. 根据冷却液温度传感器信号运转　　D. 根据温度开关信号运转

5. 北汽 EV200 电动汽车冷却系统的电子水泵在上 ready 电后的工作状态是（　　）。
   A. 一直运转　　　　　　　　　　B. 根据整车热源运转
   C. 根据冷却液温度传感器信号运转　　D. 根据温度开关信号运转

（三）判断题

1. 电动汽车冷却系统与传统汽车冷却系统的区别主要是使用的冷却液不同。（　　）

2. 电动汽车冷却系统中使用的是电子水泵和电子风扇。（　　）

3. 比亚迪电动汽车的电子水泵和电子风扇均是由主控 ECU 控制。（　　）

4. 北汽 EV200 电动汽车的电子水泵和电子风扇均是由整车控制器控制的。（   ）

5. 电动汽车电子风扇的控制需要兼顾冷却系统温度传感器信号和空调控制信号进行控制。（   ）

6. 电动汽车冷却系统温度过高,应首先检查冷却液是否缺少和管路有无泄漏现象。（   ）

(四) 简答题

1. 结合图 12-8 和 12-9 描述比亚迪电动汽车的电子水泵和电子风扇的控制原理。

2. 结合图 12-15 描述北汽 EV200 电动汽车的电子水泵和电子风扇的控制原理。

3. 结合实操,描述比亚迪电动汽车驱动电机控制器低压控制插头的拆装方法。

4. 结合实操,描述比亚迪电动汽车电子水泵电源检查方法。

5. 结合实操,描述比亚迪电动汽车在驱动电机控制器低压控制插头脱开情况下的温度传感器阻值检测方法。

6. 描述电动汽车冷却系统与传统汽车冷却系统的异同。

参 考 文 献

[1] 王正坡,孙逢春,刘鹏.电动汽车原理与应用技术[M].北京:机械工业出版社,2014.
[2] 比亚迪汽车公司.比亚迪 e5 维修手册[Z].2016.
[3] 比亚迪汽车公司.比亚迪 e6 培训课件/技术资料[Z].2016.
[4] 北汽新能源汽车公司.EV160、EV200 培训课件/技术资料[Z].2016.
[5] 北汽新能源汽车公司.EV150 维修手册[Z].2013.
[6] 景平利,敖东光,薛菲.电动汽车检查与维护[M].北京:机械工业出版社,2017.
[7] 包科杰,徐利强.新能源电动汽车维护与故障诊断[M].北京:人民交通出版社股份有限公司,2017.
[8] 敖东光,宫英伟,陈荣梅.电动汽车结构原理与检修[M].北京:机械工业出版社,2017.
[9] 李伟.新能源汽车构造原理与故障检修[M].北京:化学工业出版社,2015.
[10] 吴兴敏,于运涛,刘映凯.新能源汽车[M].北京:北京理工大学出版社,2015.